Verkehr und Raumentwicklung zwischen Kunststrassen- und Eisenbahnbau

Eine digitale Analyse von Erreichbarkeiten und Raumstrukturen in der Schweiz des 19. Jahrhunderts

GEOGRAPHICA BERNENSIA

Herausgeber:
Dozentinnen und Dozenten des Geographischen Instituts der Universität Bern

Reihen:

Reihe A	African Studies
Reihe B	Berichte über Exkursionen, Studienlager und Seminarveranstaltungen
Reihe E	Berichte zu Entwicklung und Umwelt
Reihe G	**Grundlagenforschung**
Reihe P	Geographie für die Praxis
Reihe S	Geographie für die Schule
Reihe U	Skripten für den Unterricht

G 83

GEOGRAPHICA BERNENSIA
Verlag des Geographischen Instituts der Universität Bern
Hallerstrasse 12, CH-3012 Bern

GEOGRAPHICA
BERNENSIA   G 83

Verkehr und Raumentwicklung zwischen Kunststrassen- und Eisenbahnbau

Eine digitale Analyse von Erreichbarkeiten und Raumstrukturen in der Schweiz des 19. Jahrhunderts

Philipp Flury

Geographisches Institut der Universität Bern

Diese Publikation basiert auf der Dissertation «Regionale Verkehrssysteme in der Schweiz. Entwicklung und Anwendung eines Geographischen Informationssystems für die Analyse von Erreichbarkeiten und Raumstrukturen während der Verkehrsintensivierungen des 19. Jahrhunderts», die von der Philosophisch-naturwissenschaftlichen Fakultät der Universität Bern im Jahr 2008 als Inauguraldissertation angenommen wurde. Die Arbeit ist im Rahmen des Projektes «GIS-Dufour» entstanden, das vom Schweizerischen Nationalfonds finanziert wurde.

Der Druck der Publikation wurde freundlicherweise unterstützt von der Stiftung Marchese Francesco Medici del Vascello.

Layout und Kartographie: Philipp Flury
Buchumschlag: Alexander Hermann

© 2009 GEOGRAPHICA BERNENSIA, Universität Bern
ISBN 978-3-905835-12-0
Druck: Publikation Digital AG, Obergerlafingen

Titelbilder, von oben links nach unten rechts:
Ausschnitte aus den Karten «Sommerfahrt-Ordnung 1870» (Archiv PTT), «Verbesserung der Erreichbarkeit im öffentlichen Verkehr 1870–1910», «Qualität der Hauptstrassen 1870» und «Konfessionelle Durchmischung der Bevölkerung 1870 und 1910» (FLURY 2008)

Vorwort

Warum befahren die Züge heute grösstenteils noch Strecken, deren Linienführungen bereits im 19. Jahrhundert bestanden hatten? Und wie wirkte sich die im 18. Jahrhundert festgelegte Struktur des Hauptstrassennetzes auf die spätere Raumentwicklung aus? Solche Fragen interessierten mich, als ich im Frühjahr 2004 ins Forschungsprojekt «GIS-Dufour» eingestiegen bin. Vor allem reizte mich die Aufgabe, Fragestellungen aus der historischen Geographie mit modernen Hilfsmitteln anzugehen. Konkret bedeutete dies, die Entwicklung von Verkehrswegen und deren mögliche Auswirkungen auf die Raumstruktur in Teilen der Schweiz mit Hilfe eines Geographischen Informationssystems zu untersuchen. Im Rahmen des «GIS-Dufour»-Projektes konnte ich auf ideale Weise die Arbeit mit meinen persönlichen Interessen verbinden. Daraus ist die vorliegende Dissertation entstanden. Der grösste Dank gebührt in diesem Zusammenhang meinem Betreuer Prof. Dr. Hans-Rudolf Egli. Er hat mich mit seiner konstruktiven Kritik und den vielen Anregungen durch den Forschungsprozess geleitet, mir dabei aber immer eine grosse Freiheit gelassen. Ebenso danke ich Prof. Dr. Rainer Graafen (Universität Koblenz), der sich für das Koreferat dieser Arbeit bereit erklärt hat. Meine Kollegen im «GIS-Dufour»-Projekt, Dr. Hans-Ulrich Schiedt (ViaStoria) und Dr. Thomas Frey, unterstützten mich mit ihrem grossen Fachwissen in den verschiedensten Bereichen der Verkehrs- und Wirtschaftsgeschichte der Schweiz und eröffneten mir den Zugang zu zahlreichen Quellen. Dafür sei ihnen an dieser Stelle bestens gedankt. Im weiteren konnte ich auf die Unterstützung von Prof. Dr. Kilian Stoffel (Universität Neuenburg) zählen; er hat mich auf angenehme Art in die Welt der Datenbanken und der Datenorganisation eingeführt. Rudolf Leuenberger (GIS-Fachstelle des Kantons Zug) war zur Stelle, wenn in unserem Forschungsprojekt Hilfe bei technischen Problemen nötig war. Ihnen beiden gilt ebenfalls ein grosser Dank. Ebenso danke ich dem Personal des Geographischen Instituts der Universität Bern, allen voran Andreas Brodbeck, bei dem ich wertvolle Erfahrungen in der Gestaltung von Karten sammeln konnte, und Hubert Gerhardinger, der immer eine Lösung bei GIS-Problemen zur Hand hatte. Auch meinen Mitarbeitern und Kollegen gilt ein grosser Dank, insbesondere Dr. Jenny Atmanagara, Martin Essig, Ramon Schwab, Christoph Wüthrich und Jonas Zurschmiede. Sie haben mich mit vielen Ratschlägen unterstützt, meine Texte korrigiert und mir geholfen, ein paar der Steine aus dem Weg zu schaffen, die beim Verfassen einer Dissertation anfallen.

Philipp Flury

Inhaltsverzeichnis

Zusammenfassung — 11

1 Einleitung — 15
1.1 Problemstellung — 16
- 1.1.1 Zentrale und periphere Verkehrsräume in der Schweiz — 16
- 1.1.2 Das Messen von Erschliessung und Erreichbarkeit in historischer Sicht — 22

1.2 Konzeption der Untersuchung — 23
- 1.2.1 Zielsetzungen — 23
- 1.2.2 Untersuchungsgebiete — 24
- 1.2.3 Untersuchungsperiode — 26
- 1.2.4 Hypothese — 26
- 1.2.5 Aufbau der Untersuchung — 26

2 Theoretische Grundlagen — 29
2.1 Die Raumwirksamkeit des Verkehrs — 29
- 2.1.1 Die doppelte Pfadabhängigkeit der Verkehrsinfrastruktur — 31
- 2.1.2 Verkehr und Raumentwicklung — 32

2.2 Verkehrsnetze im Modell — 38
- 2.2.1 Grundsätzliche Überlegungen — 38
- 2.2.2 Die Graphentheorie — 41

2.3 Erschliessung, Erreichbarkeit und Zentralität: Die Beschreibung der Raumstruktur — 46

2.4 Fazit zu den theoretischen Grundlagen — 50

3 Methodik — 53
3.1 «GIS-Dufour» — 54
- 3.1.1 Grundlegendes zu «GIS-Dufour» — 54
- 3.1.2 Digitales Erfassen des Verkehrsnetzes — 54
- 3.1.3 Erhebung von Daten zu Verkehrsangebot, Verkehrsnachfrage und sozio-ökonomischer Struktur — 57

3.2 Das Messen von Erschliessung, Erreichbarkeit und sozio-ökonomischen Prozessen — 58
- 3.2.1 Die untersuchten Zeitschnitte — 58

	3.2.2	Die untersuchten Orte	59
	3.2.3	Generalisierung der Verkehrsnetze	65
	3.2.4	Ermitteln von topologischen Massen für Netze und Orte	67
	3.2.5	Ermitteln von Erreichbarkeitswerten der ausgewählten Orte	70
	3.2.6	Methodenkritische Überlegungen zur Berechnung der Erreichbarkeiten	82
	3.2.7	Ermitteln der Zusammenhänge zwischen Verkehrsinfrastrukturentwicklung und sozio-ökonomischen Prozessen im Raum	83
3.3	Fazit zur Methodik		89

4 Ergebnisse der Netzwerk- und Erreichbarkeitsanalyse 91

4.1 Schweiz: Verstärkte Erreichbarkeits-Disparitäten durch die ersten Eisenbahnen 92
- 4.1.1 Topologie des Verkehrsnetzes 1800 bis 1910 — 92
- 4.1.2 Erschliessung der Orte 1800 bis 1910 — 94
- 4.1.3 Erreichbarkeit der Orte im Individualverkehr 1800 bis 1910 — 96
- 4.1.4 Erreichbarkeit der Orte im öffentlichen Verkehr 1870 bis 1910 — 101
- 4.1.5 Zusammenhang zwischen topologischer Lage und Erreichbarkeit sowie die räumlichen Disparitäten in der Schweiz zwischen 1800 und 1910 — 103

4.2 Kanton Zürich: Regionaler Ausgleich der Erreichbarkeiten durch Strassenbau 106
- 4.2.1 Topologie des Verkehrsnetzes 1800 bis 1910 — 106
- 4.2.2 Erschliessung der Orte 1800 bis 1910 — 108
- 4.2.3 Erreichbarkeit der Orte im Individualverkehr 1800 bis 1910 — 109
- 4.2.4 Erreichbarkeit der Orte im öffentlichen Verkehr 1870 bis 1910 — 113
- 4.2.5 Zusammenhang zwischen topologischer Lage und Erreichbarkeit sowie die räumlichen Disparitäten im Kanton Zürich zwischen 1800 und 1910 — 115

4.3 Kanton Bern: Regionaler Ausgleich der Erreichbarkeiten durch Ausbau des öffentlichen Verkehrs 117
- 4.3.1 Topologie des Verkehrsnetzes 1800 bis 1910 — 117
- 4.3.2 Erschliessung der Orte 1800 bis 1910 — 119

		4.3.3	Erreichbarkeit der Orte im Individualverkehr 1800 bis 1910	121

| | 4.3.4 | Erreichbarkeit der Orte im öffentlichen Verkehr 1870 bis 1910 | 127 |
| 4.3.5 | Zusammenhang zwischen topologischer Lage und Erreichbarkeit sowie die räumlichen Disparitäten im Kanton Bern zwischen 1800 und 1910 | 129 |

4.4	Region Tessin: Konstante Erreichbarkeits-Disparitäten durch geringe Dynamik im Verkehrssystem	132
	4.4.1 Topologie des Verkehrsnetzes 1800 bis 1910	132
	4.4.2 Erschliessung der Orte 1800 bis 1910	134
	4.4.3 Erreichbarkeit der Orte im Individualverkehr 1800 bis 1910	136
	4.4.4 Erreichbarkeit der Orte im öffentlichen Verkehr 1870 bis 1910	141
	4.4.5 Zusammenhang zwischen topologischer Lage und Erreichbarkeit sowie die räumlichen Disparitäten in der Region Tessin zwischen 1800 und 1910	143
4.5	Fazit zu Kapitel 4: Vergleich der räumlichen Disparitäten in den drei Regionen	145

5	Die Entwicklung sozio-ökonomischer Faktoren im Zusammenhang mit der Erreichbarkeit	147
5.1	Die Bevölkerungs- und Wirtschaftsstruktur in den Regionen	148
	5.1.1 Kanton Zürich	148
	5.1.2 Kanton Bern	152
	5.1.3 Region Tessin	159
5.2	Der statistische Zusammenhang mit der Erreichbarkeit	165
	5.2.1 Die Variablen: Erreichbarkeit und sozio-ökonomische Faktoren	165
	5.2.2 Die Korrelationen in den drei Regionen im Vergleich	166
5.3	Fazit zur Korrelationsanalyse	174

6	Schlussfolgerungen	175
6.1	Gewinner und Verlierer: Veränderungen in der Erreichbarkeit von Regionen	175
	6.1.1 Schweiz	176
	6.1.2 Kanton Zürich	179
	6.1.3 Kanton Bern	182

	6.1.4	Region Tessin	186
6.2	\multicolumn{2}{l	}{**Synthese zur doppelten Pfadabhängigkeit der Verkehrsinfrastruktur**}	**189**
	6.2.1	Die erste Form der Pfadabhängigkeit	189
	6.2.2	Die zweite Form der Pfadabhängigkeit	190
	6.2.3	Beurteilung der Hypothese	190

6.2 **Synthese zur doppelten Pfadabhängigkeit der Verkehrsinfrastruktur** — **189**
    6.2.1 Die erste Form der Pfadabhängigkeit — 189
    6.2.2 Die zweite Form der Pfadabhängigkeit — 190
    6.2.3 Beurteilung der Hypothese — 190

6.3 **Rückblick und Ausblick** — **191**
    6.3.1 GIS als Hilfsmittel in der historischen Verkehrsforschung: Methodenkritik und Fazit am Beispiel des «GIS-Dufour» — 191
    6.3.2 Ausblick — 192

Verzeichnisse — 195

Abbildungsverzeichnis — 195

Tabellenverzeichnis — 200

Literaturverzeichnis — 202

Quellenverzeichnis — 208

Anhang — 217

Auswahl der untersuchten Orte — 217

Zusammenfassung

Problemstellung und Zielsetzung

Zwischen dem Verkehr und der Raumentwicklung bestehen äusserst komplexe Wechselwirkungen. Beide Faktoren können als Ursache und als Folge des jeweils anderen auftreten. Dabei ist der Verkehr auf eine minimale Infrastruktur angewiesen. Mit dem Bau von Verkehrsinfrastrukturen kann folglich die Raumentwicklung in eine gewünschte Richtung gesteuert werden. Verkehrsinfrastrukturen wurden in der Vergangenheit daher nie aus Selbstzweck, sondern im Hinblick auf bestimmte Raumentwicklungskonzepte oder –politiken gebaut. Somit sind Verkehrsinfrastrukturen seit jeher ein Mittel, um räumliche Disparitäten in der demographischen oder wirtschaftlichen Entwicklung zu reduzieren oder aber zu fördern. Allerdings können die konkreten Auswirkungen solcher Vorhaben nicht vorausschauend, sondern höchstens rückblickend erfasst und beurteilt werden. Bisherige Ex-Post-Analysen zum Zusammenhang zwischen dem Ausbau der Verkehrsinfrastrukturen und der regionalen räumlichen Entwicklung in der Schweiz unterlagen entweder zeitlichen, räumlichen oder thematischen Einschränkungen, insbesondere was die Intensivierungen im Infrastrukturausbau des 19. Jahrhunderts betrifft; in jener Zeit wurden mit dem Aus- und Neubau vieler Kunststrassen sowie der Einführung der Dampfschifffahrt und der Eisenbahn wesentliche Innovationen geschaffen. Bisher fehlten jedoch die methodischen Grundlagen, um die Auswirkungen der Verkehrsintensivierungen sowohl im öffentlichen als auch im Individualverkehr auf Prozesse der räumlichen Entwicklung zu analysieren und zu quantifizieren. Das Geographische Informationssystem «GIS-Dufour», das im Rahmen dieser Untersuchung aufgebaut und angewendet wurde, hat zum Ziel, diese Forschungslücke zu schliessen. Anhand von drei Regionen der Schweiz, die während des 19. Jahrhunderts unterschiedliche demographische und wirtschaftliche Entwicklungen erfahren haben, soll aufgezeigt werden, in welchem Ausmass ein Zusammenhang besteht zwischen dem Ausbau der Verkehrsinfrastruktur und den erwähnten Entwicklungen. Zudem soll dargestellt werden, inwieweit im beginnenden 20. Jahrhundert die Ausstattung des Raumes mit Verkehrsinfrastrukturen bereits durch die Struktur des Hauptstrassennetzes um 1800 vorbestimmt war.

Theoretische Grundlagen

Die «doppelte Pfadabhängigkeit der Verkehrsinfrastruktur» bildet die theoretische Grundlage der Untersuchung. Dabei bezieht sich der Begriff der Pfadabhängigkeit einerseits auf die Tatsache, dass in der Vergangenheit getroffene Entscheidungen oder geschaffene Institutionen sich entlang eines historischen Pfades bis in die Gegenwart auswirken können. Dies trifft auf die ausserordentlich starke Persistenz von gebauten Verkehrsinfrastrukturen zu. Andererseits wird der Begriff – in seinem wörtlichen Sinn – dem Umstand gerecht, dass im Raum stattfindende Prozesse vom Vorhandensein von Verkehrswegen (Pfaden) abhängig sein können.

Für die Untersuchung war die Darstellung von Verkehrsnetzen in einem Modell, also die Abstraktion, von Bedeutung. Sie stützte sich dabei auf die Grundlagen der Graphentheorie.

Methodik

Entsprechend dem Hauptziel der Untersuchung, ein GIS aufzubauen und als Analyseinstrument anzuwenden, stellte die Methodik den eigentlichen zentralen Bereich dar. Das «GIS-Dufour» beinhaltet sowohl die Linien der während des 19. Jahrhunderts bestehenden Hauptstrassen, Eisenbahnen und Schiffskurse als auch Daten zur Raumstruktur der Schweiz im gleichen Zeitraum. Die Erfassung des Verkehrsnetzes stützte sich auf Altkarten – allen voran die namengebende Dufourkarte –, Fachliteratur und Fahrplandaten, während die Informationen zur Raumstruktur hauptsächlich aus den offiziellen eidgenössischen Volkszählungen stammen.

Um die Verkehrsgunst ausgewählter Orte, also letztendlich deren Ausstattung mit Verkehrsinfrastruktur, ermitteln zu können, wurden drei Masszahlen berechnet: Die topologische Erreichbarkeit misst die Lage eines Punktes im Verkehrsnetz; sie lässt sich aufgrund der Netzstruktur ermitteln. Für die Erreichbarkeit im Individualverkehr musste dagegen eine neue Methodik entwickelt werden. Mit Hilfe eines digitalen Höhenmodells und unter Berücksichtigung der Oberflächenbeschaffenheit der Strassen konnte für jedes Teilstück die für den Transport von Fuhrwerken notwendige Arbeit berechnet werden. Somit liess sich für jeden Standort im definierten Bezugsraum ein auf das Strassennetz bezogenes Erreichbarkeitsmass ermitteln. Für den öffentlichen Verkehr schliesslich basierte die Erhebung der Erreichbarkeitsdaten auf den Angaben zu Reisezeit, Distanz und Fahrkosten, wie sie in den historischen Fahrplänen fassbar sind.

Die Analyse der Erreichbarkeit wurde für ausgewählte Orte in den Kantonen Zürich, Bern und Tessin durchgeführt. Unter Anwendung statistischer Methoden konnten in einem nächsten Schritt die Korrelation zwischen den Erreichbarkeitswerten der Orte zu unterschiedlichen Zeitpunkten sowie der Zusammenhang zwischen der Verkehrsgunst von Teilräumen und deren sozio-ökonomischer Struktur ermittelt werden.

Ergebnisse

Die Entwicklung der Erreichbarkeit

Die Analyse hat gezeigt, dass zwischen 1800 und 1870 die innerregionalen Unterschiede bezüglich der Erreichbarkeit im Individualverkehr im Kanton Zürich als Folge der Strassenausbauten stark verringert werden konnten. Im Kanton Bern und im Tessin dagegen waren diese Disparitäten während der gesamten Untersuchungsperiode von 1800 bis 1910 annähernd konstant geblieben. Wesentlich deutlicher kamen die räumlichen Unterschiede in der Erreichbarkeit mit öffentlichen Verkehrsmitteln zur Geltung: Insbesondere nach der Einführung der Eisenbahn, die im Gegensatz zu den Strassen kein flächendeckendes Netz bildete, öffnete sich hinsichtlich der Erreichbarkeitswerte eine Schere zwischen den mit der Eisenbahn erschlossenen Orten und jenen, die ausschliesslich über Postkutschenverbindungen ins öffentliche Verkehrsnetz eingebunden waren.

Erschliessung und Erreichbarkeit als historisches Kontinuum

Bereits um 1800 war die Grundstruktur der regionalen Verkehrsnetze so gefestigt, dass jene Orte, die damals eine verhältnismässig gute Erschliessung und Erreichbarkeit aufwiesen, diesen Vorsprung gegenüber anderen Orten auch zu späteren Zeitpunkten halten konnten. Innovationen im Verkehrssystem wie die in den 1830er Jahren eingeführten Dampfschiffe oder die seit der Mitte des 19. Jahrhunderts verkehrenden Eisenbahnen vermochten keine wesentlichen Veränderungen herbeizuführen. Daraus lässt sich schliessen, dass die neuen Verkehrsmittel in der Regel die bereits um 1800 gut erschlossenen und erreichbaren Teilräume bedienten.

Der Zusammenhang zwischen Erreichbarkeit und sozio-ökonomischen Faktoren

Zwischen dem Grad der Erreichbarkeit von Orten und deren sozio-ökonomischer Struktur – berücksichtigt wurden Daten zum Bevölkerungsstand, zur Wirtschaftsstruktur und zur kulturellen Durchmischung der Bevölkerung – konnte kein für alle untersuchten Teilräume und Zeitschnitte gültiger Zusammenhang festgestellt werden; vielmehr wurden regionsspezifische Wechselwirkungen ersichtlich. Die theoretischen Überlegungen, wonach die Verkehrsinfrastrukturen und die durch sie erzeugte Erreichbarkeit von Standorten eine indirekte raumprägende Wirkung besitzen, liessen sich mit der vorliegenden Untersuchung daher weder generell stützen noch widerlegen. Vielmehr veranschaulichen die Resultate, dass die Messung und die Beurteilung der Raumwirksamkeit von Verkehrsinfrastrukturen hauptsächlich in vier Bereichen Schwierigkeiten unterworfen sind:

- Die Messung der Erreichbarkeit und der sozio-ökonomischen Struktur des Raumes ist in hohem Masse abhängig von der Wahl der Indikatoren.
- Die Ergebnisse können je nach gewähltem Zeitraum (kurz-, mittel- oder langfristig) unterschiedlich ausfallen.
- Die räumliche Bezugsebene (lokal, regional, national, international) ist entscheidend für die Ermittlung der Erreichbarkeit und daher für die Analyseergebnisse.
- Die individuellen Entscheide der Menschen, die als handelnde Subjekte die sozio-ökonomischen Prozesse bewirken, können im Modell nicht erfasst werden.

Fazit: Das GIS als Analysemittel

Der Aufbau und die Anwendung des «GIS-Dufour» haben den grossen Nutzen von Geographischen Informationssystemen in der historischen Raum- und Verkehrsforschung bestätigt. Obwohl das GIS als ein Modell zu betrachten ist, das die Realität in zeitlicher, räumlicher und inhaltlicher Hinsicht stark abstrahiert darstellt, kann es im hier gezeigten Rahmen als hilfreiches Analysemittel eingesetzt werden. Einer angemessenen Methodenkritik kommt dabei jedoch grosse Bedeutung zu.

1 Einleitung

Vorbemerkungen zu den Quellenangaben, zur Schreibweise geographischer Namen und zu den verwendeten Abkürzungen

In dieser Arbeit sind an mehreren Stellen im Fliesstext sowie in Karten und Diagrammen Daten erwähnt, mit denen Sachverhalte zum Verkehrsnetz, zur Erreichbarkeit oder zur Raumstruktur von Gemeinden und Bezirken quantifiziert werden. Wo keine ausdrückliche Quellenangabe vorhanden ist, stammen diese Werte aus den Vektordaten des «GIS-Dufour», auf die in Kapitel 3.1 eingegangen wird. Ein ausführliches Quellenverzeichnis befindet sich am Ende der Arbeit. Ebenso wurde in der Regel bei konkreten geographischen Angaben – beispielsweise Höhenwerten in Metern über dem Meeresspiegel oder Distanzangaben – auf eine Quellenangabe verzichtet; in diesen Fällen stammen die Informationen jeweils aus den offiziellen Landeskarten des Bundesamtes für Landestopographie (swisstopo).

Für die Schreibweise geographischer Namen wurden die Richtlinien der Schweizer Orthographischen Konferenz berücksichtigt. (SCHWEIZER ORTHOGRAPHISCHE KONFERENZ 2007) Demzufolge erhielt bei mehrsprachigen geographischen Namen die deutsche Version den Vorzug, falls sie heute gebräuchlich ist. Diese Regelung bezieht sich auf die Erwähnung der Ortsnamen im Text. In den Grafiken, Tabellen und Karten dagegen wurde die offizielle Schreibweise in der jeweiligen Landessprache, gemäss der Gemeindeliste des Bundesamtes für Statistik (BUNDESAMT FÜR STATISTIK 2003), verwendet. Der Grund für dieses Vorgehen liegt darin, dass die vom Bundesamt für Statistik festgelegten Gemeindecodes als Identifikationsschlüssel für sämtliche Datenbearbeitungen im GIS und in der Tabellenkalkulation dienten. Deshalb wurden alle Datenausgaben aus dem GIS und der Tabellenkalkulation auch mit den offiziellen Gemeindenamen, die den Gemeindecodes zugewiesen sind, versehen.[1]

Abkürzungen werden sowohl im Text als auch in den Abbildungen und den Tabellen sparsam verwendet. Es handelt sich dabei um die folgenden: CH (Schweiz), Einw. (Einwohner), Err. (Erreichbarkeit), IV (Individualverkehr), ÖV (Öffentlicher Verkehr), REG (Region).

---

[1] Unterschiedliche Schreibweisen ergaben sich für Delémont (Delsberg), Disentis/Mustér (Disentis), Fribourg (Freiburg), Genève (Genf), La Neuveville (Neuenstadt), Neuchâtel (Neuenburg), Porrentruy (Pruntrut) und Sion (Sitten).

1.1 Problemstellung

1.1.1 Zentrale und periphere Verkehrsräume in der Schweiz

Die Schweiz weist heute eines der dichtesten Verkehrsnetze Europas auf. Rund 71 000 km National-, Kantons- und Gemeindestrassen dienen dem Individualverkehr und dem strassengebundenen öffentlichen Verkehr, während der Schienenverkehr über ein Netz von rund 5 000 km Länge verfügt. (BUNDESAMT FÜR STATISTIK 2007: 9) Zusammengefasst kommen somit auf einen Quadratkilometer rund 1.8 km öffentliche Strassen oder Schienen. Aufgrund der topographischen Gegebenheiten sind diese Verkehrsinfrastrukturen aber nicht gleichmässig über das Land verteilt. Während das Strassen- und Schienennetz im Mittelland eine Dichte von 3.7 km pro Quadratkilometer aufweist, entfallen im Jura auf die gleiche Flächeneinheit nur 2.2 km, in den Voralpen und den Alpen sogar lediglich 0.9 km.[2]

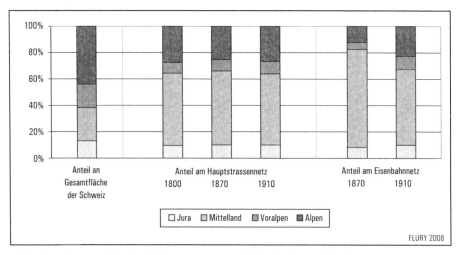

Abb. 1.1   Prozentualer Anteil der vier naturräumlichen Einheiten der Schweiz an der gesamten Landesfläche (links) sowie Verteilung des Hauptstrassen- und Eisenbahnnetzes auf diese vier Grossregionen
(Quellen: BUNDESAMT FÜR RAUMPLANUNG 1998: 41; GIS-DUFOUR, gemäss Quellenverzeichnis)

Die überdurchschnittlich hohe Dichte der Verkehrswege im Mittelland ist jedoch kein Phänomen der modernen Zeit, sondern sie lässt sich während des gesamten 19. Jahrhunderts nachweisen. Abb. 1.1 zeigt, dass bereits um 1800 mehr als die Hälfte des schweizerischen Hauptstrassennetzes[3] im Mit-

---

[2] Diese Werte basieren auf einer Analyse der aktuellen Vektordaten (Eisenbahnen, Autobahnen, Autostrassen sowie Strassen der 1., 2. und 3. Klasse) im GIS.
[3] Zur Definition der Hauptstrassen vgl. Kapitel 3.1.2

telland lag, während die Gebirgsregionen verhältnismässig wenig Strasseninfrastruktur aufwiesen. Ähnliches lässt sich beim Eisenbahnnetz feststellen. Dieses befand sich 1870 zu fast drei Vierteln im Mittelland, um 1910 betrug der Anteil immerhin noch weit über 50 %. Aufgrund dieser Zahlen kann davon ausgegangen werden, dass das Mittelland spätestens seit 1800 den eigentlichen zentralen Verkehrsraum der Schweiz darstellt, ungeachtet der kleinräumigen Gliederung und der zum Teil erheblichen lokalen Unterschiede innerhalb dieser Grossregion. Konkreter formulieren FREY/VOGEL (1997: 392) die Situation während des 19. Jahrhunderts, einer Zeit, in der mit dem Dampfschiff und der Eisenbahn gleich zwei neue Transportmittel das Verkehrssystem revolutionierten: «Im Raumgefüge schliesslich avancierte die Stadt zum allumfassenden Zentrum. Die neue Welt war durch und durch die urbane Welt.» Denn trotz ihrer unterschiedlichen Entwicklungsdynamik gehörten die Städte als hochzentrale Orte in den meisten Fällen zu den Gewinnern dieser «neuen Welt», da sie fast ausnahmslos von ihrer gegenüber dem nicht-urbanen Raum besseren Erreichbarkeit hatten profitieren können. (FREY/VOGEL 1997: 395) Von den 24 Städten[4], die 1910 in der Schweiz bestanden, waren immerhin deren 18 im Mittelland konzentriert. Die oben erwähnten Zahlen zum Verkehrsnetz sprechen für sich. Das Bild des Mittellandes als Ballungsraum der Verkehrsinfrastruktur muss jedoch relativiert werden, sobald diese in Beziehung gesetzt wird zur erschlossenen Bevölkerung. Wie Abb. 1.2 zeigt, erscheint alsdann der Alpenraum – gemessen an seiner Fläche mit wenig Verkehrsinfrastruktur ausgestattet – zwischen 1800 und 1910 als die am besten erschlossene Grossregion der Schweiz. Weitaus geringer fallen die entsprechenden Werte für die Voralpen, das Mittelland und den Jura aus. Am Ende des 20. Jahrhunderts war die gebaute Verkehrsinfrastruktur pro Einwohner in sämtlichen drei Gebirgsregionen sogar rund doppelt so lang wie im Mittelland. In der Schweiz sind also spätestens seit dem Beginn des 19. Jahrhunderts auf der Ebene der vier topographischen Einheiten des Landes beachtliche räumliche Unterschiede in der Ausprägung des Verkehrsnetzes festzustellen. Noch wesentlich grösser als die Differenzen zwischen den Grossregionen sind aber zum Teil die innerregionalen Disparitäten. So ist beispielsweise das heutige Strassennetz[5] im Mittelland-Kanton Thurgau mit 322 km um rund ein Drittel kürzer als im benachbarten Kanton Zürich. Das Thurgauer Netz weist mit 325 m/km^2 jedoch eine höhere Dichte auf als jenes des Kantons Zürich (291 m/km^2), und für die Strassenlänge pro Einwohner ergibt sich im Thurgau (1.37 m/Einwohner) sogar annähernd der dreifache Wert gegenüber dem Kanton Zürich (0.39 m/Einwohner).

---

[4] Orte mit mindestens 10 000 Einwohnern
[5] Vgl. Anmerkung 2

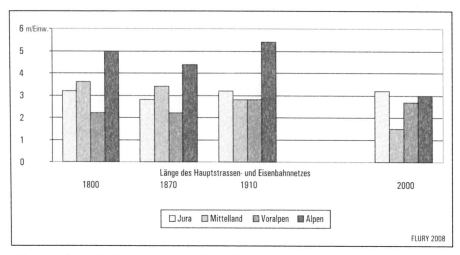

Abb. 1.2 Länge des Hauptstrassen- und Eisenbahnnetzes pro Einwohner in den vier naturräumlichen Einheiten der Schweiz
(Quellen: GIS-DUFOUR, gemäss Quellenverzeichnis; Zeitschnitt 2000: Strassen 3. Klasse und höher, gemäss Klassifikation swisstopo)

Zentrale und periphere Verkehrsräume bildeten sich in der Schweiz folglich auf unterschiedlichen Massstabsebenen heraus. Zentren und Peripherien lassen sich jedoch nicht nur bezüglich der Verkehrserschliessung, sondern auch hinsichtlich weiterer Determinanten wie beispielsweise der wirtschaftlichen oder der demographischen Entwicklung definieren. Dass ein grundsätzlicher Zusammenhang besteht zwischen diesen räumlichen Prozessen und der Verkehrserschliessung, wird zwar allgemein postuliert, kann aber höchstens anhand von Fallstudien begründet werden (Kapitel 2.1.2). Diese Annahmen implizieren, dass durch Veränderungen in der Erschliessung und Erreichbarkeit von Räumen wirtschaftliche und demographische Prozesse gesteuert werden können. Dadurch kommt der räumlichen Ausstattung mit Verkehrsinfrastrukturen grosse Bedeutung zu. So sind die Bestrebungen nach Verbesserung der Verkehrsgunst von Orten oder Regionen seit jeher als ein Bestandteil einer (institutionalisierten oder nicht institutionalisierten) Regionalpolitik zu betrachten. Die Verkehrsinfrastrukturen sind in zweierlei Hinsicht von grosser finanzpolitischer Relevanz: Einerseits setzt ihr Bau grosse finanzielle Investitionen voraus, andererseits verlangt aber auch ihr Unterhalt die nötigen Mittel. Da es sich bei gebauten Verkehrsinfrastrukturen in der Regel um äusserst persistente Objekte handelt, muss deren Instandhaltung auf lange Zeit hinaus gesichert werden. Diese Persistenz bewirkt aber auch, dass die Verkehrsinfrastrukturen – unter Voraussetzung des oben erwähnten Zusammenhangs zwischen Verkehrserschliessung und wirtschaftlichen bzw. demographischen Vorgängen – langfristige Auswirkungen auf Prozesse im Raum haben können. Für die Entscheidungsträger stellt sich daher im Hinblick auf die Erstellung neuer Verkehrsinfrastrukturen die grundlegende Frage, ob die stets nur in beschränktem Masse vorhandenen finanziellen Mittel zur Förderung der Konzentration oder aber des regionalen Ausgleichs eingesetzt werden sollen. Dabei handelt es sich letztendlich um nichts Anderes als den Entscheid zwischen der Förderung der zentralen Räume und der Entwicklung der peripheren Regionen. Diesen beiden Bestrebungen liegen zwei grundsätzlich unterschiedliche Überlegungen zugrunde: Auf der einen Seite das Ziel, das vorhandene Kapital an wenigen Orten im Hinblick auf eine möglichst hohe Wertschöpfung zu investieren, und auf der anderen Seite das Bestreben, mit dem vorhandenen Kapital an vielen Orten eine Verbesserung der wirtschaftlichen Grundvoraussetzungen – und dadurch die Schaffung von gleichwertigen Lebens- und Arbeitsbedingungen im ganzen Land – zu ermöglichen. Anhand zweier Beispiele von Verkehrsinfrastrukturprojekten aus dem 19. und dem 20. Jahrhundert sowie des aktuellen Raumentwicklungsberichtes des Bundes lassen sich diese unterschiedlichen Ansätze darstellen.

Aufbau des Eisenbahnnetzes in der Schweiz: Konzentration auf zentrale Räume

Im ersten Eisenbahngesetz von 1852 überliess der Bund die Kompetenz zum Bau und zum Betrieb von Eisenbahnlinien den Kantonen. Dadurch erhielten diese unter anderem freie Hand bei Entscheidungen zu Linienführung oder Koordination. Die Finanzierung erfolgte einerseits über Beiträge der öffentlichen Hand (Kantone und durch die Eisenbahn bediente Gemeinden), andererseits über Privatkapital. Dieser Finanzierungsmodus bedingte, dass die für den Eisenbahnbau verantwortlichen Aktiengesellschaften die Linienführung und den Betrieb gewinnorientiert planen mussten. (BÄRTSCHI/DUBLER 2006: 2) Dementsprechend wurden die ersten Eisenbahnstrecken dort gebaut, wo das höchste Potential für den Transport von Personen und Gütern zu erwarten war, also zwischen den grössten Städten (Abb. 1.3). In der Folge wurde das bevölkerungsreiche Mittelland zum «Zankapfel der grossen Bahngesellschaften sowie der hinter ihnen stehenden Wirtschaftskreise und Aktionäre» (BÄRTSCHI/DUBLER 2006: 2); der Grundstein für die Schaffung eines zentralen Verkehrsraumes im schweizerischen Eisenbahnnetz wurde gelegt.

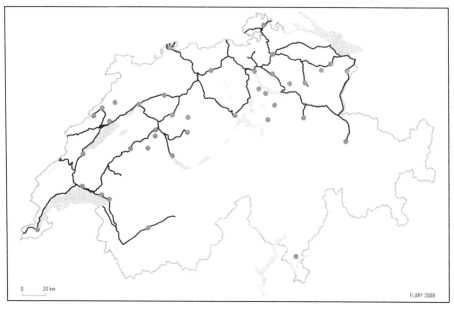

Abb. 1.3   Gemeinden mit über 5 000 Einwohnern um 1870 (Punkte) und Eisenbahnlinien um 1870
(Quellen: VOLKSZÄHLUNG 1870; GIS-DUFOUR, gemäss Quellenverzeichnis)

Aufbau des Nationalstrassennetzes in der Schweiz: Ausgleich zwischen den Regionen

Die Planung des schweizerischen Nationalstrassennetzes geht auf die 1950er Jahre zurück. Die Wahl der Streckenführungen kann in groben Zügen folgendermassen zusammengefasst werden: In einem ersten Schritt wurden die unbestrittenen Hauptstrecken zwischen den grossen Zentren festgelegt. Sie folgten in weiten Teilen dem Eisenbahnnetz aus den Anfangszeiten, wie ein Vergleich von Abb. 1.3 und Abb. 1.4 zeigt; diese Planungsphase war demnach stark nachfrageorientiert und folgte – wie der Eisenbahnbau in der Mitte des 19. Jahrhunderts – dem Prinzip der Konzentration. In einem zweiten Schritt wurde dagegen den Anliegen jener Kantone entsprochen, die durch das nachfrageorientierte Nationalstrassennetz nicht oder nur schwach erschlossen worden wären. (ACKERMANN 1992: 212 f.) Dadurch wurden auch Strecken aufgenommen, die nicht dem Transitverkehr zwischen den grossen Zentren, sondern einzig der regionalen Erschliessung dienten. Die Planung des Nationalstrassennetzes als Ganzes kann daher als ein Versuch verstanden werden, über den Bau von Verkehrsinfrastrukturen einen Ausgleich zwischen den Regionen zu erwirken.

Problemstellung

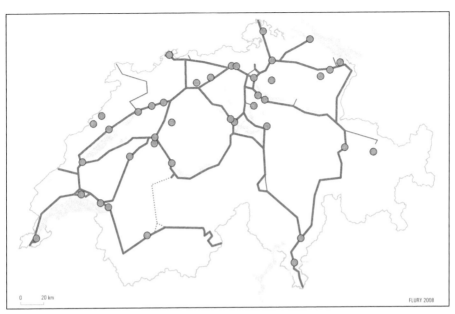

Abb. 1.4   Gemeinden mit über 10 000 Einwohnern um 1950 (Punkte) und geplantes Nationalstrassennetz der 1950er Jahre (dicke Linien) sowie Ergänzungen (dünne Linien) und Streichungen (gepunktete Linien) bis 2007
(Quellen: VOLKSZÄHLUNG 1950; ACKERMANN 1992: 265; BUNDESAMT FÜR STRASSEN 2007)

Das heutige «Raumkonzept Schweiz»: Kompromiss zwischen Konzentration und Ausgleich

Vor dem Hintergrund des raschen Wandels im Bereich der heutigen Raumnutzung verfasste das Bundesamt für Raumentwicklung 2005 einen Bericht mit Fragestellungen zur Entwicklung von Agglomerationen und ländlichen Räumen in der Schweiz sowie den Beziehungen dieser Räume zueinander. Ziel war es, aus einer ganzheitlichen Sicht die Herausforderungen zu beschreiben, welche sich auf dem Gebiet der Raumplanung heute und in der näheren Zukunft stellen werden. (BUNDESAMT FÜR RAUMENTWICKLUNG 2005: 5) Gleichsam einer Synthese aus den möglichen Zukunftsszenarien wurde das «Raumkonzept Schweiz» erarbeitet, das mögliche Wege aufzeigt, die für die Raumentwicklung gewünschten Ziele zu erreichen. Diese werden folgendermassen definiert (BUNDESAMT FÜR RAUMENTWICKLUNG 2005: 87):

- Verhinderung einer «Schweiz der Metropolen» sowie eines gleichzeitigen Attraktivitätsverlusts der peripheren Regionen;
- Verhinderung der Zersiedelung der Landschaft sowie eines gleichzeitigen Attraktivitätsverlusts der städtischen Zentren;

- Förderung der Entwicklung von Städten und Agglomerationen sowie der gegenseitigen Ergänzung des städtischen und ländlichen Raumes («Vernetztes Städtesystem»);
- Förderung der Solidarität zwischen Stadt und Land sowie zwischen den Kantonen, um die peripheren Regionen nicht ihrem Schicksal zu überlassen («Schweiz der Regionen»).

Das «Raumkonzept Schweiz» geht also von einer polyzentrischen Schweiz aus, die aus mehreren Netzen von Zentren unterschiedlicher Grösse besteht. Dazwischen sollen Landschafts- und Naturräume Platz finden. (BUNDESAMT FÜR RAUMENTWICKLUNG 2005: 88) Für die gewünschte Vernetzung sind Kommunikationswege unabdingbar, so dass insbesondere den Investitionen in die Verkehrsinfrastruktur eine grosse Bedeutung zukommen wird. Hierbei kann unter Berücksichtigung der vier genannten Ziele der Raumentwicklung keine andere Möglichkeit in Frage kommen als ein Kompromiss zwischen der Konzentration der vorhandenen Mittel und dem regionalen Ausgleich. Denn nur so wird es möglich sein, einerseits die peripheren Regionen mit den urbanen Gebieten zu vernetzen und andererseits diese urbanen Räume untereinander zu verknüpfen.

Mit diesen drei Beispielen aus der historischen und aktuellen Verkehrs- bzw. Raumpolitik der Schweiz wurde aufgezeigt, dass hinter der Planung von Verkehrsinfrastrukturen unterschiedliche Konzeptionen bezüglich Förderung oder Reduktion von räumlichen Disparitäten stehen können. Dies impliziert, dass Verkehrswege nie aus reinem Selbstzweck, sondern stets im Zusammenhang mit bestimmten Raumentwicklungskonzepten oder -politiken gebaut wurden. Das Hauptproblem besteht dabei in der Tatsache, dass alle Prognosen über zukünftige wirtschaftliche oder demographische Prozesse im Raum auf Annahmen und somit auf Modellen beruhen müssen; die effektiven räumlichen Auswirkungen von Investitionen in die Verkehrsinfrastruktur können höchstens rückblickend erfasst und beurteilt werden.

1.1.2 Das Messen von Erschliessung und Erreichbarkeit in historischer Sicht

Die bisherigen Ex-Post-Analysen zum Zusammenhang zwischen dem Ausbau von Verkehrsinfrastrukturen und der räumlichen Entwicklung in der Schweiz unterliegen mehreren Einschränkungen. Viele fundierte Studien konzentrieren sich auf je einen Schwerpunkt: Dieser liegt entweder zeitlich in der jüngsten Vergangenheit (vgl. AXHAUSEN et al. 2004, BUNDESAMT FÜR RAUMENTWICKLUNG 2007), thematisch auf einem einzelnen Bereich des Verkehrssystems – hauptsächlich auf dem öffentlichen Verkehr – (vgl. FREY/VOGEL 1997), räumlich auf kleinen Gebietseinheiten oder einzelnen Gemeinden (vgl. FLURY 2003; WÜTHRICH 2006; SUMMERMATTER 2007), oder aber die Untersuchungen beschränken sich ausschliesslich auf die verhältnismässig gut fassbaren Bevölkerungsdaten als Indikator der räumlichen Entwicklung (vgl. TSCHOPP et al. 2003). Bisher fehlten die methodischen Grundlagen, um die Auswirkungen von Verkehrsintensivierungen im 19. Jahrhundert – sowohl im öffentlichen als auch im Individualverkehr – auf Prozesse der räumlichen Entwicklung zu analysieren, wenn als Untersuchungseinheiten sowohl die gesamte Schweiz als auch einzelne Regionen berücksichtigt werden sollten. Diese Forschungslücke bildete den Anlass zur Durchführung des Projektes «GIS-Dufour», aus welchem wiederum die Fragestellungen dieser Dissertation hervorgegangen sind.

1.2 Konzeption der Untersuchung

1.2.1 Zielsetzungen

Aufbau des Geographischen Informationssystems «GIS-Dufour»

Eine grundlegende Voraussetzung für die vorliegende Untersuchung – und damit das Hauptziel der Arbeit – war der Aufbau des Geographischen Informationssystems «GIS-Dufour» im Rahmen des gleichnamigen Forschungsprojektes[6]. Dieses schloss an die in Kapitel 1.1.2 erwähnten Forschungslücken an. Das Geographische Informationssystem (GIS) wurde so konzipiert, dass es einerseits die Linien des schweizerischen Strassen-, Schienen- und Wasserwegnetzes mitsamt den relevanten Attributen (beispielsweise Fahrbahnqualität der Strassen oder Anzahl Gleise der Bahnlinien), andererseits statistische Daten zur Raumstruktur – vorwiegend aus den Bereichen Verkehrsangebot und Verkehrsnachfrage, Wirtschaft und Demographie – integriert und diese auf aktuellen und historischen Kartenwerken abbilden lässt. Die Netzstruktur wurde für den Zeitraum zwischen 1750 und 1910 erfasst. Dadurch konnten mehrere grundlegende Innovationen im Verkehrssystem berücksichtigt werden: Der Bau von Chausseen auf den wichtigsten Hauptachsen durch das Mittelland in der zweiten Hälfte des 18. Jahrhunderts, die zu Beginn des 19. Jahrhunderts realisierten Fahrstrassen über die Alpenpässe, der schweizweite Bau von Kunststrassen in den 1830er und 1840er Jahren, die gleichzeitige Einführung der Dampfschifffahrt auf Seen und Flüssen sowie die Periode des Eisenbahnbaus, die in der Schweiz hauptsächlich auf die Zeit zwischen 1847 und 1910 fiel. (EGLI et al. 2005: 247)

---

[6] «GIS-Dufour. Aufbau und Implementierung eines Geographischen Informationssystems für die Verkehrs- und Raumforschung auf historischer Grundlage», finanziert durch den Schweizerischen Nationalfonds von 2004 bis 2007. Der Name nimmt Bezug zur Topographischen Karte der Schweiz, der so genannten *Dufourkarte* aus dem 19. Jahrhundert, die als Quelle für die Rekonstruktion des Verkehrsnetzes diente.

Anwendung des «GIS-Dufour»

Ein weiteres Ziel der Untersuchung bildete die Anwendung des «GIS-Dufour» im Hinblick auf eine konkrete Fragestellung. Für den Zeitraum des 19. Jahrhunderts sollten Kontinuen und Brüche in der Erschliessung und Erreichbarkeit von mehreren Gemeinden in unterschiedlichen Regionen der Schweiz ermittelt werden. Indem diese Ergebnisse den Entwicklungen von sozio-ökonomischen Faktoren gegenübergestellt wurden, sollten Aussagen über mögliche Zusammenhänge zwischen der Verkehrsgunst von Orten und Regionen und deren demographischer und wirtschaftlicher Entwicklung gemacht werden können.

Durch den Aufbau und die Anwendung des «GIS-Dufour» wurde in der schweizerischen Verkehrsforschung erstmals die Möglichkeit geschaffen, Entwicklungen von Erreichbarkeiten nicht nur für den öffentlichen, sondern auch für den vormodernen Individualverkehr für einen Zeitraum von fast 200 Jahren zu berechnen und in einen Zusammenhang mit den Prozessen der Raumentwicklung zu stellen.

1.2.2 Untersuchungsgebiete

Die Studie wurde auf nationaler und regionaler Ebene durchgeführt. Somit konnte einerseits den vielfältigen Definitionen von Erschliessung und Erreichbarkeit Rechnung getragen werden (Kapitel 2.3). Andererseits berücksichtigte dieses Vorgehen aber auch die kleinräumige topographische und politische Gliederung der Schweiz und damit zwei Faktoren, die als Determinanten für die Herausbildung und die Entwicklung von Verkehrssystemen verantwortlich sein können (vgl. SCHLIEPHAKE 1982; GROSJEAN 1982; TANNER 2007). Eine Einteilung der Kantone aufgrund der wirtschaftlichen Entwicklung im 19. Jahrhundert hat BECK (1982: 67) vorgenommen. Demnach können drei Grossregionen unterschieden werden: die industrialisierte West-, Nord- und Ostschweiz, die vorwiegend landwirtschaftlich geprägten Regionen sowie die vollständig in den Alpen gelegenen Kantone (Abb. 1.5). Die Untersuchungsgebiete wurden so ausgewählt, dass jede der drei wirtschaftlichen Grossregionen des 19. Jahrhunderts vertreten ist: Der Kanton Zürich steht für eine Region, die das stark industrialisierte Mittelland repräsentiert. Mit dem Kanton Bern wird ein Teil des stark landwirtschaftlich geprägten Gebiets der Schweiz erfasst. Die Region Tessin – neben dem eigentlichen Kanton Tessin wird auch der topographisch und kulturell nach Süden ausgerichtete Graubündner Bezirk Moesa dazugezählt – schliesslich stellt ein Beispiel aus den Alpen dar.[7]

---

[7] Da diese Region während der gesamten Untersuchungsperiode zwei Kantonen angehörte, wird sie im Folgenden «Region Tessin» genannt, während die beiden anderen Gebiete als «Kanton Zürich» bzw. «Kanton Bern» bezeichnet werden.

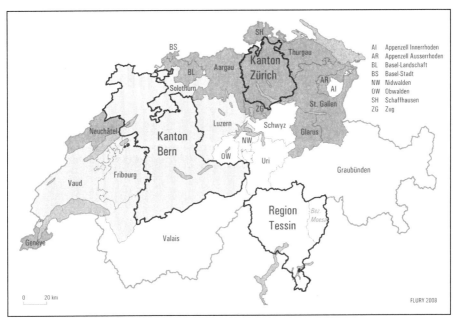

Abb. 1.5   Einteilung der Kantone aufgrund der wirtschaftlichen Entwicklung im 19. Jahrhundert: Industrialisierte West-, Nord- und Ostschweiz (dunkelgrau), vorwiegend bäuerliches Mittelland (hellgrau) und Alpenkantone (weiss). Die folgenden Untersuchungsregionen sind hervorgehoben: Kanton Zürich, Kanton Bern (Gebietsstand 1910) und Region Tessin (inkl. Bezirk Moesa GR).
(Quelle: BECK 1982: 67)

Die Grenzen der Untersuchungsregionen entsprechen den politischen Grenzen um 1910 und stellen die Gebietseinheiten dar, wie sie während des Grossteils des 19. Jahrhunderts bestanden. Demnach wurden im Fall des Kantons Bern die 1815 zugeschlagenen und 1979 wieder abgetrennten jurassischen Bezirke sowie der 1994 zum Kanton Basel-Landschaft übergetretene Bezirk Laufen noch zum Untersuchungsgebiet gezählt. Mit dieser Abgrenzung der Untersuchungsgebiete konnte zugleich erreicht werden, dass alle naturräumlichen Grossregionen der Schweiz abgedeckt werden: Der Kanton Zürich liegt – mit Ausnahme eines kleinen Teils des Oberlandes, der zum Voralpengebiet gezählt wird – im Mittelland. Der Kanton Bern umfasst Teile des Juras, des Mittellandes und der Alpen, während die Region Tessin vollständig dem Alpenraum zugerechnet wird.

Als weitere Untersuchungsregion wurde die gesamte Schweiz gewählt, so dass schliesslich die Analysen auf zwei unterschiedlichen Massstabsebenen – regional und national – durchgeführt werden konnten.

1.2.3 Untersuchungsperiode

Bei der Wahl des Untersuchungszeitraums waren zwei Kriterien von zentraler Bedeutung: Zum einen sollte darin ein starker Ausbau der Verkehrsinfrastruktur nachweisbar sein, zum anderen mussten für die Periode möglichst konsistente statistische Datensätze verfügbar sein, welche die Entwicklung von sozio-ökonomischen Merkmalen nachvollziehbar machen (Kapitel 1.2.1). Der zweite Grund verunmöglichte es, den für die Aufnahme von Verkehrslinien im «GIS-Dufour» gewählten Zeitrahmen von 1750 bis 1910 auch für die Fallstudie zu übernehmen. Die Untersuchungsperiode hatte ihren Beginn deshalb erst um 1800 und endete – entsprechend den Kriterien von «GIS-Dufour» – 1910 (Kapitel 3.2.1). Da eine Analyse von Erschliessung, Erreichbarkeit und Raumstrukturen über einen Zeitraum von 110 Jahren nur unter Anwendung der Querschnittmethode möglich ist, wurden drei Zeitpunkte gewählt, zu denen die jeweiligen Daten erhoben wurden, nämlich 1800, 1870 und 1910. Der Wahl der Zeitschnitte lagen sowohl thematische als auch methodische Kriterien zugrunde. Diese werden in Kapitel 3.2.1 erläutert.

1.2.4 Hypothese

Aus der genannten Problemstellung und der Zielsetzung liess sich für diese Untersuchung die folgende Hypothese formulieren:

> Die demographische und die wirtschaftliche Entwicklung eines Ortes sind positiv mit dessen Erreichbarkeit korreliert. Um 1800 war die Grundstruktur der Verkehrsnetze auf schweizerischer und regionaler Ebene bereits so gefestigt, dass jene Teilräume, die damals eine verhältnismässig gute Erschliessung und Erreichbarkeit aufwiesen, bis 1910 eine stärkere demographische und wirtschaftliche Entwicklung zeigten als Orte, die erst nach 1800 den Anschluss an das Hauptverkehrsnetz fanden.

1.2.5 Aufbau der Untersuchung

Die vorliegende Untersuchung bildet in ihrer Gliederung den Forschungsprozess ab, der von der Formulierung der Problemstellung und der daraus hergeleiteten Hypothese bis zu deren Beurteilung in den Schlussfolgerungen führte. Er lässt sich in die folgenden Phasen gliedern:
Kapitel 2 enthält die theoretischen Grundlagen, auf denen die Untersuchung aufbaut. Die erläuterten Konzepte stecken zum einen den wissenschaftlichen Rahmen der Arbeit ab, zum andern dienen sie dem Verständnis der verwendeten Methoden. Diese werden in Kapitel 3 beschrieben und begründet.

Da die Zielsetzungen dieser Arbeit, nämlich der Aufbau des «GIS-Dufour» und dessen Anwendung im Hinblick auf eine konkrete Fragestellung, stark methodisch geprägt sind, nimmt dieses Kapitel eine zentrale Stellung ein. Die mit der beschriebenen Methodik erhobenen Daten zur Erschliessung und Erreichbarkeit von Orten werden als Ergebnisse in Kapitel 4 präsentiert. Daran schliessen die Darstellung der Entwicklung von Raumstrukturen in den untersuchten Regionen sowie die Analyse der Erreichbarkeitsdaten im Hinblick auf mögliche Korrelationen mit sozio-ökonomischen Strukturdaten an (Kapitel 5). Kapitel 6 schliesslich stellt eine Synthese der gewonnenen Resultate dar und führt zur Beurteilung der oben formulierten Hypothese.

2 Theoretische Grundlagen

2.1 Die Raumwirksamkeit des Verkehrs

Für den Begriff *Raumentwicklung* existiert keine einheitliche, allgemeingültige Definition. Er findet denn auch unterschiedliche Verwendung. Einerseits kann die *Raumentwicklung* als modernere Version der staatsinterventionistisch geprägten Begriffe *Raumplanung* und *Raumordnung* verstanden werden, wodurch ausgedrückt wird, dass die die räumliche Entwicklung gestaltenden Akteure je länger je mehr nicht ausschliesslich aus dem staatlichen Umfeld stammen. (THIERSTEIN 2002: 10) Andererseits hat der Terminus *Raumentwicklung* einen gestaltenden, dynamischen Charakter und verweist daher auch auf raumwirksame Handlungen, die über die rein ordnenden beziehungsweise planenden Aktivitäten hinausgehen. Das BUNDESAMT FÜR RAUMENTWICKLUNG (2002: 14) schlägt daher die folgende Definition vor: «Raumentwicklung ist die Gesamtheit aller in einem Raum ablaufenden Prozesse – insbesondere in den Bereichen der Siedlung [...], der Wirtschaft [...], des Verkehrs und der politischen Institutionen – und Wechselwirkungen mit der natürlichen Umwelt, der Gesellschaft und den wirtschaftlichen Akteuren, wobei die spezifisch räumliche Dimension dieser Prozesse und Wechselwirkungen im Vordergrund steht.» Somit kann die Raumentwicklung als die Gesamtheit der Prozesse im Raum verstanden werden, unabhängig davon, ob sie von einer politischen Institution angestrebt und gesteuert werden oder von selbst ablaufen. Raumentwicklung ist also letztendlich als die Summe der räumlichen Auswirkungen zu verstehen, die durch den Menschen als handelndes Subjekt verursacht werden. Diese Definition impliziert, dass die Raumentwicklung nicht primär ein in der Gegenwart ablaufender Vorgang ist. Vielmehr ist sie von der historischen Dimension geprägt, da die historischen Rahmenbedingungen die gegenwärtigen und die zukünftigen Prozesse beeinflussen.

Unter dem Begriff *Verkehr* wird die «Raumüberwindung von Personen, Gütern und Nachrichten» (SCHLIEPHAKE 1982: 39) verstanden. Wird diese Definition eng gefasst, so müsste jeder Schritt eines Menschen, jedes Verschieben eines Gegenstandes und jede mündliche Mitteilung als Verkehr aufgefasst werden. Zweifelsohne geht das allgemeine Verständnis von Verkehr jedoch nicht so weit. LESER (1997: 947) relativiert daher den Begriff der *Raumüberwindung*, indem er ergänzt: «Bewegungen an einem Standort zählen [...] nicht zum Verkehr.» Unter Berücksichtigung dieser Einschränkung umschreiben NUHN/HESSE (2006: 18) den Verkehr als «realisierte Ortsveränderung von Personen, Gütern und Nachrichten [...]. Er umfasst die physische Bewegung von Einheiten entlang von Kanten in einem Netzwerk oder einer Route auf einer Verkehrsinfrastruktur, im einfachsten Fall zwischen zwei Standorten A und B.» Der Verkehr ist demnach die aus der räumlichen Mobilität von Personen, Gütern und Nachrichten resultierende Grösse. (ATMANAGARA 2007: 35) Zur Gestaltung dieser Mobilität ist eine *Verkehrsinfrastruktur* nötig. Diese setzt sich aus den Verkehrswegen (z.B. Strasse oder Schiene) sowie den Verkehrsmitteln (z.B. Automobil oder Eisenbahn) zusammen. Allerdings werden von den Verkehrsmitteln in der Regel nur diejenigen zur Verkehrsinfrastruktur gezählt, die im Betrieb des öffentlichen Verkehrs zum Einsatz kommen. (ATMANAGARA 2007: 36)

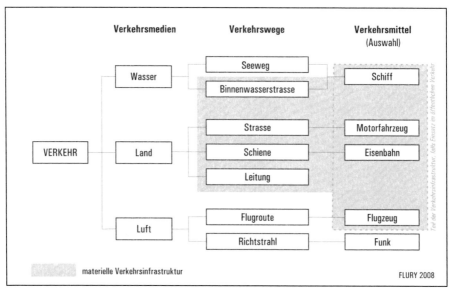

Abb. 2.1 Unterteilung des Verkehrs in Verkehrsmedien, Verkehrswege und Verkehrsmittel sowie deren Zugehörigkeit zur materiellen Verkehrsinfrastruktur (SCHLIEPHAKE 2005: 534; vereinfacht und ergänzt)

Neben diesem materiellen Aspekt können auch noch die institutionellen und die personellen Elemente zur Verkehrsinfrastruktur gezählt werden. (SCHLIEPHAKE 1982: 63) Dazu gehören beispielsweise die Organisationsformen von Verkehrsdienstleistungen sowie die Qualität und die Quantität der daran beteiligten Arbeitskräfte. In der vorliegenden Studie wird unter dem Begriff *Verkehrsinfrastruktur* jedoch ausschliesslich die materielle Komponente verstanden. Die begrifflichen Zusammenhänge sind aus Abb. 2.1 ersichtlich.

2.1.1 Die doppelte Pfadabhängigkeit der Verkehrsinfrastruktur

Eine charakteristische Eigenschaft von Verkehrswegen ist die Persistenz. Gebaute Infrastrukturen haben in der Regel lange Bestand, entweder in ihrer ursprünglichen baulichen Substanz oder aber in überprägter Form unter Beibehaltung des Linienverlaufs.[8] Dies ist hauptsächlich auf die hohen Erstellungskosten von Verkehrsinfrastrukturen zurückzuführen, wobei der Begriff *Kosten* in seinem allgemeinen Sinn zu verstehen ist. So lassen sich darunter einerseits die monetären Investitionen, aber auch die zeitlichen Aufwendungen – beispielsweise durch lange Planungsphasen oder politische und gesellschaftliche Widerstände – zusammenfassen. Neben den Erstellungs- müssen auch die Unterhaltskosten berücksichtigt werden, was dazu führt, dass Verkehrsanlagen eine ausserordentlich lange Abschreibungsdauer aufweisen. (SCHLIEPHAKE 1982: 104) In der Regel werden Verkehrswege jedoch noch bedeutend länger genutzt, oft auch dann noch, wenn sie aufgrund geänderter Rahmenbedingungen nicht mehr der optimalen Linienführung entsprechen. Oder anders formuliert: Die gesellschaftlichen und politischen Rahmenbedingungen – und mit ihnen verkehrsrelevante Grössen wie das Pendlerverhalten oder die Siedlungsstruktur – ändern sich viel zu rasch, als dass die Verkehrsinfrastrukturen laufend daran angepasst werden könnten. In einer allgemeineren Sichtweise prägte NYSTUEN für dieses Phänomen den Begriff des «Geschichtlichen Gegensatzes»: «Bestehende Institutionen werden der Gegenwart nie ganz gerecht werden, da die Gesellschaft immer wieder neue Aktivitäten hervorbringt, die neue Ordnungen erfordern, um grösste Effizienz zu erzielen. Dieser Gegensatz – eine Diskrepanz zwischen gegenwärtigen Aktivitäten und veralteten Ordnungen – ist ein fundamentales, sich immer wieder zeigendes geographisches Problem.» (NYSTUEN 1970: 92) Darin sehen TRISCHLER/DIENEL (1997: 12) ein Argument, warum der historische Zugang auch für Fragestellungen der aktuellen Verkehrsplanung notwendig ist: «Verkehrssysteme sind langlebig; ihre Änderung ist mit hohen Kosten verbunden. Stärker als andere Teilbereiche der Gesellschaft bleiben die Gegenwart und die Zukunft des Verkehrs geronnene Geschichte und sind daher ohne historische Analyse nicht zu verstehen.» Vor diesem Hintergrund muss im Zusammenhang mit der Entwicklung von Verkehrsinfrastrukturen von einer «doppelten Pfadabhängigkeit» gesprochen werden:

Der Begriff der Pfadabhängigkeit wurde ursprünglich in den Wirtschaftswissenschaften geprägt, etablierte sich danach aber auch in den Sozial-

---

[8] Diesem Grundsatz wurde beispielsweise beim Inventar historischer Verkehrswege der Schweiz (IVS) gefolgt. Das IVS gliedert die erfassten Objekte aufgrund ihrer heute vorhandenen historischen Substanz in die Kategorien «historischer Verlauf», «historischer Verlauf mit Substanz» und «historischer Verlauf mit viel Substanz». (DOSWALD 2003: 10)

wissenschaften.[9] Je mehr sich eine Untersuchung vom Handeln eines Individuums hin zu Phänomenen auf der Makroebene bewegt, desto weniger kann die historische Dimension in der Analyse vernachlässigt werden. MAYNTZ (2002: 27) begründet dies mit der Tatsache, dass in der Vergangenheit getroffene politische Entscheidungen, geschaffene Institutionen und eingebürgerte Denkweisen und Routinen bis in die Gegenwart hinein wirken. Solche *historische Pfade* können aber durchaus Kreuzungspunkte oder Weggabelungen aufweisen, Zeitpunkte in der Vergangenheit also, zu denen die Entwicklung in eine andere Richtung hätte weiterlaufen können. (MAYNTZ 2002: 28) Pfade sind folglich durchaus anfällig auf fundamentalen Wandel oder sie können sogar abgebrochen werden. Entscheidend sind die den historischen Pfaden zugrunde liegenden Stabilisierungsmechanismen oder die institutionelle Kontinuität. (BEYER 2006: 28) Im Zusammenhang mit der Persistenz von Verkehrsinfrastrukturen ist ein Kriterium aus der Pfadabhängigkeitstheorie, die «quasi-irreversibility of investment» (DAVID 1986, in: BEYER 2006: 17f.), von grosser Bedeutung: Je mehr Kapital oder Know-How in eine Institution oder in eine Technologie investiert wurde, desto grösser ist die Wahrscheinlichkeit, dass der dadurch eingeschlagene Pfad weitergegangen wird. Deshalb wird an Kreuzungspunkten oder Weggabelungen nur dann ein neuer Pfad begonnen, wenn die neu geschaffene Institution oder Technologie der alten deutlich überlegen ist. Die oben erwähnte lange Abschreibungsdauer von Verkehrsinfrastrukturen bewirkt eine solche Quasi-Irreversibilität im Hinblick auf die Linienführungen von Verkehrswegen.

Der Begriff der Pfadabhängigkeit kann jedoch noch in einer weiteren – wörtlichen – Bedeutung auf die Verkehrsinfrastrukturen bezogen werden: Verschiedene Prozesse im Raum können abhängig sein von Verkehrsinfrastrukturen. Der folgende Abschnitt thematisiert diesen zweiten Teil der «doppelten Pfadabhängigkeit», die Wechselwirkungen zwischen dem Verkehr und der Raumentwicklung.

2.1.2 Verkehr und Raumentwicklung

Verkehrsinfrastrukturen können die Raumentwicklung in zweifacher Hinsicht beeinflussen: Zum einen haben sie eine *direkte raumprägende Wirkung*, die auf ihre physische, sinnlich wahrnehmbare Präsenz im Raum zurückzuführen ist. Zum andern können Verkehrsinfrastrukturen ihrerseits Prozesse im Raum auslösen oder fördern, indem sie Verkehrsflüsse ermöglichen. Diese *indirekte raumprägende Wirkung* kann sich beispielsweise

---

[9] BEYER (2006: 14) führt den Begriff auf den Ökonomen W. Brian ARTHUR und den Wirtschaftshistoriker Paul A. DAVID zurück. Beide erklärten die Pfadabhängigkeit mit der Entwicklung und der Langlebigkeit von Technologien. Heute bildet sie eines der am häufigsten verwendeten Erklärungskonzepte in der sozialwissenschaftlichen Forschung. (BEYER 2006: 12)

durch ein Siedlungswachstum an Verkehrsknotenpunkten manifestieren. Diese beiden Wirkungsweisen werden im Folgenden erläutert. Materielle Verkehrsinfrastrukturen bilden einen Teil der Kulturlandschaft, sofern es sich dabei um stationäre, persistente Elemente handelt. Von den in Abb. 2.1 aufgeführten materiellen Infrastrukturen trifft dies auf die Verkehrswege zu, deren Zugehörigkeit zur Kulturlandschaft durch die folgende Definition verdeutlicht wird: «Kulturlandschaft ist der von Menschen nach ihren existenziellen, gesellschaftlichen, wirtschaftlichen und ästhetischen Bedürfnissen eingerichtete und angepasste Naturraum, der im Laufe der Zeit mit einer zunehmenden Dynamik entstanden ist und ständig verändert sowie umgestaltet wurde und noch wird. Sie stellt heute einen funktionalen und prozessorientierten Systemzusammenhang dar, dessen optisch wahrnehmbarer strukturierter Niederschlag aus Punktelementen, verbindenden Linienelementen und zusammenfassenden sowie zusammengehörigen Flächenelementen besteht.» (BURGGRAAFF 1996: 10f.) Die Verkehrswege können als Linienelemente[10] optisch wahrgenommen werden und bilden daher einen Bestandteil der Kulturlandschaft. Dennoch fokussiert die historische Kulturlandschaftsforschung vor allem auf Punkt- und Flächenelemente. (BURGGRAAFF o.J.: 12) In der Schweiz zeigt sich dies unter anderem daran, dass erst 1980 der Aufbau eines Verzeichnisses der schützenswerten historischen Verkehrswege beschlossen wurde, nachdem entsprechende Kataster für die Landschaften und Naturdenkmäler sowie für die schützenswerten Ortsbilder bereits bearbeitet worden waren.[11] Der visuell landschaftsprägende Charakter der Strassen war grundlegend beim Aufbau des Inventars historischer Verkehrswege der Schweiz (IVS). So war das «Sichtbarkeitskriterium», also die im heutigen Landschaftsbild optisch feststellbare Präsenz eines historischen Verkehrsweges, die entscheidende Voraussetzung für dessen Erfassung und Bearbeitung. (DOSWALD 2003: 2) Während die direkte raumprägende Wirkung der Verkehrsinfrastrukturen durch den Einsatz geeigneter Methoden sowohl qualitativ als auch quantitativ messbar ist, erweist sich die *indirekte raumprägende Wirkung* als sehr schwer fassbar. Die Klassiker der ökonomischen Theorie – unter ihnen die in Kapitel 2.3 erläuterten Arbeiten VON THÜNENS, WEBERS und CHRISTALLERS – massen den Verkehrswegen jeweils grosse Bedeutung bei. Meistens wurde die Verkehrsinfrastruktur im Zusammenhang mit der Senkung der Transportkosten als wichtiger Faktor für die wirtschaftliche Entwicklung gesehen

---

[10] Auch punkt- und linienhafte Elemente der Kulturlandschaft sind eigentlich als Flächenelemente zu betrachten, da sie sich durch einen Flächenverbrauch manifestieren. (PLÖGER 2003: 69) Verkehrswege werden jedoch in der Regel optisch als Linienelemente wahrgenommen. Entscheidend ist jeweils der Massstab der Betrachtung, der unter Umständen ein Gleisfeld oder eine Autobahn als Fläche wahrnehmen lässt.

[11] Die Grundlage des heutigen Bundesinventars der Landschaften und Naturdenkmäler von nationaler Bedeutung (BLN), das auf private Initiative geschaffene Inventar der zu erhaltenden Landschaften und Naturdenkmäler von nationaler Bedeutung, wurde ab 1963 erstellt. Das Inventar schützenswerter Ortsbilder der Schweiz (ISOS) wurde 1973 begonnen. (EIDGENÖSSISCHES DEPARTEMENT DES INNERN 1981: 2)

und als Notwendigkeit in der materiellen Ausstattung des Raumes geradezu vorausgesetzt (Kapitel 2.3). Insbesondere der Prozess der Industrialisierung hat die Frage nach dem Zusammenhang zwischen der Verkehrserschliessung und der Standortwahl von Unternehmen zu einem zentralen Untersuchungsobjekt von Ökonomen werden lassen. VOIGT (1953) vertrat die Ansicht, dass nicht nur jedes neue Verkehrsmittel oder jede neue Verbindung, sondern auch jede Änderung in einem bestehenden Verkehrsangebot Auswirkungen auf die industrielle Struktur einer Region zeigt. MYRDAL (1959) sah in seiner «kumulativen Kausalkette der Industrieansiedlung» die Schaffung besserer Verkehrsinfrastrukturen als eines von mehreren Elementen an, die sich direkt auf die Ansiedlung neuer Industrien auswirkten. Gemäss SCHLIEPHAKE (1982: 118) vertrat die Mehrheit der raumwirtschaftlich arbeitenden Ökonomen die Annahme, dass das Verkehrssystem in einem ständig wechselseitigen Zusammenhang mit den übrigen wirtschaftlichen Entwicklungsprozessen stehe, so dass eine eindeutige Zurechnung von Ursache und Wirkung nicht möglich sei. In der Regel spielen nämlich viele unterschiedliche Faktoren für die räumliche Entwicklung eine Rolle, wobei der Verkehr nur einen davon darstellt. Kommt hinzu, dass auch zwischen den verschiedenen Verkehrsmitteln beträchtliche Unterschiede bezüglich der Raumwirksamkeit bestehen. So wird allgemein die Wirkung der Eisenbahn eher als konzentrierend beschrieben, während sie beim Automobil stark dekonzentrierend ist. (SCHLIEPHAKE 1982: 86f.) Die Schwierigkeit bei der Messung und Beurteilung der Raumwirksamkeit von Verkehrsinfrastrukturen besteht unter anderem in den folgenden Bereichen (NUHN/HESSE 2006: 300):

- Wahl der Indikatoren für die Messung der Raumentwicklung (ökonomisch, demographisch, ökologisch);
- Wahl des Zeitraums (kurz-, mittel- oder langfristig);
- Wahl der räumlichen Bezugsebene (lokal, regional, national, international);
- individuelle Entscheide des handelnden Subjekts, die nicht in der Verkehrsinfrastruktur begründet sind (Unternehmensstrategien, Bildung von Netzwerken usw.).

Da das Zusammenspiel raumwirksamer Faktoren äusserst komplex ist, müssen sich generelle Aussagen zur Raumwirksamkeit von Verkehrsinfrastrukturen jeweils auf regionale Fallstudien stützen. Es handelt sich dabei also lediglich um die Verallgemeinerung von aus einzelnen Beispielen gewonnenen Erkenntnissen. Auf die Wirtschaft bezogen, stellen NUHN/HESSE (2006: 306) fest, dass «Verkehrsinfrastrukturen eine notwendige, aber keineswegs hinreichende Bedingung der wirtschaftlichen Entwicklung sind.» MAIER/ATZKERN (1992: 75) kommen nach der Analyse mehrerer Studien zum Schluss, dass zwar eine Korrelation zwischen Veränderungen der Verkehrsinfrastruktur und regionalwirtschaftlichen Entwicklungsprozessen allgemein anerkannt ist, sich der Erkenntnisstand jedoch hauptsächlich auf die Feststellung beschränkt, dass ohne eine verkehrsinfrastrukturelle Grundausstattung ein regionaler Entwicklungsprozess nicht möglich ist. Allerdings kann keine generelle Aussage gemacht werden über die Richtung der Wirkung, die von Investitionen in die Verkehrsinfrastruktur ausgeht. Denn deren Verbesserung kann insbesondere in peripheren Regionen sowohl Wachstums- als auch Entleerungseffekte hervorrufen. (NUHN/HESSE 2006: 300) Beide Prozesse haben ihren Ursprung in der Reduzierung von Transportkosten und in der Mobilisierung von Reisezeitgewinnen und können sowohl zur Ansiedlung neuer Unternehmen (Wachstumseffekt) als auch zu einer Entlastung des Arbeitsmarktes durch erleichtertes Fernpendeln oder zur Abwanderung von Arbeitskräften und Betrieben (Entleerungseffekt) führen (Abb. 2.2).

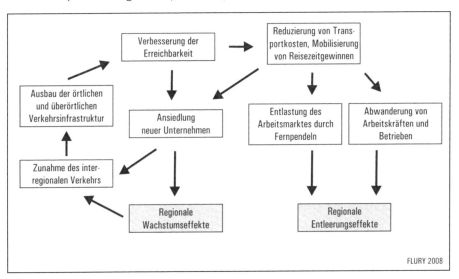

Abb. 2.2 Verkehrsinfrastruktur im regionalen Entwicklungsprozess
(NUHN/HESSE 2006: 301; ergänzt)

Auch JALSOVEC (2000: 19) stellt fest, dass die Auswirkungen des Verkehrs auf die Wirtschaft in der Literatur nach sehr unterschiedlichen Kriterien untersucht werden. Als Folge davon gliedert er die ökonomischen Wirkungen des Verkehrs in drei Ebenen:

- Die Ebene von Investitions- und Erreichbarkeitseffekten, in der die unmittelbaren Wirkungen des Verkehrs von den mittelbaren unterschieden werden;

- Die zeitliche Ebene, in der die Wirkungen des Verkehrs in die Kategorien kurzfristig, mittelfristig und langfristig eingeteilt werden;
- Die Nutzungsebene, in der die Wirkungen des Verkehrs auf die Nutzer und die Nichtnutzer des Verkehrssystems erfasst werden.

Jede der drei Ebenen hat eine räumliche Komponente, da sie zu unterschiedlichen wirtschaftlichen Ergebnissen in verschiedenen Regionen – also zu einer Raumdifferenzierung – führen können. (JALSOVEC 2000: 20) In den Wirtschaftswissenschaften wurde eine ganze Reihe von Theorien erarbeitet, um das Phänomen der räumlichen Entwicklung und der Raumdifferenzierung erklären zu können. Die Ansätze werden unter dem Begriff *Regionale Entwicklungstheorien* zusammengefasst. (JALSOVEC 2000: 31) Der Verkehr ist insbesondere in den regionalökonomischen Ansätzen und der Theorie der Infrastruktur von Bedeutung. Das zentrale Thema der *regionalökonomischen Ansätze* ist die ungleiche Verteilung wirtschaftlicher Aktivitäten innerhalb eines geographischen Raumes. Um die unterschiedlichen Entwicklungsmuster im Raum erklären zu können, wird von vier möglichen Ursachen ausgegangen (JALSOVEC 2000: 68):

- Das unterschiedliche Angebot an den klassischen Produktionsfaktoren *Arbeit, Boden* und *Kapital* kann für die Differenzen in der raumwirtschaftlichen Entwicklung verantwortlich sein. In der regionalökonomischen Betrachtung sind Arbeit und Kapital mobile Faktoren.
- Die Berücksichtigung der *Transportkosten* führt zum eigentlichen Einbezug des Raumes in die Ökonomie. Aus dem Ein-Punkt-Markt der klassischen Modelle entstehen Teilmärkte, was zu räumlicher Konkurrenz führt.
- Durch *Agglomerationseffekte* entsteht eine räumliche Konzentration wirtschaftlicher Aktivitäten.
- Der *technische Fortschritt* ermöglicht Innovationen und steuert damit die langfristigen Wachstumschancen einer Region.

Der letzte der genannten Punkte, der technische Fortschritt, stellt die Verbindung her zur *Theorie der Infrastruktur*. Sie beschreibt die Funktion der Infrastruktur im regionalen Entwicklungsprozess. Hierbei wird der Begriff *Infrastruktur* weit gefasst und im Sinne von «Einrichtungen der öffentlichen Daseinsvorsorge» (LESER 1997: 348) verstanden. Es handelt sich also um all jene Einrichtungen, die als öffentliches Gut zusammengefasst werden können und vom Markt nicht zur Verfügung gestellt werden.[12] Deshalb sind die politischen Entscheidungsträger für die Bereitstellung von Infrastruktur

---

[12] Der in Kapitel 2.1 beschriebene Begriff *Verkehrsinfrastruktur* ist demnach als Unterbegriff von *Infrastruktur* zu verstehen.

verantwortlich. JALSOVEC (2000: 116) ergänzt, dass die Infrastruktur in der Regel den privaten Akteuren kostenlos zur Verfügung gestellt wird. Diese Aussage muss jedoch relativiert werden, sind es doch die privaten Akteure selber, die ihrerseits durch Steuern und Abgaben die Infrastruktur finanzieren. Im Zusammenhang mit dem Verkehrssystem steht der materielle Teil der Infrastruktur (Sachkapital wie beispielsweise Verkehrswege) gegenüber dem immateriellen Teil (Humankapital wie beispielsweise Bildung) im Vordergrund. BIEHL (1991, in: JALSOVEC 2000: 118) weist darauf hin, dass die materielle Infrastruktur alleine noch keine wirtschaftliche Veränderung garantieren kann. Vielmehr kann sie zu einer Veränderung der potentiellen Werte der Produktion, des Einkommens und der Beschäftigung führen. Erst wenn die Infrastrukturkapazitäten optimal genutzt werden, stimmen jedoch die potentiellen und die tatsächlichen Veränderungen überein. Somit besitzt eine mit materieller Infrastruktur gut ausgestattete Region zwar Vorteile gegenüber einer schlechter ausgestatteten Region. Da die Infrastruktur aber nur ein Potentialfaktor ist, kann daraus noch nicht auf eine bessere wirtschaftliche Entwicklung geschlossen werden. Deshalb muss die Politik das wirtschaftliche Potential analysieren und auf dieser Basis die vorhandenen Engpässe in der materiellen Infrastruktur dort beseitigen, wo das Potential eine wirtschaftliche Entwicklung durch private Akteure erwarten lässt. Wo und wie stark die öffentliche Hand in Infrastrukturmassnahmen zur wirtschaftlichen Förderung einer Region investieren soll, hängt nach JALSOVEC (2000: 136) hauptsächlich von den folgenden Punkten ab:

- Ausstattung der Region mit der zu verbessernden Infrastruktur;
- Ausstattung mit weiteren Potentialfaktoren und Infrastrukturelementen (vor allem aus dem immateriellen Bereich);
- Qualität und spezifische Wirkung der Infrastrukturinvestition.

Somit ist «die Entscheidung, die Entwicklung einer Region mit Hilfe der Infrastruktur zu fördern, [...] vor allem auch eine Entscheidung über die qualitativen Eigenschaften der jeweiligen Investition und muss das Umfeld berücksichtigen, in dem sie getroffen wird. Transport[13] alleine, das ist eine Grunderkenntnis der Theorie der Infrastruktur, kann in keinem Fall genug sein, um regionale Entwicklung zu fördern. Entscheidend ist vielmehr die optimale Kombination immaterieller und materieller Infrastrukturkomponenten mit privaten Ressourcen.» (JALSOVEC 2000: 136) Allerdings ist eine gleichmässige Entwicklung der öffentlichen Investitionen in die Infrastruktur und der privaten Aktivitäten nicht möglich. In der Realität kommt es entweder zu Engpässen im Angebotsbereich, mit denen Druck auf die politischen Akteure im Hinblick auf den Ausbau der Infrastrukturen ausgeübt werden kann, oder aber die Politik erstellt zum Vornherein Infra-

---

[13] JALSOVEC (2000: 8) bezeichnet die Raumüberwindung von Personen, Gütern oder Nachrichten als *Transport*.

strukturen und schafft damit ein Angebot, das der vorhandenen Nachfrage nicht bzw. noch nicht entspricht. Daher kommt es bei der Ausstattung mit Infrastruktur in der Regel zu relativ langen Perioden von Über- und Unterkapazitäten. (BUTTON 1993, in: JALSOVEC 2000: 135) Abb. 2.3 veranschaulicht diesen Sachverhalt schematisch.

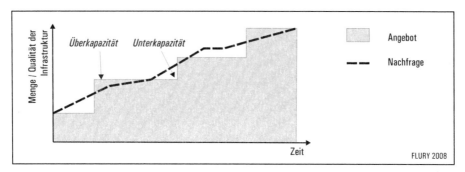

Abb. 2.3 Schematische Darstellung der Entwicklung von Angebot und Nachfrage hinsichtlich der Verkehrsinfrastruktur
(SCHLIEPHAKE 1982: 65; ergänzt)

2.2   Verkehrsnetze im Modell

2.2.1   Grundsätzliche Überlegungen

Verkehrsinfrastrukturen können dort entstehen, wo zwischen zwei Punkten im Raum eine Verkehrsspannung zu Bewegungsabläufen führt, die an feste Korridore gebunden sind. Die Verkehrsspannung entspricht der potentiellen Nachfrage nach der Raumüberwindung zwischen den beiden Standorten. Die einfachste Erklärung für dieses Phänomen liefern die so genannten Gravitationsmodelle. Sie erklären die Verkehrsspannung zwischen zwei Raumpunkten in Abhängigkeit von deren Masse und der Entfernung zwischen ihnen, wobei die Spannung mit zunehmender Masse und abnehmender Distanz wächst.[14] Ein einschränkender Faktor der Gravitationsmodelle zur Beschreibung von Verkehrsspannungen besteht darin, dass für die Variablen *Masse* und *Distanz* unterschiedlichste Indikatoren verwendet werden können, die jeweils auch zu unterschiedlichen Ergebnissen führen. So liefern die Gravitationsmodelle in der Regel für die Verkehrsspannung zwischen zwei Städten andere Werte, wenn die Bevölkerungszahl als Masse

---

[14] Die Gravitationsmodelle stützen sich auf das von Isaac NEWTON (1643-1727) beschriebene physikalische Gravitationsgesetz, das besagt, dass zwei Massenpunkte sich gegenseitig mit einer Kraft anziehen, die proportional zum Produkt der beiden Massen und umgekehrt proportional zum Quadrat des Abstandes zwischen den beiden Massen ist.

und die kilometrische Entfernung als Distanz angenommen werden, als wenn das Pro-Kopf-Einkommen in den beiden Städten und die Fahrzeit zwischen ihnen als Indikatoren verwendet werden.

In Ergänzung zu den Gravitationsansätzen berücksichtigte ULLMAN[15] in seinem Modell, dass Verkehrsspannungen zwischen zwei Raumpunkten nur unter drei grundlegenden Voraussetzungen entstehen können: (HAGGETT 2004: 417f.)

- Ergänzungsfunktion: Am einen Standort muss ein Überschuss einer Ressource vorhanden sein, während am anderen Standort diesbezüglich ein Mangel herrscht und daher eine Nachfrage generiert wird.
- Fehlen von Eingriffsmöglichkeiten: Zwischen den beiden Standorten darf keine weitere Region bestehen, welche die Nachfrage und das Angebot durch eigene Ressourcen befriedigen bzw. ergänzen könnte.
- Transportierbarkeit: Die nachgefragte bzw. angebotene Ressource muss transportierbar sein.

Der Übergang von Verkehrsspannungen zu gebauten Verkehrsnetzen kann schrittweise wie folgt beschrieben werden (Abb. 2.4): Zwischen mehreren Raumpunkten bestehen Verkehrsspannungen (a). Diese erfordern den Bau von Verkehrsinfrastrukturen, die zu einem Netzwerk zusammenwachsen (b). An den Kreuzungen des Netzwerks bilden sich Knoten (c), deren Funktion und Rolle im Netz schliesslich durch eine Hierarchie differenziert werden (d).

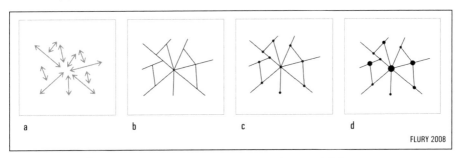

Abb. 2.4   Der Übergang von Verkehrsspannungen zu gebauten Verkehrsnetzen (HAGGETT 2004: 408; vereinfacht)

Die Darstellung von Verkehrsnetzen in einem Modell geht im Wesentlichen auf die Arbeiten Leonhard EULERs[16] aus dem 18. Jahrhundert zurück. Er befasste sich mit dem so genannten «Königsberger Brückenproblem», das in

---

[15] Edward L. ULLMAN (1912-1976), Geograph an der University of Washington
[16] Leonhard EULER (1707-1783), Schweizer Mathematiker

der Überlegung bestand, ob die vier durch den Fluss getrennten Stadtteile der damals ostpreussischen Hauptstadt Königsberg so abgeschritten werden konnten, dass jede der insgesamt sieben Verbindungsbrücken genau einmal passiert werden musste, um wieder zum Ausgangspunkt zurückzukehren (Abb. 2.5).

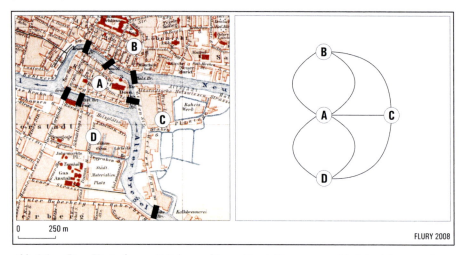

Abb. 2.5   Das «Königsberger Brückenproblem»: Darstellung geographisch beziehungsweise geometrisch (links) und topologisch (rechts)
(Kartengrundlage: BROCKHAUS 1895)

Um die Lösung des Problems herzuleiten, musste das geographische bzw. geometrische Modell, also der Stadtplan mit den Brücken, in ein topologisches Modell überführt werden. Darin waren weder die Distanzen noch die Richtungen der Wege von Bedeutung. Entscheidend war nur die Topologie, also die Informationen über die Nachbarschaftsbeziehungen, die die relative Lage von Objekten zueinander beschreiben. (BRUNOTTE et al. 2002: 413) EULER konnte sodann aufzeigen, dass das «Königsberger Brückenproblem» unlösbar ist. Ein solcher Pfad wäre nur dann möglich, wenn im topologischen Modell entweder keiner oder genau zwei Knotenpunkte (Stadtteile) existierten, die durch eine ungerade Anzahl Verbindungslinien (Brücken) ins Netz eingebunden sind. (CLARK/HOLTON 1994: 93ff.) Im Fall von Königsberg dagegen wies jeder der vier Stadtteile eine ungerade Anzahl Brückenverbindungen auf.

Im Verlauf des 19. Jahrhunderts entstanden vermehrt netztheoretische Studien, die sich auf die Darstellung von Verkehrssystemen anhand von Punkten und Linien konzentrierten. So wurden die ersten Verkehrsmodelle gemäss der heute in den Geowissenschaften gültigen Definition des Begriffs *Modell* als ein «Ausschnitt der Wirklichkeit, der graphisch und/oder mathematisch dargestellt wird» (LESER 1997: 522), geschaffen. Modelle dieser Art waren vor allem zu Beginn des Eisenbahnzeitalters von Bedeutung, da das neue Verkehrsmittel einen eigenen Verkehrsträger benötigte. Das Schienennetz konnte jedoch nicht auf einem historisch gewachsenen Netz aufbauen, sondern musste von Grund auf geplant werden.[17] (VETTER 1970: 21)

2.2.2 Die Graphentheorie

EULERS Arbeiten zur Struktur von Netzwerken, die auf dem «Königsberger Brückenproblem» aufbauten, gelten heute allgemein als Grundlage für die Entwicklung der Graphentheorie. (HAGGETT 2004: 425; MAIER/ATZKERN 1992: 229) Dieses Kerngebiet der diskreten Mathematik dient als Grundlage für die Analyse eines Systems, verstanden als «ein Komplex bzw. eine Funktionseinheit aus verschiedenen Komponenten, die miteinander in Wechselbeziehungen stehen und ein Wirkungsgefüge bilden [...].» (LESER 1997: 859) Somit ermöglicht es die Graphentheorie, alltägliche Probleme aus den verschiedensten Bereichen zu vereinfachen, darzustellen und zu analysieren. Drei konkrete Beispiele, in denen eine Menge von Komponenten und die Wechselbeziehungen zwischen ihnen von Bedeutung sind, sollen einen Einblick in die Anwendungsmöglichkeiten der Graphentheorie geben:

- Im Bereich der Raumordnung soll dargestellt werden, in welchem Ausmass die städtischen Zentren untereinander mit Verkehrswegen zu verknüpfen sind.
- In einer Firma soll festgelegt werden, welche Vorgesetzten mit welchen Angestellten zusammenarbeiten.
- Bei den Gruppenspielen zur Teilnahme an der Endrunde der Fussball-Weltmeisterschaft soll erklärt werden, welche Mannschaften bereits gegeneinander angetreten sind und welche ihre Spiele noch vor sich haben.

So verschieden diese drei Beispiele auch erscheinen, sie lassen sich alle mit Hilfe der Graphentheorie beschreiben und analysieren. Ein Graph stellt dabei ein Modell der jeweiligen Situation dar. Er kann als eine Zeichnung betrachtet werden, die eine Menge von Knoten (Punkten) und bestimmte Knotenpaare verbindenden Kanten (Linien) zeigt. Die drei oben genannten Alltagsbeispiele könnten demnach wie in Abb. 2.6 mit Graphen dargestellt werden.

---

[17] Für Deutschland entwarf beispielsweise der Nationalökonom Friedrich LIST 1833 das «‹ideale› Eisenbahnnetz» (VETTER 1970: 21) mit der Hauptstadt Berlin als Mittelpunkt. In der Schweiz stellten 1850 die englischen Ingenieure Robert STEPHENSON und Henry SWINBURNE das Modell eines Eisenbahnnetzes vor, das den damaligen wirtschaftlichen und demographischen Verhältnissen am besten zu entsprechen schien. (GROSJEAN 1982: 61) Beide Modelle lassen das Ziel erkennen, eine effiziente Erschliessung des Raumes durch möglichst wenige Linien und daher kostengünstig zu ermöglichen.

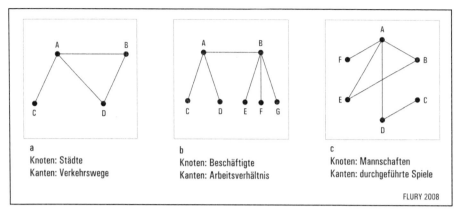

Abb. 2.6   Drei Systeme aus dem Alltag. Die Komponenten und deren Beziehungen untereinander sind durch Graphen dargestellt.

Daraus wird ersichtlich, dass ein Graph aus zwei endlichen Mengen besteht:

- Die *Knotenmenge* ist eine nicht leere Menge von Elementen, die «Knoten» genannt werden.
- Die *Kantenmenge* ist eine – möglicherweise leere – Menge von Elementen, die «Kanten» genannt werden.

Jede Kante in einem Graphen ist demnach einem ungeordneten Paar von Knoten zugewiesen, welche die Endknoten der Kante darstellen.

Da die Graphentheorie in vielen alltäglichen Bereichen von Bedeutung ist, existiert eine umfangreiche Literatur zum Thema. In den nachfolgenden Ausführungen werden Aspekte der Graphentheorie nur soweit behandelt, als sie für die Anwendung im Hinblick auf die formale Analyse von Verkehrsnetzen von Bedeutung sind und daher für die vorliegende Untersuchung benötigt wurden.

Definitionen von Graphen und ihren Knoten und Kanten

Knoten und Kanten bestimmen die Form eines Graphen. Einige spezielle Fälle der Verknüpftheit werden im Folgenden erwähnt; sie basieren auf den Erläuterungen von CLARK/HOLTON (1994: 8ff.). Die entsprechenden Beispiele sind in den drei Graphen in Abb. 2.7 dargestellt. Im Sinne einer besseren Verständlichkeit werden die Fälle mit konkreten Beispielen aus dem Bereich der Verkehrswege erläutert, wobei für die Knoten exemplarisch Siedlungen und für die Kanten Fahrstrassen angenommen werden.

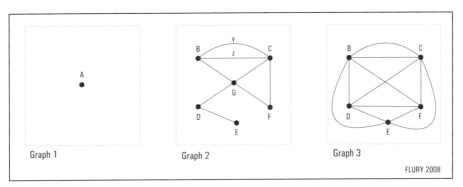

Abb. 2.7   Drei Beispiele von Graphen zur Illustration der Verknüpftheit von Knoten

Ein Knoten, der nicht Endpunkt einer Kante ist, heisst *isoliert* (Knoten A in Graph 1). Es kann sich hierbei um eine Siedlung handeln, die nicht durch Fahrstrassen, sondern höchstens durch Saumpfade oder über den Wasserweg erschlossen ist. Sind zwei Knoten jedoch durch eine Kante miteinander verbunden, so werden sie als *adjazent* oder *benachbart* bezeichnet (z.B. Knoten B und C in Graph 2). Die Menge aller Nachbarn eines Knotens ist seine *Nachbarschaftsmenge* (Knoten C und G bilden die Nachbarschaftsmenge von F in Graph 2). Im konkreten Fall setzt sich die Nachbarschaftsmenge eines Ortes aus allen umliegenden Siedlungen zusammen, zu denen eine direkte Verbindung über eine Fahrstrasse besteht.

In einem *vollständigen* Graphen ist jedes Paar unterschiedlicher Knoten durch eine Kante verbunden (Graph 3). Dieser Fall tritt ein, wenn in einem Ausschnitt sämtliche Siedlungen untereinander auf dem direktesten Weg verbunden sind. Dies bedeutet, dass das Netz der Fahrstrassen die maximal mögliche Verknüpfung aufweist. Dadurch entstehen zwar für die Benutzer der Strasseninfrastruktur insgesamt die geringsten Fahrkosten, jedoch resultieren aus diesem vollständigen Netz hohe Erstellungs- und Unterhaltskosten.

Haben mehrere Kanten dieselben Endknoten, so sind sie *parallel* (Kanten y und z in Graph 2). In solchen Fällen bestehen zwischen zwei Siedlungen mehrere Fahrstrassen. Dies ist für die Konnektivität der beiden Orte insbesondere dann von Bedeutung, wenn eine Verbindung unterbrochen ist; eine Alternativverbindung steht dann immer noch zur Verfügung.

Der *Grad* eines Knotens gibt an, mit wie vielen Kanten dieser inzident ist, oder anders ausgedrückt, wie oft er als Endknoten einer Kante auftritt (z.B. hat Knoten G in Graph 2 den Grad 4). In Abhängigkeit davon, ob der Grad gerade oder ungerade ist, heisst ein Knoten eines Graphen *gerade* oder *ungerade*. Je höher der Grad einer Siedlung ist, desto besser ist diese folglich mit Fahrstrassen erschlossen.

Ein Graph gilt als *planar*, wenn er im zweidimensionalen Raum liegt und bei der zeichnerischen Darstellung jedes Zusammentreffen von zwei oder mehreren Kanten einen Knoten darstellt (Graph 2). Im dreidimensionalen Raum dagegen können sich Kanten eines Graphen in der zeichnerischen Darstellung schneiden, ohne dabei einen Knoten zu bilden. Solche Graphen werden als *nicht-planar* bezeichnet (Graph 3). Graphen, welche Fahrstrassen repräsentieren, sind in der Regel planar, da sich bei jedem Schnittpunkt Kreuzungen ergeben, auf denen die Fahrstrasse gewechselt werden kann. Im Gegensatz dazu kann ein Graph, der sowohl Fahrstrassen als auch Eisenbahnlinien darstellt, auch nicht-planar sein. Der Grund liegt darin, dass in dieser Situation ein Wechsel vom einen Verkehrsträger auf den anderen ausschliesslich bei Bahnstationen möglich ist, nicht aber beim Aufeinandertreffen von Strassen und Bahnlinien im Fall von Bahnübergängen.

Wege, Bäume und Zyklen

Eine *Kantenfolge* in einem Graphen wird aus einer endlichen Reihe gebildet, die abwechselnd aus Knoten und Kanten besteht. Jede Kantenfolge besitzt einen Anfangs- und einen Endknoten. Diese beiden Funktionen können auch in einem einzigen Knoten vereint sein. Die Anzahl der in einer Kantenfolge enthaltenen Kanten wird als deren *Länge* bezeichnet. Sind in einer Kantenfolge alle vorhandenen Knoten voneinander verschieden, so spricht man von einem *Weg*. Ein Graph mit Verzweigungen, aber ohne geschlossene Kreise, wird *Baum* genannt. Falls die Kantenfolge geschlossen ist, bildet sich ein *Zyklus*. Diese drei Arten von Kantenfolgen bilden die Netzmodelle, die in der Verkehrsgeographie unterschieden werden. Die Komplexität der Modelle nimmt in der Reihenfolge ihrer Nennung zu (Abb. 2.8).

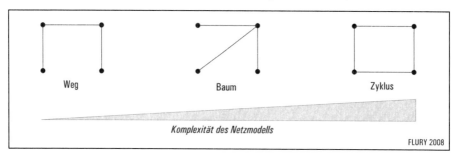

Abb. 2.8   Komplexität des Netzmodells aufgrund der Art der Kantenfolge

Das Problem des kürzesten Weges – Die Graphentheorie im Verkehrsnetz

Bei der Darstellung von Netzen anhand von Graphen wird in erster Linie deren Struktur sichtbar. Dadurch fallen die Informationen zu Strömen oder Charakteristika der Verbindungen zwischen den Knoten weg. (HAGGETT

2004: 425) Jedoch sind in zahlreichen Anwendungen auch bestimmte Eigenschaften der Kanten von Interesse. Diese werden allgemein als Bewertungen oder *Kosten* bezeichnet. Sie charakterisieren die Beziehung, die zwischen zwei Knoten durch das Vorhandensein einer Kante dargestellt wird. Der Begriff *Kosten* wird dabei in seiner allgemeinen Bedeutung verwendet und bezieht sich nicht ausschliesslich auf die finanziellen Aufwendungen für die Verbindung von zwei Knoten. Konkrete Beispiele für solche Kosten in verschiedenen Netzen finden sich in Tab. 2-1.

Netz	Mögliche Kosten der Kanten
Verkehrsnetz	Distanz, Transportkosten, Fahrtdauer, Kapazität
Leitungsnetz	Erstellungskosten, Betriebskosten, Kapazität
Soziales Beziehungsnetz	Grad der Verwandtschaft oder Freundschaft

Tab. 2-1 Mögliche Kosten der Kanten in unterschiedlichen Arten von Netzen

Die Zuweisung von Kosten ist eine grundlegende Voraussetzung für die Analyse von Graphen hinsichtlich der Konnektivität ihrer Knoten. Dabei lassen sich zwei grundsätzliche Analyseverfahren unterscheiden, für die jeweils spezifische Routing-Algorithmen[18] zur Berechnung angewendet werden: Einerseits kann zwischen zwei oder mehreren ausgewählten Knoten der Pfad mit der geringsten Kostensumme ermittelt werden. Diese im Alltag oft gebrauchte Fragestellung – populäre Beispiele sind Routenplaner für den Individualverkehr oder Fahrplanrechner für den öffentlichen Verkehr – ist unter dem Begriff «Problem des kürzesten Weges» bekannt. (CLARK/HOLTON 1994: 75ff.) Andererseits kann die relative Lage eines einzelnen Knotens im Netz bestimmt werden, indem die Kostensumme berechnet wird, die sich ergibt, wenn sämtliche anderen Knoten erreicht werden sollen. Dies ermöglicht es, Aussagen über die Erschliessung, die Erreichbarkeit und die Zentralität des untersuchten Knotens zu machen. Der Herleitung dieser Begriffe widmet sich der folgende Abschnitt.

---

[18] Ein Algorithmus ist «eine Arbeitsanleitung zum Lösen eines Problems bzw. einer Aufgabe, die so präzise formuliert ist, dass sie von einem Computer ausgeführt werden kann.» (BOLLMANN/KOCH 2001: 12) Für die Analyse von Graphen können unterschiedliche Algorithmen eingesetzt werden. Häufig verwendet werden die Algorithmen von DIJKSTRA und BELLMAN-FORD (Minimierung der Kostensumme zwischen ausgewählten Knoten eines Graphen) oder von PRIM und KRUSKAL (Minimierung der Kostensumme zwischen allen Knoten eines Graphen). (RÖTHLISBERGER/WITTMANN 1994).

2.3 Erschliessung, Erreichbarkeit und Zentralität: Die Beschreibung der Raumstruktur

Was in Kapitel 2.2 als theoretische Überlegungen formuliert worden ist, kann im Rahmen dieser Arbeit in ein konkretes Themenfeld übertragen werden. Verkehrsnetze sind ein geradezu klassisches Beispiel für die Anwendung der Graphentheorie. Die Verkehrswege können als Kanten gedacht werden, die ihre Anfangs- und Endpunkte jeweils in Knoten haben. Oft liegen solche Knotenpunkte von Verkehrswegen in Siedlungen. LIENAU (2002: 15) geht bei der Definition von Siedlungen noch weiter und bezeichnet sie als «Knotenpunkte und Verdichtungsräume der menschlichen Aktivitäten, des Wirtschaftens und Handelns und damit der Wege (auch im weiteren Sinne), über die die Aktivitäten abgewickelt werden.» Daraus geht hervor, dass der Verkehr aus den Beziehungen zwischen Siedlungen entsteht. Siedlungen ihrerseits können sich aber nur bilden, wenn sie an Verkehrslinien liegen. Oder anders ausgedrückt: «Eine Stadt ohne Verkehr gibt es nicht. An jedem Brennpunkt des Verkehrs siedeln sich Menschen an.» (LEIBBRAND 1980: 5) Dabei ist der Begriff *Verkehr* im weiteren Sinne zu verstehen, entsprechend der Definition in Kapitel 2.1. Es kann also von der Prämisse ausgegangen werden, dass jede Siedlung eine Erschliessung aufweist und dadurch ins Verkehrssystem eingebunden ist. SCHLIEPHAKE (1982: 128) fasst unter dem Begriff *Quantität der Erschliessung* die Anzahl der Verkehrswege (öffentlicher und Individualverkehr), die zu einem Punkt hinführen, und die Anzahl der Verkehrsmittel (öffentlicher Verkehr), die innerhalb eines gegebenen Zeitraumes einen Punkt bedienen, zusammen. Die Erschliessung ist demnach ein Kriterium, das rein quantitativ zu bestimmen ist. Als Grundlage können Verkehrskarten und Fahrpläne dienen.

Mit dem Begriff *Qualität der Erschliessung* leitet SCHLIEPHAKE (1982: 129) über zum Konzept der *Erreichbarkeit*. Im Unterschied zur Erschliessung wird für die Bestimmung der Erreichbarkeit eines Standortes der Aufwand für die Raumüberwindung aus einem definierten Einzugsbereich mitberücksichtigt. Die Raumüberwindung erfolgt durch den Verkehr, der dadurch erst den Handlungsspielraum zur Interaktion zwischen zwei Punkten eröffnet. Somit bezeichnet die Erreichbarkeit die Qualität eines Standortes, die aus seinen verkehrlichen Beziehungen zu anderen Standorten entsteht.[19] (BLEISCH 2005: 54) Diese Beziehungen sind von mehreren Faktoren abhängig: Abgesehen von der Verfügbarkeit von Verkehrsmitteln, die gegeben sein muss, wird die

---

[19] Obwohl die Erreichbarkeit das zentrale Produkt von Verkehrsnetzen ist, gibt es dafür keine einheitliche Definition. (AXHAUSEN et al. 2004: 309) Zahlreiche Autoren bringen die Erreichbarkeit auch in Zusammenhang mit der *Möglichkeit* zur Interaktion zwischen zwei Raumpunkten, also beispielsweise mit deren funktionaler Ausstattung (vgl. die Übersicht bei BLEISCH 2005: 53f.). Dieser Potentialansatz stellt jedoch bereits eine Weiterentwicklung des eigentlichen Erreichbarkeitskonzeptes dar und wird hier nicht behandelt.

Erreichbarkeit auch von der räumlichen Distanz sowie von spezifischen Raum- und Zeitwiderständen wie Reisezeit oder Transportkosten bestimmt. Der Aufwand, der für die Raumüberwindung zwischen zwei Punkten entsteht, kann somit nach drei Kriterien bestimmt werden: Distanz, Zeit und (monetäre) Kosten. Wird jedes dieser Kriterien isoliert betrachtet, dann verbessert sich die Erreichbarkeit eines Standortes,

- je kürzer die Reisedistanz zwischen ihm und den anderen Punkten im definierten Einzugsbereich ist;
- je geringer der Zeitaufwand für das Zurücklegen dieser Distanz ist;
- je geringer die monetären Kosten für das Zurücklegen dieser Distanz sind.

Eine isolierte Betrachtung dieser Kriterien ist wenig sinnvoll, wie das folgende Beispiel zeigt: Ein Standort A kann von einem Startpunkt S aus weiter entfernt liegen als ein zweiter Standort B, aufgrund der besser ausgebauten Verkehrsinfrastruktur jedoch schneller zu erreichen sein. Allerdings dürften die Reisekosten für den Transport von S nach A aufgrund des besseren Angebotes höher sein als von S nach B. Der Standort A wiese demnach bezüglich des Zeitaufwands eine bessere Erreichbarkeit auf als der Standort B, dafür wäre B besser erreichbar, was die Distanz und die Transportkosten betrifft. Ein weiteres Problem bei der Ermittlung der Erreichbarkeit besteht darin, dass die drei Kriterien Distanz, Zeitaufwand und monetäre Kosten im Personenverkehr nicht dieselbe Bedeutung haben müssen wie im Güterverkehr und hier wiederum je nach zu transportierender Ware unterschiedlich ins Gewicht fallen können. In ihren theoretischen Überlegungen zur Erreichbarkeit lassen die meisten Autoren die Fahrkosten, also den finanziellen Aufwand für den Transport zwischen zwei Punkten, ausser Acht. Dies mag damit zu tun haben, dass diese Kosten im Gegensatz zur kilometrischen Distanz und zur Reisezeit schwer fassbar sind (Individualverkehr) oder aber im Laufe der Zeit grossen Änderungen unterworfen sind (öffentlicher Verkehr). Deshalb wird die Erreichbarkeit je nach Untersuchungsziel und zur Verfügung stehenden Daten unterschiedlich definiert. So bezieht beispielsweise RUTZ (1971) in seiner Herleitung einer Erreichbarkeitsdefinition für die Erklärung räumlicher Zusammenhänge in Deutschland die Häufigkeit der täglichen Verkehrsverbindungen im öffentlichen Verkehr und damit die durchschnittliche Wartezeit zwischen zwei Verbindungen mit ein. Für die Untersuchung der Auswirkungen von Erreichbarkeitsveränderungen auf die Bevölkerungsentwicklung in der Schweiz lassen AXHAUSEN et al. (2004) dagegen auch das am untersuchten Ort vorhandene Potential, also beispielsweise die Bevölkerungs- oder

Arbeitsplatzzahl, in die Definition der Erreichbarkeit einfliessen.[20] Sämtliche Definitionen haben jedoch die Tatsache gemeinsam, dass die Erreichbarkeit eines Ortes nicht ein absolutes Kriterium sein kann, sondern sich jeweils auf einen mit diesem Ort in Beziehung stehenden Raum bezieht. Besonders deutlich lässt sich das anhand von Orten veranschaulichen, die innerhalb eines Territoriums eine Randlage aufweisen. Ihre Erreichbarkeit ist gegenüber anderen Orten im Landesinneren schlechter, wenn das Territorium als Bezugsraum betrachtet wird. Sobald jedoch noch angrenzende Gebiete miteinbezogen werden, kann sich die Erreichbarkeit des Grenzortes gegenüber den im Landesinnern gelegenen Orten markant verbessern.

Auf dem Erreichbarkeitsansatz baut das Konzept der *Zentralität* auf. Zentralität ist zunächst «die Eigenschaft eines Standortes, Mittelpunkt eines Raumes zu sein». (LESER 1997: 1016) Dieser Definition zufolge kann ein Raum nur einen einzigen Punkt beinhalten, auf den diese Eigenschaft zutrifft. Wenn in der Raumforschung jedoch von unterschiedlichen Stufen der Zentralität gesprochen wird, so impliziert dies, dass nicht die – im ursprünglichen Sinne des Wortes – geographische Position des Standortes gemeint ist, sondern der Bedeutungsüberschuss eines Standortes in Bezug auf andere Punkte im Raum. Ein solcher Standort wird mit dem Attribut *zentral* umschrieben. Entsprechend können all jene Standorte, die gegenüber den anderen Punkten im definierten Raum ein Bedeutungsdefizit aufweisen, als *peripher* bezeichnet werden. Die Zentralitätsforschung hat viele Modelle zur Messung von Zentralität hervorgebracht. (HEINRITZ 1979: 38ff.) Drei grundlegende Ansätze werden im Folgenden beschrieben und in Abb. 2.9 illustriert. Grosse Bedeutung erlangte das aus empirischen Erfahrungen hergeleitete Modell Johann Heinrich VON THÜNENS (1826). Er entwickelte ein Modell für auf einen zentralen Marktort ausgerichtete landwirtschaftliche Produktionsstandorte. Mit der Annahme eines isolierten Wirtschaftsraumes und eines homogenen Produktionsgebietes sowie unter Berücksichtigung des Transportkostenaufwandes, der Arbeitsintensität für die Herstellung landwirtschaftlicher Erzeugnisse sowie deren Transportfähigkeit bilden sich für die jeweiligen Produkte Zonen von Produktionsstandorten, die sich ringförmig um das Marktzentrum anordnen. Hauptmerkmal dieser Anordnung ist die abnehmende Intensität der Produktion mit zunehmender Entfernung vom Markt. Während VON THÜNENS Modell noch eine rein agrare Wirtschaft beschreibt, bezog Alfred WEBER (1909) seine Standorttheorie auf die Industrie. Dabei machte er drei Faktoren aus, die im Zusammenspiel den idealen Standort für einen Industriebetrieb definieren: die Transportkosten, die Arbeitskosten und die Agglomerationswirkungen. Dabei gilt zunächst derjenige Ort als zentral, der den Transportkostenminimalpunkt für die Her-

---

[20] Vgl. den Hinweis zum Potentialsansatz in Anmerkung 19. AXHAUSEN et al. (2004: 309) bezeichnen das Potential als *Gelegenheiten am Ort*.

stellung und den Vertrieb eines industriellen Produktes darstellt. In weiteren Schritten bezog WEBER die Arbeitskosten und die Agglomerationsvorteile mit ein, womit sich auch der ideale Produktionsstandort verschiebt.

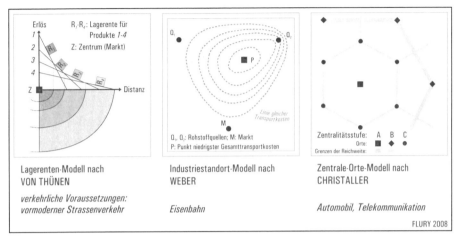

Abb. 2.9   Schematische Darstellungen von Raummustern gemäss drei Theorien, die Erklärungsansätze für die Zentralität von Standorten liefern
(NUHN/HESSE 2006: 282; HAGGETT 2004: 49; HEINEBERG 2004: 198; vereinfacht)

Walter CHRISTALLER (1933) löste sich mit seiner Untersuchung über die Städtehierarchie in Süddeutschland von dieser auf die industrielle Produktion gerichteten Sichtweise und entwickelte das «Modell der zentralen Orte». Grundlage dieses Modells ist die Annahme, dass ein Ort Güter und Dienstleistungen über den eigenen Bedarf hinaus anbietet. Er erhält dadurch einen Bedeutungsüberschuss und kann die Funktion eines zentralen Ortes für ein weiteres Umland übernehmen. Die zentralen Orte lassen sich in unterschiedliche Hierarchiestufen aufteilen, je nachdem, welche Güter und Dienstleistungen angeboten werden. Im Idealfall bildet sich auf jeder Hierarchiestufe eine hexagonale Anordnung der zentralen Orte.

Jedes der drei Modelle geht von bestimmten Transportanforderungen und -möglichkeiten der damaligen Wirtschaft aus: Für VON THÜNENS Lagerenten-Modell der landwirtschaftlichen Produktion kamen der vormoderne Strassenverkehr und – in einer Weiterentwicklung – der Flussverkehr in Frage. In WEBERS Industriestandort-Modell war dagegen die Eisenbahn das hauptsächliche Transportmittel, während CHRISTALLER sein Zentrale-Orte-Modell im beginnenden Zeitalter der Motorisierung und der Telekommunikation – beides waren entscheidende Faktoren für das Wachstum des Dienstleistungssektors – entwickelte. Zudem unterscheiden sich die drei Modelle hinsichtlich der Betrachtungsweise: Während WEBER seinem Modell eine einzelwirtschaftliche Sichtweise zugrunde legte, also die Suche nach idealen Standorten für bestimmte Industriebetriebe zum Ziel hatte, gingen VON THÜNEN und CHRISTALLER zum Totalmodell über, das die Struktur eines grösseren Wirtschaftsraumes zu erklären versucht. (SCHÄTZL 2001: 29ff.) Alle hier vorgestellten Standorttheorien bedienen sich der Methode der isolierten Abstraktion. (SCHÄTZL 2001: 38) Sie betrachten ausschliesslich die wirtschaftliche Situation und sehen den Menschen als rein rational handelndes, gewinnorientiertes Wesen. Da Modelle per Definition Abstraktionen der Wirklichkeit darstellen, wurde auch im Bereich des Verkehrs von starken Vereinfachungen ausgegangen. Dies betrifft die Annahmen, dass alle Raumpunkte eine identische Verkehrserschliessung aufweisen, die Transportkosten proportional zur Transportdistanz sind und die Bevölkerung, die Mobilität nachfragt, gleichmässig über den Raum verteilt ist. Aufgrund dieser Vereinfachungen haftet allen drei Modellen eine grosse Diskrepanz zur reellen Raumausprägung an. FREY/VOGEL (1997: 20) kritisieren zudem in den Standorttheorien die Nichtbeachtung wichtiger wirtschaftlicher Umwälzungen der jeweiligen Zeit: So war um 1830, als VON THÜNEN die Theorie zu den landwirtschaftlichen Produktionsstandorten hergeleitet hatte, die Industrialisierung vielerorts bereits fortgeschritten, wenn auch noch ohne die Eisenbahn als Massentransportmittel. Ende des 19. Jahrhunderts, also vor der Publikation von WEBERS Industriestandorttheorie, gewann der Dienstleistungssektor an Bedeutung. CHRISTALLER schliesslich ging noch in den 1930er Jahren von einem «quasi archaischen Tertiärsektor (Detailhandel)» (FREY/VOGEL 1997: 20) aus. Ungeachtet aller Kritiken haben sich die klassischen Standorttheorien jedoch bis heute eine gewisse Bedeutung bewahren können, wenn auch teils in einem anderen Umfeld. So wurde das Modell der VON THÜNEN'schen Ringe zum Bodenrentenmodell der Stadt weiterentwickelt (SCHÄTZL 2001: 72), und auch CHRISTALLERS Zentrale-Orte-Modell diente immer wieder als Grundlage für die Gestaltung aktueller raumplanerischer Konzepte. (ACKERMANN 1992; WAHLEN 1999; GATHER 2003)

2.4 Fazit zu den theoretischen Grundlagen

Die Ausführungen in Kapitel 2 haben gezeigt, dass hinsichtlich der Verkehrsinfrastruktur eine doppelte Pfadabhängigkeit besteht: Einerseits umschreibt der Begriff die Langlebigkeit von Verkehrssystemen als historischen Pfad, auf welchem eine Weiterentwicklung der vorhandenen Infrastrukturen aufgrund der *quasi-irreversibility of investment* stattfindet. Andererseits kann darunter die Abhängigkeit der Raumentwicklung von Verkehrswegen – also von Pfaden im wörtlichen Sinne – verstanden werden. Die Erläuterung der zugrunde liegenden Konzepte hat verdeutlicht, dass die Raumwirksamkeit von Verkehrsinfrastrukturen äusserst komplex sein kann und deren Ermittlung daher stark methodenabhängig ist. Die Darstellung von Verkehrsnetzen in einem Modell schliesslich hat sich als eine notwendige Voraussetzung erwiesen, um Indikatoren wie Erschliessung, Erreichbarkeit und Zentralität von Standorten und damit die Auswirkungen von Investitionen in Verkehrsinfrastrukturen überhaupt messen zu können.

3 Methodik

Kapitel 3 stellt das methodische Vorgehen der Untersuchung dar. Es verfolgt dabei zwei Ziele: In einem ersten Teil werden der Aufbau des Analyseinstrumentes «GIS-Dufour» erklärt und die dazu benötigten Quellen dargestellt.

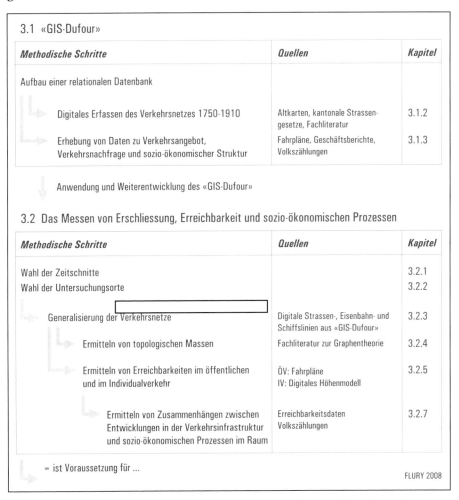

Abb. 3.1 Methodisches Vorgehen beim Aufbau des «GIS-Dufour» und bei dessen Anwendung

Anschliessend werden die Anwendung des «GIS-Dufour» und dessen Weiterentwicklung im Hinblick auf die Bearbeitung der Fragestellung erläutert, die dieser Untersuchung zugrunde liegt. Abb. 3.1 dient gleichzeitig als Inhaltsübersicht des Kapitels und als Erklärung der Beziehungen, die zwischen den einzelnen methodischen Schritten bestehen.

3.1 «GIS-Dufour»

3.1.1 Grundlegendes zu «GIS-Dufour»

Der Aufbau des «GIS-Dufour» genannten Geographischen Informationssystems für die Verkehrs- und Raumforschung auf historischer Grundlage erfolgte gemäss den Zielsetzungen, die in Kapitel 1.2.1 beschrieben wurden. Der Arbeitsablauf gliederte sich in die folgenden zwei Hauptpunkte:

- Aufbau einer relationalen Datenbank; Integration von Altkarten und rekonstruierten historischen Verkehrsnetzen in Form von digitalisierten Linien
- Erhebung von Daten zu Verkehrsangebot, Verkehrsnachfrage und sozio-ökonomischer Raumstruktur

Sämtliche für das «GIS-Dufour» erhobenen Daten, eine zur Ansicht der Informationen benötigte GIS-Software sowie die detaillierten Dokumentationen zu den einzelnen Arbeitsschritten wurden auf einer DVD integriert. (DVD GIS-DUFOUR 2007) Die Methodik zum Aufbau des «GIS-Dufour» wird an dieser Stelle daher nur soweit beschrieben und erklärt, als sie für das Verständnis der anschliessenden Fallstudie (Kapitel 3.2) relevant ist.

3.1.2 Digitales Erfassen des Verkehrsnetzes

Die im Zeitraum zwischen 1750 und 1910 in der Schweiz vorhandenen Verkehrswege wurden im GIS in 20-Jahres-Schritten digitalisiert und in der Datenbank gespeichert. Die für die Erfassung verwendeten Grundlagen werden im Folgenden erwähnt. Für detailliertere Ergänzungen wird auf SCHIEDT (2007a) verwiesen.

Kartengrundlagen

Das Erfassen des schweizerischen Verkehrsnetzes erfolgte in erster Linie auf der Grundlage von Kartenwerken. Als wichtigste Quelle für die Rekonstruktion diente die *Topographische Karte der Schweiz*, besser bekannt unter dem Begriff *Dufourkarte*[21]. Es handelt sich dabei um das erste auf Landesvermessung beruhende gesamtschweizerische Kartenwerk. Die 25 Blätter im Massstab 1:100 000 erschienen in ihrer ersten Auflage in den Jahren 1844 bis 1865. (GROSJEAN 1996: 161) Diese Blätter sowie jene mit Erscheinungsdatum um 1900 wurden für die Integration ins «GIS-Dufour» gescannt und georeferenziert. Dabei kamen an verschiedenen Stellen, insbesondere im Gebiet der heutigen Kantone Solothurn und Jura sowie im Laufental, Lageungenauigkeiten in der Erstausgabe um 1850 gegenüber der Karte um 1900 zum Vorschein. In Abb. 3.2 sind die Abweichungen am Beispiel des Birslaufes im Gebiet zwischen Liesberg und Laufen dargestellt.

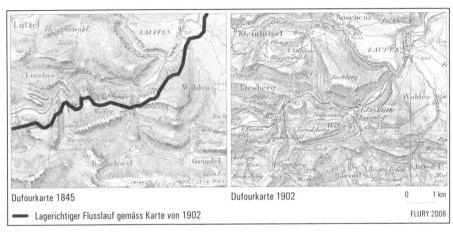

Abb. 3.2   Ungenauigkeiten in der Erstausgabe der Dufourkarte, dargestellt am Beispiel des Laufentals
(Quellen: Dufourkarte Blatt VII 1845 und 1902, Archiv swisstopo)

Eine Wiederholung der Georeferenzierung der Erstausgabe konnte das Problem nicht beheben, so dass hier von einer Ungenauigkeit der betreffenden Kartenblätter ausgegangen werden musste. Diese blatt-internen Verzerrungen können auf die Tatsache zurückgeführt werden, dass die Triangulationen und topographischen Aufnahmen als Vorarbeiten für die erste Ausgabe der Dufourkarte im Gebiet des ehemaligen Fürstbistums Basel und im Kanton Solothurn unterlassen und stattdessen bestehende Karten[22] als Grundlagen genommen wurden. (EIDGENÖSSISCHES TOPOGRAPHISCHES BUREAU 1896: 167) Für die Datenerfassung im «GIS-Dufour» hatte dies zur Folge, dass von der Dufourkarte ausschliesslich die Blätter mit

---

[21] Der inoffizielle, aber weitaus gebräuchlichere Name dieses Kartenwerkes leitet sich von Guillaume-Henri DUFOUR (1787-1875) ab, der als Leiter des Eidgenössischen Topographischen Bureaus verantwortlich war für die Erstellung der Karte.

[22] Es handelte sich dabei um die *Carte de la principauté de Neuchâtel* (1:96 000) von Jean F. OSTERWALD, die *Carte de l'ancien évêché de Bâle réuni aux Cantons de Berne, Bâle et Neuchâtel* (1:96 000) von Antoine-J. BUCHWALDER und die *Karte des Kantons Solothurn* (1:60 000) von Urs J. WALKER.

Erscheinungsdatum um 1900, in denen die Verzerrungen korrigiert worden waren, als Grundlage dienen konnten. Auf dieser Basis und unter Beizug des *Topographischen Atlas der Schweiz*[23] wurden die Strassen und die Eisenbahnlinien für den Zeitschnitt 1910 am Bildschirm digitalisiert. Ausgehend von diesen Dateien wurden die jeweiligen Verkehrsinfrastrukturen gemäss ihrem Zustand um 1890, 1870 usw. rückschreibend bis 1750 erfasst.

Für die Zeitschnitte, die nicht durch die beiden oben erwähnten Kartenwerke abgedeckt werden konnten, wurden die Linienverläufe anhand von weiteren Altkarten erschlossen. Mit der *Karte der Schweiz* von Joseph E. WOERL (1836), der *Reisekarte der Schweiz* von Heinrich KELLER (1813 und 1833) sowie dem *Atlas Suisse* von Johann R. MEYER und Johann N. WEISS (1802) standen drei gesamtschweizerische Kartenwerke für die Periode zwischen 1800 und 1850 zur Verfügung. Durch den Einbezug zusätzlicher kantonaler und regionaler Karten aus dem 17. und 18. Jahrhundert konnten die Strassenverläufe bis 1750 zurückverfolgt und digitalisiert werden.[24] Für die Rekonstruktion des in der Schweiz erst ab 1844 aufgebauten Eisenbahnnetzes genügten die Dufourkarte und der Topographische Atlas.[25] Ein gänzlich anderes Vorgehen verlangte hingegen die Erfassung der Schiffslinien auf den grösseren Schweizer Seen und Flüssen. Da die Schiffskurse nicht an linienhafte Infrastrukturen gebunden sind und daher in topographischen Kartenwerken nicht wiedergegeben werden, mussten die benötigten Informationen aus Fahrplänen gewonnen werden.

Kriterien für die Aufnahme von Linien

Die verwendeten Kartengrundlagen weisen unterschiedliche Massstäbe und daher auch unterschiedliche Generalisierungsgrade auf. Dies bedingte die Festlegung von Kriterien, nach denen die Aufnahme von Linien aus dem Verkehrsnetz zu erfolgen hatte. Für die Erfassung des Strassennetzes kamen grundsätzlich nur die Hauptstrassen in Frage. Diese wurden einerseits über die Kartenanalyse, andererseits über die entsprechenden Einträge in den kantonalen Strassengesetzen oder den mit diesen verbundenen Strassenreglementen erschlossen. Da die Definition der Hauptstrassen und die Unterteilung in Klassen nicht in allen Kantonen nach einheitlichen Kriterien vollzogen worden waren, musste die Auswahl so getroffen werden, dass im GIS für kein Gebiet der Schweiz ein unrealistisch dichtes beziehungsweise

---

[23] Wie die Topographische Karte, so ist auch der Topographische Atlas besser bekannt unter seinem inoffiziellen Namen *Siegfriedkarte*. Hermann SIEGFRIED (1819-1879) leitete die Herstellung des Kartenwerkes in den Massstäben 1:25 000 bzw. 1:50 000. Die Siegfriedkarte gilt als Vorgängerwerk der heutigen offiziellen Landeskarten der Schweiz.

[24] Eine vollständige Liste mit den Angaben der im «GIS-Dufour» verwendeten Kartenwerke befindet sich im Quellenverzeichnis.

[25] 1844 wurde zwischen St-Louis und Basel St. Johann (Teilstück der Linie Strassburg-Basel) die erste Eisenbahnlinie auf Schweizer Staatsgebiet in Betrieb genommen. (WÄGLI 1998: 23)

dünnes Hauptstrassennetz wiedergegeben wurde.[26] Als Referenz wurden hierfür unter anderem der bereits genannte *Atlas Suisse* (1802), das kantonsweise Strassenverzeichnis von BAVIER (1878) sowie die *Etappenkarte der Schweiz* (1900) als Dokumentationen beigezogen, die über die ganze Schweiz ein relativ homogenes Hauptstrassennetz zeigen. (SCHIEDT 2007a: 2)

Die Aufnahme der Eisenbahnlinien stützte sich auf SCHWEIZERISCHES POST- UND EISENBAHNDEPARTEMENT (1915) und WÄGLI (1998). Grundsätzlich wurden alle Eisenbahnen erfasst, die in den Kartenwerken durch Liniensignaturen lokalisierbar sind, mit Ausnahme der Linien des öffentlichen Nahverkehrs (Überland-Tramlinien).[27]

Bei den Schiffslinien konnten zwar die Kurse mittels Fahrplänen lokalisiert werden. Allerdings ergaben sich bei der Digitalisierung der Linien im GIS Probleme, da nicht jeder Kurs auf der Fahrt zwischen zwei Orten dieselben Zwischenstationen anlief. Die exakte Wiedergabe der Kursverläufe hätte demnach zu einem unübersichtlichen und allzu dichten Netz auf den Seen geführt. Deshalb wurden die Schiffslinien so generalisiert, dass nur noch die grösseren Orte, die über eine Schiffsanlegestelle verfügten, miteinander durch eine Linie verbunden waren.

Neben der Lokalisierung und der Digitalisierung der Linienverläufe wurden in der Verkehrsdatenbank des «GIS-Dufour» Attribute gespeichert, welche der Charakterisierung der jeweiligen Verkehrsinfrastruktur dienen. Die für die Fallstudien verwendeten Attribute werden in Kapitel 3.2.5 beschrieben. Eine Übersicht über alle erfassten Merkmale sowie die dafür verwendeten Quellen gibt SCHIEDT (2007a: 4ff.).

3.1.3 Erhebung von Daten zu Verkehrsangebot, Verkehrsnachfrage und sozio-ökonomischer Struktur

Verkehrsangebot und Verkehrsnachfrage im öffentlichen Verkehr

Als Mass für das *Verkehrsangebot* wurden im Rahmen des «GIS-Dufour» Erreichbarkeitsdaten für den öffentlichen Verkehr erhoben. Berücksichtigt wurden die angebotenen Verbindungen zwischen 93 ausgewählten politischen Gemeinden. Es handelt sich dabei einerseits um 63 Gemeinden im Grossraum Zürich (Kantone Zürich, Luzern, Schwyz, Zug, Schaffhausen und Aargau), aus deren verkehrstechnischer Verknüpfung Erkenntnisse über die Intensität im regionalen und lokalen öffentlichen Verkehrsnetz gewonnen werden sollten. Andererseits wurden 30 Orte aus den übrigen

---

[26] In der Regel unterteilten die Kantone ihre Hauptstrassen in 1. und 2. Klasse. Es existierten jedoch zahlreiche Ausnahmen. So kannte beispielsweise der Kanton Aargau nur eine Klasse, während im Kanton Neuenburg deren drei ausgewiesen wurden. (SCHIEDT 2007a: 5)

[27] In einigen Fällen war die Zuordnung von Eisenbahnlinien zu Überlandbahnen oder Nahverkehrslinien schwierig, insbesondere in der Region Basel, im Tessin und in der Westschweiz. Im Zweifelsfalle wurden die Linien ins «GIS-Dufour» aufgenommen.

Landesteilen der Schweiz gewählt, um die Erreichbarkeit auch im überregionalen Bezugsraum ermitteln zu können. Es handelt sich dabei um sämtliche Gemeinden, deren Einwohnerzahl um 1910 mindestens 10 000 betrug, alle Kantonshauptorte und – exemplarisch – einige im Verkehrsnetz peripher gelegene Gemeinden mit einer verkehrstechnisch bedeutenden Lage. Diese Auswahl ermöglichte den Einbezug sämtlicher Regionen der Schweiz in die Ermittlung der Erreichbarkeitsdaten. Die öffentlichen Verkehrsverbindungen zwischen den 93 Orten wurden durch mehrere Kenngrössen charakterisiert, unter anderen durch die Distanz, die Fahrzeit, die Fahrkosten und die Anzahl der täglichen Verbindungen. Dabei wurden die Zeitschnitte 1850, 1870, 1888 und 1910 berücksichtigt. Grundlage für die Erhebungen bildeten die offiziellen Fahrpläne der Eisenbahnen, Postkurse und Dampfschiffe.

Die *Verkehrsnachfrage* wurde anhand von Zahlen zum Personen- und Güterverkehrsaufkommen an ausgewählten Stationen quantifiziert. Die entsprechenden Informationen konnten für die Zeitschnitte 1870 und 1910 den Geschäftsberichten der Eisenbahn- und Schifffahrtsgesellschaften sowie der Verkehrsstatistik der Post entnommen werden.

Daten zur sozio-ökonomischen Struktur

Der Datenbestand des «GIS-Dufour» wurde mit Informationen zur Bevölkerungs- und Wirtschaftsstruktur der Bezirke und – sofern es die räumliche Auflösung der statistischen Erhebungen zuliess – der Gemeinden ergänzt. Als Quellen dienten die Volkszählungen, in denen neben Angaben zum Personenstand auch die Erwerbsverhältnisse erhoben worden waren, sowie die Viehstatistiken. Für das «GIS-Dufour» konnten nicht sämtliche Merkmale für jeweils alle Erhebungszeitschnitte zwischen 1850 – dem Zeitpunkt der ersten Eidgenössischen Volkszählung – und 1910 erfasst werden, da einerseits nicht in jeder Erhebung dieselben Merkmale berücksichtigt worden waren und andererseits deren Definitionen variabel waren. Ein Überblick über die im «GIS-Dufour» integrierten Daten und die zugehörige Quellenkritik findet sich in FREY (2007a und 2007b).

3.2 Das Messen von Erschliessung, Erreichbarkeit und sozio-ökonomischen Prozessen

3.2.1 Die untersuchten Zeitschnitte

In Kapitel 1.2.3 wurde bereits auf die drei Untersuchungszeitschnitte um 1800, 1870 und 1910 hingewiesen. Dieser Wahl liegen sowohl thematische als auch methodische Kriterien zugrunde. Da die Erschliessung, die Erreichbarkeit (im öffentlichen wie im Individualverkehr) und die sozio-ökonomischen Strukturen von Gemeinden über eine längere Periode analysiert werden sollten, musste die Querschnittmethode auf möglichst aussagekräftige Zeitschnitte angewendet werden. Die thematischen und methodischen Kriterien, die für deren Wahl entscheidend waren, sind in Tab. 3-1 aufgeführt.

Zeitschnitt	Thematische Kriterien	Methodische Kriterien
1800	• Verkehrssystem auf Individualverkehr konzentriert, öffentlicher Verkehr marginal	• Verfügbarkeit der ersten schweizweit erhobenen Bevölkerungszahlen («Helvetische Zählung»)
1870	• Intensivphase der Neu- und Ausbauten von Kunststrassen (v.a. 1830er und 1840er Jahre) abgeschlossen • Eisenbahn-Basisnetz erstellt, dadurch Bildung eines eigentlichen öffentlichen Verkehrssystems durch das Zusammenwirken von Eisenbahnen, Dampfschiffen und Pferdeposten • Intensivphase der Industrialisierung eingesetzt	• Verfügbarkeit von sozio-ökonomischen Daten aus der Eidgenössischen Volkszählung 1870 • Verfügbarkeit der Dufourkarte und der Siegfriedkarte als Quellen
1910	• Eisenbahn-Basisnetz durch zahlreiche Nebenlinien ergänzt, dadurch Intensivierung des öffentlichen Verkehrssystems • Intensivphase der Industrialisierung abgeschlossen • Intensivphase des internationalen Fremdenverkehrs abgeschlossen	• Verfügbarkeit von sozio-ökonomischen Daten aus der Eidgenössischen Volkszählung 1910

Tab. 3-1   Thematische und methodische Kriterien bei der Auswahl der untersuchten Zeitschnitte

3.2.2 Die untersuchten Orte

Die Wahl der gesamten Schweiz, der Kantone Zürich und Bern sowie der Region Tessin als Untersuchungsgebiete wurde in Kapitel 1.2.2 erklärt und begründet. In jeder dieser Einheiten musste eine Menge von Raumpunkten definiert werden, für welche sowohl Daten zur Erschliessung und zur Erreichbarkeit als auch zur sozio-ökonomischen Struktur erhoben werden konnten. Die letztgenannte Bedingung beschränkte die Auswahl auf politisch-administrative Gebietseinheiten, da in der Zeitspanne zwischen 1800 und 1910 nur auf dieser Grundlage sozio-ökonomische Daten erhoben worden waren. Im Hinblick auf die Ermittlung von innerregionalen Entwicklungsunterschieden wurde die kleinstmögliche Gebietseinheit, die Gemeinde, als Untersuchungsobjekt gewählt. Ein methodisches Problem bestand darin, dass die Gebietsstände der Schweizer Gemeinden im untersuchten Zeitraum vielen Änderungen unterworfen waren. So verzeichnet das BUNDESAMT FÜR STATISTIK (2005a und 2005b) allein für den Zeitraum zwischen 1850 und 1910 114 aufgelöste und 73 neu entstandene Gemeinden.[28] Für die Fallstudie musste daher ein Gebietsstand gewählt werden, auf den sich die Daten der statistischen Erhebungen aggregieren liessen. Für das «GIS-Dufour» wurden aus datentechnischen Gründen die Kantons-, Bezirks- und Gemeindegrenzen von 1990 gewählt. Dadurch wurde der Einbezug von im Rahmen früherer Forschungsprojekte erhobenen historischen Daten ermöglicht. Für die Fallstudie wurde der Gebietsstand von 1990 grundsätzlich beibehalten, mit Ausnahme der folgenden Einheiten:

- Der Kanton Bern wurde auf den Gebietsstand von 1910 bezogen, da dieser während des grössten Teils des Untersuchungszeitraumes Gültigkeit hatte. Somit wurden der heutige Kanton Jura und der basellandschaftliche Bezirk Laufen miteinbezogen.[29]
- Aus demselben Grund wurde im Kanton Zürich die 1986 erfolgte Trennung des Bezirks Dietikon vom Bezirk Zürich nicht berücksichtigt. In der Untersuchung umfasst der Bezirk Zürich daher auch noch den heutigen Bezirk Dietikon.
- Die Gemeinden Winterthur und Zürich wurden durch die Eingemeindungen von 1922 bzw. 1934 sowohl bevölkerungs- als auch flächenmässig stark vergrössert. (BUNDESAMT FÜR STATISTIK 2005a: 1ff.) Da diese Gebietsstände erheblich von denjenigen im 19. Jahrhundert abweichen, wurden in beiden Fällen die Gemeindegrenzen von 1910 beibehalten.

Das Hauptkriterium bei der Auswahl der Gemeinden, für welche die Entwicklung der Erschliessung, der Erreichbarkeit und der sozio-ökonomischen Faktoren analysiert werden sollte, war die möglichst gleichmässige Abdeckung des besiedelten Teils des jeweiligen Untersuchungsgebietes. Deshalb wurden die Orte bezirksweise ermittelt, wobei in der Regel pro Bezirk zwei Gemeinden Aufnahme ins Untersuchungssample fanden.[30] Die Auswahl erfolgte aufgrund der beiden folgenden Bedingungen:

---

[28] Die Auflösungen und Neubildungen waren in erster Linie eine Folge von Zusammenschlüssen, seltener von Teilungen der Gemeinden.
[29] Zu den Gebietsmutationen im Jura vgl. Kapitel 1.2.2
[30] Die Kantone Zürich, Bern und die Region Tessin weisen sehr unterschiedliche Bezirksgrössen auf. Im Falle des Kantons Bern wurde daher bei den kleinsten Bezirken jeweils nur ein Ort in die Untersuchung aufgenommen. Der Bezirk Zürich erhielt drei Orte, da er 1990 – wie oben erläutert – aus zwei Bezirken bestand.

- Als erste Gemeinde eines Bezirks wurde diejenige mit der grössten Bevölkerungszahl um 1910, also am Ende der Untersuchungsperiode, gewählt.[31]
- Als zweite Gemeinde eines Bezirks wurde diejenige mit der grössten Bevölkerungszahl um 1870 gewählt. Ist diese identisch mit der bevölkerungsreichsten Gemeinde um 1910, so wurde der Ort mit der zweitgrössten Bevölkerungszahl um 1870 berücksichtigt.

Damit eine Gemeinde als Untersuchungsort berücksichtigt wurde, musste sie zudem durch eine ins «GIS-Dufour» aufgenommene Verkehrslinie (Hauptstrasse, Eisenbahn oder Schiffslinie) erschlossen sein und ein auf der Dufourkarte oder dem Topographischen Atlas (Siegfriedkarte) deutlich auszumachendes Siedlungszentrum an einer der Verkehrslinien aufweisen; ausgeprägte Streusiedlungen wurden nicht erfasst. Ebenso wurden jene Gemeinden nicht berücksichtigt, die bereits 1870 oder 1910 mit einer Kerngemeinde zusammengewachsen waren und somit formal, also im Kartenbild, als Teil einer Agglomeration galten. Die Einbindung dieser Orte ins Verkehrsnetz erfolgte in der Regel über die Kerngemeinde.

Ein methodisches Problem bei der Berechnung von Erschliessungs- und Erreichbarkeitswerten innerhalb eines Untersuchungsraumes besteht darin, dass Punkte tendenziell schlechtere Werte erlangen, je grösser ihre Distanz zum Zentrum des betrachteten Perimeters ist. Um im Falle der Kantone Zürich und Bern und der Region Tessin diesem «natürlichen» Problem zu begegnen, wurden rund um die eigentlichen Untersuchungsregionen jeweils noch zusätzliche Bezugsräume geschaffen. Dabei handelt es sich um weitere Gemeinden in den jeweils benachbarten Kantonen oder im grenznahen Ausland, die zwar als «Ausgangsorte» bei der Berechnung von Erschliessung und Erreichbarkeit verwendet wurden, jedoch selber nicht Gegenstand der Analyse waren. Die Kriterien für die Aufnahme dieser ergänzenden Orte waren die folgenden:

- Die Gemeinden müssen an einer im «GIS-Dufour» erfassten, aus der jeweiligen Untersuchungsregion hinausführenden Verkehrslinie liegen. Zudem sollen sie entweder bezüglich ihrer Bevölkerungszahl um 1910 zu den grössten 10 % der Schweiz gehören[32] oder einen Verkehrsknotenpunkt darstellen, also mindestens drei zusammenführende Verkehrslinien aufweisen.
- Befindet sich unmittelbar nach einer Gemeinde, die das obige Kriterium erfüllt, ein weiterer Ort mit einer bedeutend grösseren Bevölkerungszahl, so wurde letzterer aufgenommen.

---

[31] Ausnahmen bilden Gemeinden, die nur infolge besonderer Ereignisse kurzfristig eine grosse Einwohnerzahl aufwiesen, beispielsweise aufgrund von grossen Eisenbahnbaustellen. Vgl. Kapitel 3.2.7
[32] Diese Grenze lag 1910 bei 2 280 Einwohnern. (EIDGENÖSSISCHE VOLKSZÄHLUNG 1910)

- Ergänzende Orte im Ausland wurden berücksichtigt, wenn sie am Endpunkt einer Verkehrslinie lagen oder wenn es sich um eine Siedlungseinheit handelte, die sich durch ihre Grösse deutlich von den übrigen an der Linie gelegenen Orten abhob.

Wie die Gemeinden innerhalb der drei Untersuchungsregionen, so mussten auch die ergänzenden Orte eine im Kartenbild deutlich erkennbare, an einer Verkehrslinie gelegene Hauptsiedlung aufweisen.

Auf der Untersuchungsebene der gesamten Schweiz wurden die Orte ebenfalls so gewählt, dass der besiedelte Teil des Landes möglichst gleichmässig abgedeckt wurde. Da die Analyse hier auf einer kleineren Massstabsebene erfolgte, kamen bei der Auswahl der relevanten Gemeinden andere Kriterien zum Zug als die oben für die Regionen beschriebenen. So wurden alle Kantonshauptorte, sämtliche um 1910 bestehende Städte sowie Orte aufgenommen, die eine ausserordentliche verkehrstechnische Lage oder eine grosse touristische Bedeutung aufwiesen. Die Übersichtskarten (Abb. 3.3 bis Abb. 3.6) zeigen für jedes Untersuchungsgebiet die Lage der erfassten Gemeinden. Zur besseren Orientierung sind in den Karten zusätzlich geographische Bezeichnungen sowie Pässe, die im Haupttext der folgenden Kapitel erwähnt werden, eingetragen. Die für die Wahl der jeweiligen Orte entscheidenden Kriterien können dem Anhang entnommen werden.

Das Messen von Erschliessung, Erreichbarkeit und sozio-ökonomischen Prozessen 63

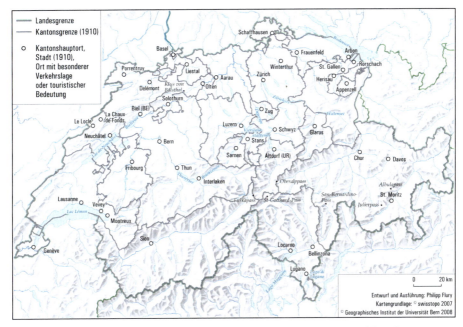

Abb. 3.3 Übersichtskarte der Schweiz mit den für die Untersuchung gewählten Orten

Abb. 3.4 Übersichtskarte des Kantons Zürich mit den für die Untersuchung gewählten Orten und Bezirken

Abb. 3.5   Übersichtskarte des Kantons Bern mit den für die Untersuchung gewählten Orten und Bezirken

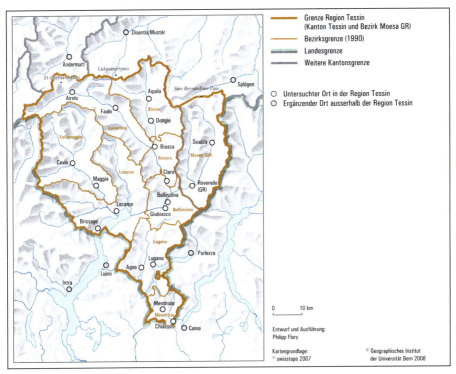

Abb. 3.6   Übersichtskarte der Region Tessin mit den für die Untersuchung gewählten Orten und Bezirken

3.2.3   Generalisierung der Verkehrsnetze

Im «GIS-Dufour» wurde das Verkehrsnetz vorrangig nach formalen Kriterien erfasst. Dies wirkte sich auf die Digitalisierung der Linien insofern aus, als diese nicht nur an Kreuzungspunkten, sondern auch an Stellen mit Wechseln in den Attributwerten (beispielsweise im Falle einer Änderung der Strassenbreite) unterbrochen wurden. Dadurch entstanden Knotenpunkte, die keine topologische Bedeutung aufweisen. Eine vereinfachte Darstellung der Verkehrsnetze war aus zwei Gründen anzustreben: Einerseits hätten die zahlreichen Unterbrechungen von Linien die Analyse der formalen Netzstrukturen verzerrt (Kapitel 3.2.4), andererseits stellten sie für die Eingabe von Fahrplandaten, die sich auf Streckenabschnitte zwischen Haltepunkten des öffentlichen Verkehrs bezogen und nicht von Attributwechseln innerhalb der Linien abhängig waren, ein Hindernis dar (Kapitel 3.2.5). Deshalb wurden die Netze der Hauptstrassen, der Eisenbahnen und der Schiffslinien generalisiert, wobei die folgenden Kriterien zur Anwendung kamen:

- Knoten wurden an Stellen gebildet, wo Linien desselben Verkehrsträgers aufeinander treffen, sowie im jeweiligen Verkehrsmittelpunkt[33] der untersuchten Gemeinden.
- Verkehrslinien, deren Endpunkte weniger als 2 km voneinander entfernt liegen, wurden in einem einzigen Knotenpunkt zusammengeführt.
- Wo grössere Seen das Verkehrsnetz des Zeitschnittes 1800, das noch ausschliesslich aus Hauptstrassen bestand, teilten, wurde jeweils eine zusätzliche, die beiden Ufer verbindende Linie ergänzt. Dadurch konnte verhindert werden, dass die Seen im Modell ein allzu grosses Hindernis darstellen und den Landverkehr zu grossen Umwegen zwingen.[34] Dieses Vorgehen wird zudem der grossen Bedeutung, die dem Wassertransport um 1800 zukam, gerecht. (BICKEL 1996: 52)

Um neben den Netzen der einzelnen Verkehrsträger auch das gesamte Verkehrsnetz analysieren zu können, mussten die generalisierten Linien der Hauptstrassen, der Eisenbahnen und der Schiffskurse vereinigt werden. Dazu war die Definition von Stellen nötig, an denen ein Übergang zwischen unterschiedlichen Verkehrsträgern möglich war. Für den Zeitschnitt 1800 erübrigte sich dies, da im Strassenverkehr grundsätzlich bei jedem Knotenpunkt ein Wechsel zwischen zwei Linien möglich war. Dagegen mussten für die Zeitschnitte 1870 und 1910 aufgrund des Einbezugs von Eisenbahn- und Schiffslinien jeweils spezifische Kriterien festgelegt werden:

- 1870 wurde die Verknüpfung zwischen dem Eisenbahnnetz und dem Hauptstrassen- oder Schiffsliniennetz an denjenigen Stationen ermöglicht, die gemäss offiziellen Fahrplandaten (FAHRTENPLAN DER SCHWEIZER EISENBAHNEN, POSTEN UND DAMPFBOOTE 1870; ÜBERSICHTSPLAN «SOMMERFAHRT-ORDNUNG 1870») über Schnellzugshalte verfügten oder mit einer Strassenkreuzung zusammenfielen. Schiffslinien- und Strassennetz wurden an jeder Schiffsstation miteinander verknüpft.
- 1910 erfolgte die Verknüpfung zwischen dem Eisenbahnnetz und dem Hauptstrassen- oder Schiffsliniennetz an Stationen, die entweder Schnellzugshalte gemäss GENERALDIREKTION DER SCHWEIZERISCHEN BUNDESBAHNEN UND DER SCHWEIZERISCHEN OBERPOST-

---

[33] Als Verkehrsmittelpunkt wird die Stelle innerhalb des Hauptsiedlungsgebietes der Gemeinde verstanden, wo am meisten der im «GIS-Dufour» erfassten Verkehrslinien zusammentreffen. In Gemeinden, die keinen Kreuzungspunkt von Verkehrslinien aufweisen, bildet das aus dem Kartenbild ersichtliche Zentrum der Hauptsiedlung den Verkehrsmittelpunkt.

[34] Auf den folgenden Seen wurden Linien ins Strassennetz von 1800 eingefügt: Genfersee, Neuenburgersee, Thunersee, Brienzersee, Vierwaldstättersee, Zürichsee, Walensee, Lago Maggiore, Luganersee. Als Anfangs- und Endpunkte wurden Orte nahe des Seezentrums gewählt, die zudem über einen Anschluss ans Hauptstrassennetz von 1800 verfügten. Vgl. Abb. 4.8, Abb. 4.19, Abb. 4.30 und Abb. 4.41

DIREKTION (1910), einen Bahnknotenpunkt oder eine Strassenkreuzung aufwiesen. Das Schiffslinien- und das Strassennetz wurden wiederum an jeder Schiffsstation miteinander verknüpft.

Das Vorgehen der Generalisierung ist in Abb. 3.7 am Beispiel des Zeitschnittes 1910 zusammenfassend illustriert.

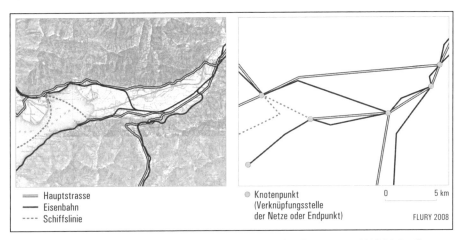

Abb. 3.7 Verkehrsnetze im Gebiet zwischen Locarno und Bellinzona um 1910. Links die Situation im «GIS-Dufour», rechts die generalisierten Linien (Quellen: Dufourkarte Blätter XIX und XXIV 1901 bzw. 1902, Archiv swisstopo)

3.2.4 Ermitteln von topologischen Massen für Netze und Orte

Basierend auf den in Kapitel 2.2.2 erläuterten Überlegungen zur Graphentheorie, lassen sich die generalisierten Verkehrsnetze als Graphen darstellen. Durch die quantitative Analyse der Beziehungen zwischen den zugehörigen Knoten- und Kantenmengen werden einerseits Aussagen über die formale Ausprägung der Netze möglich, andererseits kann die Lage einzelner Knoten im jeweiligen Netz beschrieben werden. Die dazu benötigten Masszahlen können in zwei Hauptgruppen eingeteilt werden (GARRISON 1960, in: VETTER 1970: 40):

- Graphentheoretische Masszahlen für *Verkehrsnetze als ganze Einheiten*. Sie charakterisieren die Form und die Verknüpftheit der Netze.
- Graphentheoretische Masszahlen für *einzelne Elemente von Verkehrsnetzen*. Sie beschreiben die Lage und die Einbindung von Knoten oder Kanten in einem Netz.

Diese Zahlen sind in der praktischen Anwendung in zweierlei Hinsicht von Bedeutung: Sie ermöglichen die vergleichende Analyse mehrerer Objekte (regionale Verkehrsnetze oder Knoten innerhalb eines Netzes) zu einem bestimmten Zeitpunkt. Zudem lässt sich damit für ein einzelnes Objekt die Entwicklung der Verknüpftheit (im Fall von Verkehrsnetzen) oder die Einbindung ins Netz (im Fall von Knoten) über mehrere Zeitschnitte hinweg quantitativ darstellen.

Da die Knoten- und die Kantenmengen in unterschiedlichster Art zueinander in Beziehung gesetzt werden können, ist die Bildung graphentheoretischer Masszahlen, so genannter Indizes, fast unbeschränkt möglich.[35] Für die Fallstudie waren diejenigen Indizes von Interesse, die den Grad der Konnektivität, also der internen Verflechtung eines Netzes, wiedergeben. Die Auswahl der entsprechenden Masszahlen wird im Folgenden erklärt und begründet. Dabei bedeuten

Ka = Anzahl Kanten
Kn = Anzahl Knoten
Sg = Anzahl der unverbundenen Subgraphen in einem Graphen

Abb. 3.8 illustriert die Berechnungen der Masszahlen anhand eines einfachen Graphen, der einen einzigen unverbundenen Subgraphen mit sechs Kanten und fünf Knoten darstellt.

Graphentheoretische Masszahlen für Verkehrsnetze als ganze Einheiten

- Die *Zyklomatische Zahl* μ erfasst die Ringschlüsse in einem Graphen. Es handelt sich dabei um die fundamentalen Kreise, die in ihrem Inneren keine weiteren Knoten oder Kanten aufweisen. μ kann daher als einfaches Mass für die Vollständigkeit von Netzen verwendet werden. Anhand des Wertes von μ wird ersichtlich, ob ein Verkehrsnetz eine baumartige, wenig verknüpfte Struktur besitzt ($\mu = 0$) oder aber viele interne Verbindungen aufweist ($\mu > 0$). Die Zyklomatische Zahl misst also die als theoretische Grundlage bereits erwähnte Komplexität des Netzmodells (Abb. 2.8).

$$\mu = Ka - Kn + Sg$$

- Der *α-Index* basiert auf der Zyklomatischen Zahl, setzt diese jedoch in Beziehung zur im untersuchten Netz maximal möglichen Anzahl der Ringschlüsse. Es handelt sich daher um ein detaillierteres Mass, da es zusätzlich die Grösse des Netzes berücksichtigt. Der α-Index nimmt Werte zwischen 0 (falls keine Ringschlüsse vorhanden sind) und 1 (falls die maximal mögliche Anzahl Ringschlüsse vorhanden ist) an.

$$\alpha = \frac{Ka - Kn + Sg}{2 \cdot Kn - 5}$$

---

[35] NUHN/HESSE (2006: 291) beschreiben beispielsweise sieben graphentheoretische Masszahlen, VETTER (1970: 40ff.) deren zehn.

- Der *β-Index* setzt die Anzahl Kanten in Beziehung zur Anzahl Knoten. Er stellt damit das einfachste Mass zur Beschreibung der internen Verknüpftheit von Netzen dar, wobei ein tiefer β-Wert auf eine schwache, ein hoher β-Wert dagegen auf eine stark ausgeprägte Konnektivität hinweist.

$$\beta = \frac{Ka}{Kn}$$

- Der *γ-Index* schliesslich ist das Verhältnis der beobachteten zur maximal möglichen Anzahl Kanten im Netz. Er beschreibt somit – ähnlich der die Ringschlüsse messenden Zyklomatischen Zahl μ – die Vollständigkeit eines Netzes, indem er Werte zwischen 0 (Knoten ohne verbindende Kanten) und 1 (vollständig verknüpftes Netz) annimmt. Baumartige Netzstrukturen werden mit Werten zwischen 0 und 0.5 charakterisiert.

$$\gamma = \frac{Ka}{3 \cdot (Kn-2)}$$

Graphentheoretische Masszahl für einzelne Elemente von Verkehrsnetzen

- Der *topologische Erreichbarkeitswiderstand* (R_{E_T}) beschreibt die Lage eines einzelnen Knotens im gesamten Netz. Er gibt die minimale Anzahl der Kanten an, die zurückgelegt werden müssen, um vom beobachteten Knoten zu sämtlichen anderen Knoten im Netz zu gelangen. Je geringer dieser Wert ausfällt, desto zentraler liegt der Knoten im Netz. Der topologische Erreichbarkeitswiderstand kann als Mass für die Erschliessung von Standorten innerhalb eines definierten Gebietes verwendet werden (vgl. die Ausführungen zu Erschliessung, Erreichbarkeit und Zentralität in Kapitel 2.3).

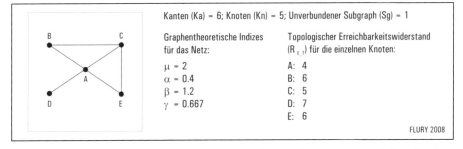

Abb. 3.8   Berechnung von graphentheoretischen Indizes am Beispiel eines einfachen Graphen

Für die Ermittlung aller hier vorgestellter Indizes dienten die in Kapitel 3.2.3 beschriebenen generalisierten Verkehrswege als Grundlage. Dabei wurde je

Zeitschnitt die Gesamtheit der erfassten Verkehrslinien berücksichtigt. Die Werte der graphentheoretischen Masszahlen wurden also für ein einziges, aus Hauptstrassen, Eisenbahnen und Schiffslinien kombiniertes Verkehrsnetz ermittelt. Während die Berechnung von µ, α-, β- und γ-Index auf der aus dem Kartenbild ableitbaren Anzahl Kanten und Knoten basierte, musste für die Ermittlung des topographischen Erreichbarkeitswiderstandes das Prinzip des kürzesten Weges angewendet werden (Kapitel 2.2.2). Die Umsetzung erfolgte mit Hilfe der Software «ArcGIS 9 / ArcMap Version 9.1», deren Erweiterung «Network Analyst» ein Tool zur Berechnung der minimalen Kostensumme[36] für sämtliche Verbindungen zwischen einer beliebigen Menge von Ausgangs- und Zielknoten beinhaltet. Für die Berechnung des topologischen Erreichbarkeitswiderstandes wurde jeder Kante im generalisierten Verkehrsnetz als Kosten der Wert 1 zugewiesen. Somit entsprach die minimale Kostensumme eines Ausgangsknotens der Anzahl der Kanten, die zum Erreichen sämtlicher Zielknoten befahren werden mussten.

3.2.5 Ermitteln von Erreichbarkeitswerten der ausgewählten Orte

Die in Kapitel 3.2.4 erklärten graphentheoretischen Indizes liefern objektiv nachvollziehbare Werte, die zur Charakterisierung der Struktur von Verkehrsnetzen sowie der Einbindung von Knoten in ein Netz beigezogen werden können; sie lassen daher Aussagen zum quantitativen Erschliessungsgrad von Standorten innerhalb eines definierten Gebiets zu. Um jedoch die Erreichbarkeit gemäss den Definitionsansätzen in Kapitel 2.3 messen zu können, mussten zusätzlich zu den quantitativen Elementen der Erschliessung auch qualitative Faktoren integriert werden. Oder um auf die Begrifflichkeit der Graphentheorie zurückzukehren: Die Erreichbarkeit eines Zielknotens wird nicht allein durch die Anzahl der Kanten bestimmt, über welche dieser Knoten aus einem zu definierenden Abgangsgebiet heraus erreicht werden kann, sondern ebenso durch die qualitative Ausstattung der Kanten, also durch die Kosten im weitesten Sinne des Wortes (Kapitel 2.2.2). Sie stellen für jede Kante deren spezifischen Erreichbarkeitswiderstand dar. Die Auswahl der Kosten bestimmt daher letztendlich die Definition des Begriffs *Erreichbarkeit*.[37] Für die Fallstudie galt es solche Kosten zu definieren. Das methodische Hauptproblem bestand darin, für die unterschiedlichen Verkehrsarten jeweils zweckmässige, das heisst für die Ermittlung der Erreichbarkeit aussagekräftige Kosten festzulegen. Aus diesem Grund wurde die Untersuchung in die beiden Verkehrsarten *öffentlicher Verkehr* (umfasst sämtliche mit fahrplangebundenen öffentlichen Verkehrsmitteln ausgeübten Personentransporte) und *Individualverkehr* (umfasst sämtliche nicht mit öffentlichen Verkehrsmitteln ausgeübten, strassengebundenen

---

[36] Zur Definition des Begriffs *Kosten* in der Graphentheorie vgl. Kapitel 2.2.2
[37] Zur Problematik des Begriffs *Erreichbarkeit* vgl. die Definitionsansätze in Kapitel 2.3

Personen- und Warentransporte mit Fahrzeugen) aufgeteilt. Die für die Berechnung der Kosten berücksichtigten Indikatoren mussten für alle untersuchten Zeitschnitte verfügbar sein.

Für den öffentlichen Verkehr wurde die in Kapitel 3.1.3 beschriebene Methodik zur Erfassung von Erreichbarkeitsdaten insofern erweitert, als nicht mehr nur für die im «GIS-Dufour» ausgewählten 93 Orte, sondern prinzipiell für jeden Punkt im Netzwerk des öffentlichen Verkehrs die Berechnung der Erreichbarkeit ermöglicht werden sollte.

Öffentlicher Verkehr (Zeitschnitte 1870 und 1910)

Für die Ermittlung der Erreichbarkeitswiderstände im öffentlichen Verkehr standen die Informationen aus den offiziellen Fahrplänen der Jahre 1870 und 1910 zur Verfügung. (FAHRTENPLAN DER SCHWEIZER EISENBAHNEN, POSTEN UND DAMPFBOOTE 1870; ÜBERSICHTSPLAN «SOMMERFAHRT-ORDNUNG 1870»; GENERALDIREKTION DER SCHWEIZERISCHEN BUNDESBAHNEN UND DER SCHWEIZERISCHEN OBERPOSTDIREKTION 1910) Als erreichbarkeitsrelevante Kosten wurden für jede Kante im generalisierten Verkehrsnetz die folgenden Indikatoren gewählt:

- *Anzahl Kurse pro Tag*: Berücksichtigt wurden alle Kurse, die während des ganzen Jahres an mindestens vier Tagen pro Woche verkehrten.
- *Fahrzeit*: Als Fahrzeit wurde die für die Fahrt auf der Kante benötigte Reisezeit in Minuten definiert. Dieser Indikator war in zweierlei Hinsicht schwer zu erfassen: Einerseits verkehrten die Kurse auf derselben Kante mit unterschiedlichen Geschwindigkeiten (beispielsweise Züge mit und ohne Zwischenhalte), andererseits konnten die Tempi je nach Fahrtrichtung voneinander abweichen (beispielsweise Berg- und Talfahrt von Eisenbahnen oder Postkutschen). Das erste Problem wurde dadurch gelöst, dass für jede Kante zwei Fahrzeiten registriert wurden: Als *Fahrzeit_1* wurde die Dauer der ersten beschleunigten, also nicht alle Stationen bedienenden Verbindung des Tages erfasst, während *Fahrzeit_2* die für die erste nicht beschleunigte Verbindung des Tages benötigte Zeit darstellte. Für Kanten, auf denen keine beschleunigten Kurse vorhanden waren, wurden die Fahrzeiten für die ersten beiden Verbindungen des Tages erfasst. Ausserordentlich langsame Züge, beispielsweise bedingt durch lange Aufenthaltszeiten an Bahnhöfen, wurden nicht berücksichtigt, ebenso die 1910 vorhandenen internationalen Zugsverbindungen, die nicht dem innerregionalen Verkehr dienten. Das Problem der richtungsabhängigen Geschwindigkeiten konnte gelöst werden, indem jeweils die durchschnittliche Dauer der Berg- und Talfahrt berechnet wurde.

- *Distanz*: Die von einem Verkehrsmittel zwischen zwei Knoten effektiv zurückgelegte Distanz war nicht in allen Fällen zu ermitteln. Die Streckenlängen der Eisenbahnen konnten zwar aufgrund der digitalisierten Linienverläufe relativ genau gemessen werden. Für die Post- und Schiffsverbindungen war dies jedoch nicht mit der gleichen Genauigkeit möglich, da die Fahrpläne – insbesondere jene von 1870 – die exakten Verläufe der Kurse nicht auswiesen. Dagegen beinhalteten sie die Fahrplan-Distanz zwischen jeweils zwei benachbarten Stationen, die für die Berechnung der Fahrtkosten von Bedeutung war. Die Fahrplan-Distanz war aus den Quellen besser fassbar als die tatsächliche Distanz und wurde daher als Indikator gewählt.[38]
- *Fahrpreis*: Die monetären Kosten für das Befahren einer Kante waren in der Regel aus den Fahrplänen ersichtlich. Wo verschiedene Kategorien bestanden, wurden die Preise für Einfachfahrten in der 2. Klasse gewählt. Vereinzelt bestanden Linien ohne Angaben zu den Fahrkosten. In diesen Fällen wurde mittels einer Regression der Durchschnittspreis für einen Fahrplan-Kilometer errechnet.[39]

In einem nächsten Schritt galt es die vier oben erwähnten Indikatoren so miteinander zu kombinieren, dass sie zuverlässige Aussagen über den Erreichbarkeitswiderstand jeder Kante ermöglichen. Da eine allgemeingültige Definition des Erreichbarkeitsbegriffs nicht existiert, muss dessen Bedeutung für jede Analyse neu festgelegt werden. (AXHAUSEN et al. 2004: 309) In Kapitel 2.3 wurde auf theoretischer Ebene auf drei Kriterien hingewiesen, welche zur Verbesserung der Erreichbarkeit eines Standortes beitragen. Werden diese Überlegungen auf die hier beschriebenen Indikatoren angewendet und statt der Erreichbarkeit der Erreichbarkeits-*widerstand* – also ein zur Erreichbarkeit umgekehrt proportionales Mass – betrachtet, so gelten die folgenden Feststellungen:

Im öffentlichen Verkehr verkleinert sich der Erreichbarkeitswiderstand ($R_{E\_ÖV}$) eines Standortes bezogen auf eine definierte Menge anderer Standorte im untersuchten Gebiet,

- je grösser die Anzahl der zwischen den Standorten verkehrenden Verbindungen ist;
- je kürzer die Fahrzeit zwischen den Standorten ist;
- je geringer die Distanz zwischen den Standorten ist;

---

[38] Für einige Eisenbahnstrecken war im Fahrplan 1870 keine Kilometrierung vorhanden. In diesen Fällen wurden die Angaben aus dem Fahrplan 1910 übernommen. Für die Post- und Schiffskurse wurden die Distanzangaben aus der «Sommerfahrt-Ordnung 1870» vom Stundenmass in Kilometer umgerechnet.

[39] Durchschnittliche Fahrkosten pro Fahrplan-Kilometer 1870: Eisenbahn 5.6 Rp., Schiff 3.9 Rp., Postkurs 14.0 Rp. (Flachland) bzw. 21.0 Rp. (Alpenposten); Durchschnittliche Fahrkosten pro Fahrplan-Kilometer 1910: Eisenbahn 4.6 Rp., Schiff 6.0 Rp., Postkurs 11.7 Rp. (Flachland) bzw. 25.0 Rp. (Alpenposten)

- je tiefer die monetären Kosten für die Verbindungen zwischen den Standorten sind.

Die Beziehungen der Indikatoren untereinander lassen sich in einer Formel beschreiben als

$$R_{E\_ÖV} = \sum_{j=1}^{n} \min \frac{T_j \cdot D_j \cdot K_j}{V_j}$$

mit:
$R_{E\_ÖV}$ = Erreichbarkeitswiderstand (ÖV) des Standortes
T_j = Benötigte Fahrzeit auf der Kante j [Min.]
D_j = Länge der Kante j (Distanz) [km]
K_j = Preis für Fahrt auf der Kante j (monetäre Kosten) [sFr.]
V_j = Anzahl täglicher Verbindungen je Richtung auf der Kante j

Der Erreichbarkeitswiderstand eines Standortes im System des öffentlichen Verkehrs ist demnach definiert als die minimale Summe der Werte all jener Kanten (1 bis *n*), die zum Erreichen des Standortes aus einer definierten Menge von Abgangsorten heraus befahren werden müssen. Die Werte der Kanten ihrerseits sind eine Funktion aus der Reisezeit, der Distanz, der Fahrpreise und der Anzahl Verbindungen. Für die Gewichtung der einzelnen Faktoren existiert – wie für den Erreichbarkeitsbegriff im eigentlichen Sinne – keine allgemein gültige Definition. (AXHAUSEN et al. 2004: 309f; BLEISCH 2005: 78f.) In der vorliegenden Untersuchung wurde daher auf eine Gewichtung weitgehend verzichtet; einzig die Fahrpreise flossen um den Faktor 0.5 vermindert in die Berechnung ein, da sie zu einem grossen Teil distanzabhängig waren.[40] Somit konnte ein allzu starker Einfluss der Distanz als Indikator verhindert werden. Als Fahrzeit T wurde für den Zeitschnitt 1870 das arithmetische Mittel aus den oben beschriebenen Variablen *Fahrzeit_1* und *Fahrzeit_2* gewählt. Bei der Ermittlung von *T* zum Zeitschnitt 1910 dagegen wurde die *Fahrzeit_1* doppelt, die *Fahrzeit_2* nur einfach gewichtet. Damit konnte dem Umstand Rechnung getragen werden, dass auf dem schweizerischen Eisenbahnnetz um 1910 eine klare Differenzierung zwischen Schnellzügen und Regionalzügen bestand, während um 1870 die beschleunigten Züge noch die Ausnahme gebildet hatten. Die höhere Durchschnittsgeschwindigkeit der Schnellzüge wurde somit für den Indikator *T* berücksichtigt. Das Problem der unterschiedlichen Reisegeschwindigkeiten musste jedoch nicht nur bei der Ermittlung der Erreichbarkeitswiderstände pro Kante berücksichtigt werden, sondern auch bei der Berechnung der

---

[40] Vgl. Anmerkung 39

Erreichbarkeitswiderstände der untersuchten Orte ($R_{E\_ÖV}$), also der Summierung der Kantenwerte. Deshalb wurde im Falle jener Orte, die 1870 oder 1910 zwar an einer von Schnellzügen befahrenen Linie lagen, von diesen jedoch nicht bedient wurden, als Reisezeit einzig die *Fahrzeit_2*, also die Dauer der langsameren Verbindung, verwendet. Zusätzlich wurde auf den entsprechenden Kanten die Zahl der Verbindungen um die Anzahl Schnellzüge reduziert. Die dadurch erhöhten Erreichbarkeitswiderstände der Kanten wurden jeweils bis zum nächsten grossen Umsteigeknoten berücksichtigt, von wo aus die Reise mit beschleunigten Zügen fortgesetzt werden konnte.[41]

Abb. 3.9 zeigt schematisch das Prinzip der Berechnung von Erreichbarkeitswiderständen für drei Kanten.

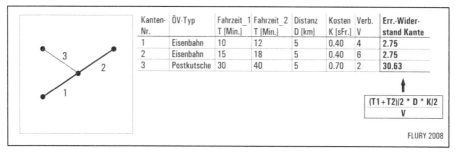

Abb. 3.9   Das Prinzip der Berechnung von Erreichbarkeitswiderständen pro Kante

Individualverkehr (Zeitschnitte 1800, 1870 und 1910)

Für die Berechnung der Erreichbarkeitswiderstände von Standorten im Individualverkehr wurde grundsätzlich die gleiche Methodik angewendet wie im Falle des öffentlichen Verkehrs, nämlich die Ermittlung der minimalen Summen der Erreichbarkeitswiderstände der Kanten. Allerdings wurde statt des generalisierten Verkehrsnetzes das für das «GIS-Dufour» digitalisierte Netz, das den tatsächlichen Verlauf der Strassen zeigt, als Grundlage gewählt. Im Gegensatz zum öffentlichen Verkehr, wo aufgrund der Fahrplaninformationen direkt fassbare Daten zur Verfügung standen,

---

[41] In den drei Regionen lagen die folgenden für die Fallstudie berücksichtigten Orte an Linien mit Schnellzügen, ohne von diesen bedient zu werden (in eckigen Klammern sind die nächsten Umsteigeknoten mit Schnellzugshalt erwähnt):
1870: ZH: Dietikon [Zürich und Olten], Dübendorf [Zürich und Rapperswil SG]; BE: Wynigen, Rothrist [Bern und Olten], Münchenbuchsee [Bern und Biel], Twann [Neuchâtel und Biel]
1910: ZH: Dietikon [Zürich und Olten], Eglisau [Zürich und Schaffhausen], Feuerthalen [Schaffhausen und Etzwilen], Aadorf [Winterthur und St. Gallen], Horgen, Freienbach [Zürich und Ziegelbrücke], Cham [Zürich und Luzern]; BE: Wynigen, Rothrist [Bern und Olten], Münchenbuchsee [Bern und Biel], Twann, La Neuveville [Neuchâtel und Biel], Lengnau BE, Niederbipp [Biel und Olten], Worb, Signau, Escholzmatt [Bern und Luzern], Grellingen [Delémont und Basel], Courrendlin [Delémont und Biel], Leuk [St-Maurice und Brig], Wassen [Arth-Goldau und Bellinzona]; TI: Airolo, Faido, Biasca, Claro [Arth-Goldau und Bellinzona], Giubiasco, Mendrisio [Bellinzona und Chiasso]

stellte die Suche nach geeigneten Indikatoren ein methodisches Problem dar. Die Fahrzeit war für einzelne Streckensegmente nicht zu ermitteln, da sie neben dem Zustand der Strasseninfrastruktur stark von dem eingesetzten Fahrzeug und insbesondere der Art und der Anzahl der vorgespannten Zugtiere abhing. Auch die Fahrkosten pro Strassenabschnitt waren von zu vielen Faktoren abhängig, als dass sie in ein Modell, das für 1800, 1870 und 1910 schweizweit Erreichbarkeitsberechnungen ermöglichen sollte, hätten integriert werden können. Deshalb wurde für den Individualverkehr ein anderer Ansatz gewählt: Pro Streckensegment wurde die *Arbeit* berechnet, die für den Transport einer gegebenen Last benötigt wurde.[42] Der Zusammenhang zwischen der Arbeit und dem Erreichbarkeitswiderstand kann folgendermassen formuliert werden: Je mehr Arbeit der Lastentransport auf einem bestimmten Wegstück erforderte, desto grösser war die für die Überwindung der Distanz zu investierende Kraft (beispielsweise in Form von Vorspann, also zusätzlichen Zugtieren). Somit stellt die Arbeit geradezu einen idealtypischen Erreichbarkeitswiderstand für jede Wegstrecke dar. Die Arbeit wird physikalisch definiert durch das Produkt aus der auf einen Körper von aussen wirkenden Kraft in Wegrichtung und dem zurückgelegten Weg. (DE CURTIS/FERNÁNDEZ FERRER 1992: 20) Die entsprechende Formel lautet:

$$W = F \cdot s \cdot \cos \alpha$$

mit:
W = Arbeit
F = Kraft
s = zurückgelegte Strecke
α = Winkel zwischen Richtung der Kraft und Richtung des Weges

Werden diese Gesetzmässigkeiten auf ein konkretes Beispiel aus dem Individualverkehr übertragen, so kann der Körper durch ein Fuhrwerk dargestellt werden, an welchem das Zugtier die zum Transport benötigte Arbeit verrichtet (Abb. 3.10). Da als Vereinfachung angenommen wird, dass das Zugtier die Kraft in Richtung des Weges ausübt, kann der Winkel α vernachlässigt werden.

---

[42] Der Begriff *Energie* beschreibt die Fähigkeit eines Systems, *Arbeit* zu verrichten. Für die beiden Grössen wird daher dieselbe Masseinheit J [Joule] verwendet.

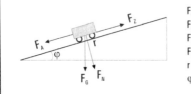

F_G	= Schwerkraft der zu bewegenden Masse
F_N	= Normalkraft senkrecht zur Strassenoberfläche
F_A	= Hangabtriebskraft
F_Z	= Zugkraft
r	= Reibungskoeffizient
φ	= Neigungswinkel der Strassenoberfläche

FLURY 2008

Abb. 3.10   Masse und Kräfte auf einer schiefen Strassenoberfläche

Wenn das Zugtier auf der schiefen Strassenoberfläche das Fuhrwerk im Stillstand hält, muss seine Zugkraft F_Z die Hangabtriebskraft F_A gerade aufheben:

$$F_Z = F_A = F_G \cdot \sin\varphi$$

Soll das Fuhrwerk dagegen bergauf bewegt werden, muss das Zugtier eine grössere Kraft aufwenden, also die Hangabtriebskraft überwinden. Dabei ist der Reibungskoeffizient der Strasse r von entscheidender Bedeutung. Er ist das Mass für die Reibkräfte zwischen dem Fuhrwerk und der Strassenoberfläche. Für das 18. und das 19. Jahrhundert hat SCHIEDT (2007b: 4f.), basierend auf Angaben mehrerer zeitgenössischer Autoren, die in Tab. 3-2 aufgeführten Reibungskoeffizienten in Abhängigkeit vom Zustand der Strassenoberflächen ermittelt.

Strassentyp	Reibungskoeffizient r
Gut unterhaltene Chaussee / Kunststrasse	1/30 (0.033)
Gewöhnlich unterhaltene Chaussee / Kunststrasse	1/30 – 1/15 (0.033 – 0.067)
Fahrweg ohne Kunstanlage	1/10 – 1/8 (0.1 – 0.125)
Nicht für Wagenverkehr hergerichtete Oberflächen	1/6 – 1/4 (0.167 – 0.25)

Tab. 3-2   Reibungskoeffizienten für unterschiedliche Strassentypen
(Quelle: SCHIEDT 2007b: 4)

Die benötigte Kraft, die ein Zugtier für die Aufwärtsbewegung eines Fuhrwerks einsetzen muss, berechnet sich demnach mit

$$F_Z = (F_G \cdot \sin\varphi) + (F_G \cdot r \cdot \cos\varphi) = F_G \cdot (\sin\varphi + r \cdot \cos\varphi)$$

Für die Abwärtsbewegung wird vom Tier eine geringere Zugkraft erfordert, da das Fuhrwerk mit der Hangabtriebskraft F_A vorankommt. Die benötigte Zugkraft wäre also

$$F_Z = (F_G \cdot r \cdot \cos\varphi) - (F_G \cdot \sin\varphi) = F_G \cdot (r \cdot \cos\varphi - \sin\varphi)$$

Die Differenzierung in Berg- und Talfahrten auf demselben Strassenstück führte im GIS zu einem methodischen Problem: Einerseits müsste für die Talfahrt auch noch der Kraftaufwand, den das Tier in steilem Gelänge zum Bremsen des Fuhrwerkes einsetzt, berücksichtigt werden. Andererseits behandelt das im «Network Analyst» von ArcGIS verwendete Tool Verkehrsnetze als ungerichtete Netzwerke, auch wenn die digitalisierten Linien gerichtet sind. (ARCGIS DESKTOP HELP: Stichwort «Transportation Network»). Der «Network Analyst» verwendet demzufolge zur Routenberechnung zwischen zwei Standorten in beiden Richtungen dieselben Attributwerte und unterscheidet hinsichtlich der auf einem Streckensegment benötigten Kraft nicht zwischen einer Steigung und einem Gefälle. Aus diesen Gründen musste für die Zugkraft F_Z jeweils ein Zwischenwert für Berg- und Talfahrt hergeleitet werden.[43] Für jedes Segment errechnete sich daher die benötigte Zugkraft aus dem arithmetischen Mittel der Kraft für die Steigung und des Betrages der Kraft für das Gefälle:[44]

$$F_Z = \frac{F_G \cdot (r \cdot \cos\varphi + \sin\varphi) + |F_G \cdot (r \cdot \cos\varphi - \sin\varphi)|}{2}$$

Die Arbeit, also das Produkt aus Kraft und Weg, berechnet sich schliesslich nach der Formel

$$W = \frac{F_G \cdot (r \cdot \cos\varphi + \sin\varphi) + |F_G \cdot (r \cdot \cos\varphi - \sin\varphi)|}{2} \cdot s$$

Für die Ermittlung der Erreichbarkeitswiderstände zwischen den untersuchten Orten mussten also die folgenden Indikatoren zur Verfügung stehen:

- *Gewichtskraft F_G der transportierten Last*: Die Gewichtskraft ist direkt abhängig von der Masse des Fuhrwerks, was in der physikalischen Beziehung

    $F_G = m \cdot g$

    mit: m = Masse [kg]
    g = Gravitationsbeschleunigung (9.8 m/s²)

    zum Ausdruck kommt. Zur Ermittlung der Erreichbarkeitswiderstände für 1800, 1870 und 1910 musste daher eine konstante Masse, also ein «Einheitsfuhrwerk» gewählt werden, das im Modell für

---

[43] Ein ähnliches Verfahren wurde bereits für den öffentlichen Verkehr aufgrund der unterschiedlichen Reisezeiten für Berg- und Talfahrt angewendet. Vgl. Abschnitt *Öffentlicher Verkehr (Zeitschnitte 1870 und 1910)*
[44] Mit dem Betrag der Kraft für das Gefälle wird verhindert, dass diese negativ wird. Somit kann dem Umstand Rechnung getragen werden, dass das Zugtier bei einer grossen Hangabtriebkraft eine Bremskraft ausüben muss.

jeden Zeitschnitt eingesetzt werden kann.[45] Vor der Motorisierungsphase des 20. Jahrhunderts machten in der Schweiz ein- und zweispännige Fuhrwerke den grössten Teil des Fahrzeugverkehrs aus. (SCHIEDT 2007b: 8) Gemäss BIRK (1915: 13) wog ein typischer, mit zwei Zugtieren bespannter Wagen rund 600 kg und konnte maximal mit dem dreifachen Eigengewicht, also mit 1 800 kg, beladen werden. LÖFFLER/HAMBERGER/WARKOTSCH (2002: 346) dagegen ermittelten für den Transport eines mit zwei Pferden bespannten Fuhrwerks im 19. Jahrhundert eine maximale Ladung von 1 250 kg auf einer ebenen, guten Waldstrasse. Für die Modellierung im GIS wurde aufgrund dieser Angaben ein «Einheitsfuhrwerk» gewählt, das aus einem Wagen mit der Masse von 600 kg und einer Beladung von 1 400 kg bestand. Die Gesamtmasse betrug demnach 2 000 kg, woraus eine Gewichtskraft F_G von 19 600 N [Newton] resultierte.

- *Reibungskoeffizient r der Strassenoberfläche*: Die Ermittlung der Reibungskoeffizienten musste für jeden Zeitschnitt separat erfolgen, um Änderungen in der Qualität der Strassenoberfläche beispielsweise durch Aus- oder Neubauten berücksichtigen zu können. Innerhalb eines jeden Zeitschnittes mussten die Strassenabschnitte nach ihrem Reibungskoeffizienten differenziert werden. Voraussetzung dafür war die Verfügbarkeit geeigneter historischer Quellen. Als Richtlinien dienten die in Tab. 3-2 aufgeführten Werte.

1800:

Da in der Schweiz der permanente Unterhalt der Kunststrassen bis in die 1830er Jahre ein nicht gelöstes Problem darstellte, wurde für den Zeitschnitt 1800 der kleinstmögliche Reibungskoeffizient von 0.033 nicht verwendet. (SCHIEDT 2007b: 4) Jedem Strassenstück aus der Linien-Datenbank im «GIS-Dufour», für welches in der Zeit zwischen 1750 und 1800 ein Neu- oder Ausbau nachgewiesen werden konnte, wurde daher r = 0.05 zugewiesen.[46] Dasselbe galt für alle Strassen, die gemäss der Beschreibung von LUTZ (1828) in die Kategorien «Grosse Strasse» oder «Strasse» einzuordnen sind.[47] Abschnitte, die vom selben Autor mit «Fahrstrasse» bezeichnet worden waren, erhielten den höheren r-Wert von 0.1 zugewiesen. Sämtliche

---

[45] Da F_G als Faktor in die Berechnung der Arbeit einfliesst, ist ihr Wert höchstens für absolute Erreichbarkeitswerte entscheidend. Die vorliegende Untersuchung vergleicht jedoch die Erreichbarkeiten von Standorten miteinander. Sie konzentriert sich also auf relative Erreichbarkeitswerte, für welche der Wert von F_G nicht entscheidend ist. Dennoch sollen hier für F_G realistische Annahmen getroffen werden.
[46] r = 0.05 wurde auch für die 1800 ins Strassennetz eingefügten Seeverbindungen gewählt. Vgl. Anmerkung 34
[47] LUTZ (1828) beschreibt die Routen durch die Schweiz bezüglich ihrer Fahrqualität mit den Attributen «Grosse Strasse», «Strasse», «Fahrstrasse», «Reitweg» und «Fussweg». (SCHIEDT 2007a: 11f.)

von LUTZ tiefer klassierten Strassen wurden im Modell als nicht mit Fuhrwerken befahrbar betrachtet.

1870:

Für 1870 und 1910 wurden im Hinblick auf die Zuordnung von r-Werten zu den einzelnen Strassenabschnitten die entsprechenden Ausgaben der Dufourkarte beigezogen. In einem ersten Schritt wurde jeder Strasse, die in der Erstausgabe der Dufourkarte (1846–1864) die Signatur der höchsten Kategorie aufwies («Poststrassen I. und II. Classe»), der tiefste Reibungskoeffizient von 0.033 zugewiesen. Derselbe Wert wurde auch für Strecken eingesetzt, die zwar in der Erstausgabe der Dufourkarte lediglich in der zweithöchsten Kategorie aufgeführt waren («Landstrassen»), für welche jedoch bis 1870 ein Neu- oder Ausbau nachzuweisen ist und die in der Folgeausgabe der Dufourkarte daher auch in der höchsten Kategorie erschienen. Ansonsten erhielten die «Landstrassen» den r-Wert 0.05. Analog wurde mit der dritt- und der vierthöchsten Kategorie («Verbindungs-Wege» bzw. «Karr- oder Saumwege») vorgegangen. Falls bis 1870 kein Neu- oder Ausbau feststellbar war, wurde für die Verbindungswege $r = 0.1$, für die Karr- oder Saumwege $r = 0.2$ gewählt. Letztere wurden jedoch nur als befahrbare Wege interpretiert, falls die topographischen Verhältnisse dies zuliessen.[48]

1910:

Das Vorgehen für die Zuweisung von Reibungskoeffizienten zu den im Modell erfassten Strassen erfolgte für den Zeitschnitt 1910 analog zur Methodik für 1870. Als Grundlage dienten die Signaturen der Dufourkartenblätter (1898–1904). Der der jeweiligen Signatur zugeordnete r-Wert wurde ebenfalls um eine Kategorie verkleinert, falls die entsprechende Strasse zwischen dem Erscheinen des Kartenblattes und dem Zeitpunkt 1910 neu oder ausgebaut worden war.

- *Neigungswinkel φ der Strassenoberfläche*: Der Neigungswinkel φ eines Strassenstücks beschreibt dessen Steigung beziehungsweise – von der anderen Seite betrachtet – dessen Gefälle. Zur Berechnung müssen die Höhendifferenz sowie die Distanz zwischen dem Anfangs- und dem Endpunkt bekannt sein. Im Hinblick auf die Ermittlung von Erreichbarkeitswiderständen konnten dazu aus

---

[48] Bei der Entscheidung zwischen Karrweg (befahrbar mit $r = 0.2$) und Saumweg (nicht befahrbar) wurden die entsprechenden Artikel im Historischen Lexikon der Schweiz (www.hls-dhs-dss.ch) beigezogen.

Gründen der Genauigkeit nicht die Knotenpunkte des Strassennetzes verwendet werden. Abb. 3.11 zeigt schematisch das Problem der Unterschätzung der Höhendifferenzen, das bei langen Strassenabschnitten eintreten kann. Mit einer Segmentierung des gesamten Strassennetzes in Abschnitte zu 500 m konnte diese Schwierigkeit weitgehend umgangen werden.[49]

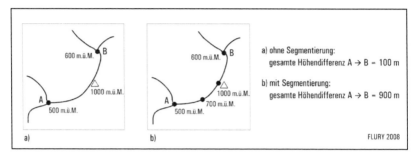

Abb. 3.11   Das Problem der Unterschätzung von Höhendifferenzen bei langen Strassenabschnitten

Die Höhenangaben in Meter über Meer wurden dem Digitalen Höhenmodell DHM25/100 von swisstopo entnommen. Digitale Höhenmodelle sind Datensätze, welche die Erdoberfläche dreidimensional beschreiben. Dabei werden einer Menge von Koordinatenpaaren (X,Y) die jeweiligen Höhenwerte (Z) zugeordnet. Das verwendete DHM25/100 ist als Gitternetz mit einer Maschenweite von 100 Metern zu verstehen, in welchem jeweils an den Eckpunkten der Maschen die entsprechenden Z-Werte gespeichert sind. Bei der Integration des DHM25/100 ins GIS wurde für jede Masche aus den vier Z-Werten ein einziger Höhenwert berechnet. Dieser wurde als Attribut der Rasterzelle gespeichert, welche die jeweilige Masche repräsentiert. Durch Zuordnen der Höhenwerte zu den Anfangs- und Endpunkten der 500 m langen Strassensegmente konnte deren Neigungswinkel berechnet werden. Obwohl die Dufourkarte (Ausgabe um 1900) eine sehr hohe Deckungsgleichheit gegenüber dem aktuellen DHM25/100 aufweist, war es in einigen Fällen nicht vermeidbar, dass die auf der Grundlage der Dufourkarte digitalisierten Strassen im «GIS-Dufour» falsche Höhenangaben zugewiesen erhielten. Dieser Fall trat an vereinzelten Stellen im Gebirge auf, wo sich bereits eine geringe seitliche Abweichung beim Digitalisieren relativ stark auf die zugewiesenen

---

[49] 500 Meter erwiesen sich empirisch als die grösstmögliche Segmentlänge, mit welcher sowohl in den Alpen und im Jura als auch im Mittelland die topographische Differenzierung auf der Grundlage des Digitalen Höhenmodells DHM25/100 noch fassbar bleibt.

Werte aus dem Höhenmodell auswirken kann.[50] Die entsprechenden Fehler konnten durch manuelles Übertragen der Höhenwerte behoben werden.

- *Distanz s*: Die Distanz der Strassensegmente betrug 500 m (vgl. die Erläuterungen zum Neigungswinkel φ). Da eine Linie zwischen zwei Knoten jedoch nur im Ausnahmefall restlos in 500 m lange Segmente geteilt werden konnte, entstand bei jeder Segmentierung noch ein Teilstück mit einer Länge von weniger als 500 m.

Analog zum Vorgehen bei den Verbindungen des öffentlichen Verkehrs, konnten auch für den Individualverkehr die Erreichbarkeitswiderstände der untersuchten Orte ermittelt werden. Die dazu verwendete Formel lautet:

$$R_{E\_IV} = \sum_{j=1}^{n} \min \frac{F_G \cdot (r_j \cdot \cos\varphi_j + \sin\varphi_j) + |F_G \cdot (r_j \cdot \cos\varphi_j - \sin\varphi_j)|}{2} \cdot s_j$$

$$= \sum_{j=1}^{n} \min W_j$$

mit: R_{E_IV} = Erreichbarkeitswiderstand (IV) des Standortes
F_G = Gewichtskraft des «Einheitsfuhrwerks» [N]
r_j = Reibungskoeffizient auf dem Strassensegment j
φ_j = Neigungswinkel des Strassensegments j [°]
s_j = Länge des Strassensegments j [m]
W_j = Notwendige Arbeit für den Transport des «Einheitsfuhrwerks» auf dem Strassensegment j [J]

Wie der topologische Erreichbarkeitswiderstand R_{E_T} (Kapitel 3.2.4), so konnten auch die Erreichbarkeitswiderstände $R_{E\_ÖV}$ und R_{E_IV} mit dem «Network Analyst» in ArcGIS berechnet werden. Dabei wurde die minimale Summe der Erreichbarkeitswiderstände aller Kanten bzw. Strassensegmente j gebildet, die benötigt wurde, um einen gewählten Ort – ausgehend von den übrigen in der jeweiligen Region gelegenen untersuchten Gemeinden[51] – zu erreichen.

---

[50] Die Dufourkarte im Massstab 1:100 000 (Ausgabe um 1900) wurde am Bildschirm für die Digitalisierung auf einen Massstab von rund 1:18 000 vergrössert, so dass ein Millimeter am Bildschirm rund 18 m im Gelände entsprach. Die Signatur einer Strasse der höchsten Kategorie («Poststrasse») – auf dem Bildschirm rund 2 mm breit – hätte demnach im Gelände eine Breite von rund 40 m aufgewiesen. Beim Digitalisieren der Linien konnten kleine Ungenauigkeiten in dieser Grössenordnung auftreten.
[51] Inklusive die ergänzenden Orte ausserhalb der Regionen, vgl. Kapitel 3.2.2

3.2.6 Methodenkritische Überlegungen zur Berechnung der Erreichbarkeiten

Die für jeden Ort ermittelten Erreichbarkeitswiderstände sind in erster Linie vom gewählten Bezugsraum und von den zur Verfügung stehenden Indikatoren abhängig. Zu diesen beiden Punkten gilt es einige grundsätzliche methodenkritische Überlegungen anzubringen.

Eine Vergrösserung oder Verkleinerung des *Bezugsraums*, im Falle dieser Studie die Änderung der Anzahl der untersuchten Orte, hat direkte Auswirkungen auf die Erreichbarkeitswiderstände der Standorte. Dies geht aus den im vorangehenden Kapitel erklärten Berechnungsmethoden hervor. Aus diesem Grund lässt ein ermittelter Erreichbarkeitswiderstand – also ein absoluter Wert – für einen einzelnen Ort noch keine Aussage über dessen Position im Verkehrsnetz zu. Jedoch kann er – als relativer Wert – für den Vergleich mit den Erreichbarkeitswiderständen anderer Orte dienen, die mit demselben Bezugsraum berechnet wurden. In der vorliegenden Untersuchung wurden die ermittelten Werte deshalb zum Vergleich der Erreichbarkeiten mehrerer Standorte untereinander verwendet. Die Frage der Zahlenwerte beeinflusste auch die Wahl der Methode, die für die Berechnung der statistischen Zusammenhänge zwischen den Erreichbarkeitswerten und den sozio-ökonomischen Faktoren der Gemeinden und Bezirke verwendet wurde (Kapitel 3.2.7).

Die Auswahl der für die Berechnung der Erreichbarkeitswiderstände benutzten *Indikatoren* stellt nur eine von vielen Möglichkeiten dar. Im Falle der öffentlichen Verkehrsmittel kann die Methodenkritik bei der Aufteilung der Reisestrecken in Segmente, die einer Kantenlänge entsprechen, ansetzen. Offensichtlich fliesst dadurch nicht die effektive Reisezeit – also die gesamte für die Reise benötigte Zeit inklusive der Dauer der Umsteigevorgänge oder der Aufenthaltszeiten an Zwischenstationen – in den Erreichbarkeitswiderstand zwischen zwei Standorten ein, sondern ausschliesslich die reine Fahrzeit. Diesem Kritikpunkt konnte jedoch begegnet werden, indem mit der Anzahl der täglichen Fahrten pro Kante ein Indikator aufgenommen wurde, der sich indirekt auf die effektive Reisezeit auswirkt. Mit zunehmender Kursdichte auf zwei benachbarten Kanten sinkt nämlich die Wahrscheinlichkeit langer Aufenthaltszeiten in dem die beiden Kanten verbindenden Knoten. Zu einem ähnlichen methodischen Problem führt die Berechnung der Fahrkosten je Kante. Zwar weisen die Angaben zu den Billettpreisen in den offiziellen Fahrplänen in vielen Fällen auf eine leichte Abnahme der Fahrkosten mit zunehmender Reisedistanz hin. Eine empirische Untersuchung der im «GIS-Dufour» integrierten Erreichbarkeitsdaten, welche unter anderem die tatsächlichen Fahrkosten für ausgewählte Strecken – also ohne Zuhilfenahme des Kanten- und Knotenmodells – enthalten, zeigte jedoch, dass der Zusammenhang zwischen Distanz und

Fahrpreisen um 1870 und 1910 annähernd linear war. Eine Ausnahme stellten die Kosten bei den Postkursen dar, die in die teureren Alpen- und die günstigeren Flachlandposten unterteilt waren. Diesem Umstand wurde jedoch auch im oben beschriebenen Kantenmodell mit unterschiedlichen Kilometerpreisen für die entsprechenden Strecken Rechnung getragen.

Beim Individualverkehr wurde ausschliesslich die benötigte Arbeit pro Strassensegment berechnet. Es handelt sich dabei um eine objektiv messbare Grösse, welche die Erhebung von Erreichbarkeitswiderständen zulässt. Zudem ermöglicht sie auch weitergehende Analysen. So könnte beispielsweise für einen bestimmten Strassenabschnitt um 1800 die maximale Tagesdistanz eines zweispännigen Fuhrwerks ermittelt werden, falls die Leistungsfähigkeit damaliger Zugtiere bekannt ist. (SCHIEDT 2007b: 2) Weitere Einflussfaktoren, die im weitesten Sinne als Reisewiderstände betrachtet werden können, wurden aus methodischen Gründen nicht berücksichtigt. Dazu zählen beispielsweise die Verlängerung der Reisezeit durch Umladevorgänge oder die an Zollstellen erforderlichen finanziellen Aufwendungen.

3.2.7 Ermitteln der Zusammenhänge zwischen Verkehrsinfrastrukturentwicklung und sozio-ökonomischen Prozessen im Raum

Korrelationsanalyse

Wird zwischen zwei oder mehreren Variablen ein Zusammenhang vermutet, der auf seine statistische Signifikanz untersucht werden soll, kann dies auf zwei Arten geschehen (BAHRENBERG/GIESE/NIPPER 1990: 134): Mit Hilfe von *statistischen Tests* kann ermittelt werden, ob ein Zusammenhang zwischen den vorhandenen Variablen besteht oder nicht. Die *Korrelationsanalyse* geht noch einen Schritt weiter, indem sie nicht nur Aussagen über das Vorhandensein eines Zusammenhangs ermöglicht, sondern gleichzeitig auch ein Mass für die Stärke dieser Korrelation bildet. Grundlegend für die Wahl der Methode zur Bestimmung der Korrelation ist die Kenntnis über das Skalenniveau der verwendeten Daten. Diese können in drei Gruppen eingeteilt werden:

- *Nominalskalierte Daten*: Die Werte einer Variable stellen eine Bezeichnung dar, die beispielsweise durch ein Wort oder eine Zahl erfolgen kann. Die Werte können jedoch untereinander nicht hinsichtlich einer Grösser-/Kleiner-Relation verglichen werden. Als Beispiele lassen sich Ausprägungen von Variablen in der Form «ja/nein» oder «1/0» anfügen.

- *Ordinalskalierte Daten*: Die Werte einer Variable können in eine Rangfolge gebracht werden; ein Grösser-/Kleiner-Vergleich zwischen den einzelnen Ausprägungen ist demnach möglich.
- *Metrisch skalierte Daten*: Die Werte einer Variable können, gleich wie im Fall der ordinalskalierten Daten, in eine Rangfolge gebracht werden. Darüber hinaus lässt sich aber noch der Faktor ermitteln, um welchen sich der eine Wert vom anderen unterscheidet. Dies ist möglich, weil metrisch skalierte Daten auf einer konstanten Masseinheit basieren (beispielsweise Meter oder Kilogramm).

Für die Untersuchung des Zusammenhangs zwischen der Erreichbarkeit von Orten und deren sozio-ökonomischer Ausprägung standen als unabhängige Variablen die in Kapitel 3.2.5 methodisch hergeleiteten Erreichbarkeitswiderstände für den öffentlichen und den Individualverkehr zur Verfügung. Die Erreichbarkeitswiderstände stellen metrisch skalierte Daten dar; Aussagen wie «Ort A hat einen halb so grossen Erreichbarkeitswiderstand wie Ort B» sind demnach zulässig. Folglich könnte auch die umgekehrte Beobachtung – «Ort A hat eine doppelt so gute Erreichbarkeit wir Ort B» – formuliert werden. Jedoch stellt sich hierbei das grundsätzliche Problem, dass für den Begriff *Erreichbarkeit* keine einheitliche Definition vorliegt. Dies wiederum impliziert, dass für die Erreichbarkeit keine Masseinheit existieren kann, wie dies beispielsweise für die Länge [m] oder die Masse [kg] der Fall ist. Die in dieser Untersuchung verwendeten Kombinationen von Variablen und deren Gewichtung sind nur eine von mehreren Möglichkeiten, die Erreichbarkeit zu ermitteln.[52] Daher wäre es problematisch, die Erreichbarkeit auch für die Korrelationsanalyse weiterhin als eine metrisch skalierte Variable zu verwenden. Dieses Problem kann umgangen werden, wenn die Werte der Erreichbarkeit nur als ordinalskaliert betrachtet werden. Aussagen wie «Ort A ist besser erreichbar als Ort B» wären demnach zulässig; die untersuchten Orte können also bezüglich ihrer Erreichbarkeit in eine Rangfolge gebracht werden.

Korrelationsanalysen mit ordinalskalierten Variablen werden durch Ermittlung des Rang-Korrelationskoeffizienten ρ_S nach SPEARMAN durchgeführt. (BAHRENBERG/GIESE/NIPPER 1990: 204 ff.) Dieses Mass stellt den Grad des Zusammenhangs zwischen den Rangplätzen der unabhängigen und jenen der abhängigen Variablen dar. ρ_S kann Werte zwischen -1 (vollständig negativer Zusammenhang) und +1 (vollständig positiver Zusammenhang) annehmen. Für die Korrelationsanalyse wurden die ermittelten Erreichbarkeits*widerstände* reziprok verwendet, so dass der Ort mit

---

[52] In Kapitel 2.3 wurde diese Problematik eingehend behandelt. Da es sich beim Erreichbarkeitswiderstand im Individualverkehr (R_{E_IV}) um die Arbeit handelt, die für den Transport einer Masse von A nach B aufgewendet werden muss, besitzt dieser eine Masseinheit, nämlich J (Joule). Im Sinne einer einheitlichen Methodik wird der R_{E_IV} jedoch für die Korrelationsanalyse gleich behandelt wie der Erreichbarkeitswiderstand für den öffentlichen Verkehr ($R_{E\_ÖV}$).

der besten Erreichbarkeit den höchsten Erreichbarkeits*wert* erhielt. Dadurch ergaben sich zwischen guter Erreichbarkeit (unabhängige Variable) und starker Ausprägung der abhängigen Variable positive Rang-Korrelationskoeffizienten. Alle Berechnungen wurden mit der Software «SPSS» durchgeführt.

Merkmale sozio-ökonomischer Prozesse

Mit dem Begriff *sozio-ökonomischer Prozess* wird in dieser Fallstudie ein Vorgang im Raum verstanden, der sich in einer Veränderung demographischer oder wirtschaftlicher Kennzahlen manifestiert. Um solche Prozesse möglichst breit abzudecken, wurden für die Fallstudie die drei Kategorien *Bevölkerungsstand*, *Wirtschaftsstruktur* und *kulturelle Durchmischung der Bevölkerung* gewählt. Die entsprechenden Kennzahlen, also die Merkmale, welche die jeweilige Kategorie charakterisieren, sind in Tab. 3-3 aufgeführt. Die Auswahl richtete sich primär nach der Verfügbarkeit von Datensätzen, die zu den gewählten Zeitschnitten 1870 und 1910 im Rahmen der Eidgenössischen Volkszählungen nach möglichst homogenen Kriterien erhoben worden waren. Für den Zeitschnitt 1800, der noch in der protostatistischen Periode liegt und daher zwar über systematische und flächendeckende, jedoch bedarfsorientierte und von unterschiedlichen Amtsstellen durchgeführte Zählungen verfügt (PFISTER 1995: 42f.), war einzig die Wohnbevölkerung als demographisches Kriterium fassbar.

Kategorie	Merkmal	Verfügbare Zeitschnitte	Kleinste räumliche Auflösung	Quellen
Bevölkerungsstand	Wohnbevölkerung	1800, 1870, 1910	Gemeinde	Helv. Zählung um 1800, VZ 1870, 1880, 1900, 1910
	Wanderungsbilanz	1870–1880, 1900–1910	Bezirk	
Wirtschaftsstruktur	Beschäftigte im 1. Sektor	1870, 1910	Bezirk	VZ 1870, 1910
	Beschäftigte im 2. Sektor	1870, 1910	Bezirk	
	Beschäftigte im 3. Sektor	1870, 1910	Bezirk	
Kulturelle Durchmischung	Konfessionelle Durchmischung	1870, 1910	Gemeinde	VZ 1870, 1910
	Anteil Ausländer an Wohnbev.	1870, 1910	Gemeinde	

Tab. 3-3 Verfügbare statistische Daten zu den Kategorien Bevölkerungsstand, Wirtschaftsstruktur und kulturelle Durchmischung

Sämtliche Daten wurden auf den in Kapitel 3.2.2 beschriebenen Gebietsstand bezogen. Aufgrund von kurzfristigen Ereignissen konnten in einigen Gemeinden und Bezirken die Merkmale aller drei Kategorien zu einem bestimmten Zeitschnitt überdurchschnittlich hohe Werte aufweisen. Dies traf beispielsweise auf Gemeinden zu, die während des Eisenbahnbaus einen Zuzug von temporären Arbeitskräften verzeichneten. Um die daraus entstehenden Verzerrungen zu verhindern, wurden in solchen Fällen nicht die direkt in den statistischen Quellen fassbaren Daten, sondern bereinigte Werte verwendet. Die Bereinigung erfolgte durch Interpolationen aufgrund der Werte, die zum vorangehenden bzw. nachfolgenden Zeitschnitt erhoben worden waren (vgl. die Methodik bei REY 2003: 147 ff.). Ein ähnliches Vorgehen kam mit der Rückschreibung zum Einsatz. Dabei wurden die Bevölkerungszahlen um 1800 für diejenigen Gemeinden ergänzt, deren Werte aus der «Helvetischen Zählung» nicht ermittelt werden konnten (vgl. die Methodik bei MATTMÜLLER 1987: 559 f.).

Erläuterungen zu den verwendeten Indikatoren

- *Wohnbevölkerung*: Für den Zeitschnitt 1800 stützte sich die Erhebung weitgehend auf die Resultate der «Helvetischen Zählung». Es handelt sich dabei um die erste systematische Erhebung der Bevölkerungszahl, die grosse Teile der heutigen Schweiz abdeckte. Obwohl die Helvetische Zählung eine Summierung von Registereinträgen darstellt und daher methodisch nur sehr beschränkt mit den späteren Volkszählungen vergleichbar ist, erlaubt sie gemeinsam mit Angaben aus den damals nicht-helvetischen Gebieten für den Zeitschnitt 1800 eine «einigermassen zuverlässige und detaillierte Bevölkerungsangabe» (SCHLUCHTER 1988: 7) für das Gebiet der heutigen Schweiz. Für die Zeitschnitte 1870 und 1910 stammen die Bevölkerungszahlen aus den jeweiligen Volkszählungen.[53]
- *Wanderungsbilanz*: Die Wanderungsbilanz stellt die jährlichen Differenzen der Wanderung, nach Abzug von Geburten- oder Sterbeüberschuss, dar. Die Geburten- und Sterberaten sind in den Volkszählungsdaten auf der Ebene der Bezirke verfügbar. Die bezirksweise Wanderungsbilanz konnte durch die folgende Beziehung ermittelt werden:

$$WB_{1\_2} = P_2 - P_1 - G_{1\_2} + S_{1\_2}$$

mit: WB_{1_2} = Wanderungsbilanz zwischen den Zeitpunkten 1 und 2
P_1 = Bevölkerungszahl zum Zeitpunkt 1
P_2 = Bevölkerungszahl zum Zeitpunkt 2

---

[53] Berücksichtigt wurde das Merkmal *Wohnbevölkerung im ganzen*.

G_{1_2} = Geburten zwischen den Zeitpunkten 1 und 2

S_{1_2} = Sterbefälle zwischen den Zeitpunkten 1 und 2

Das Ziel, die Erreichbarkeitswerte von Bezirken zu einem Zeitpunkt mit der Wanderungsbilanz während des unmittelbar folgenden Jahrzehnts in Beziehung zu setzen, konnte aus zwei Gründen nicht konsequent umgesetzt werden: Einerseits sind die Wanderungsbilanzen für die Periode 1910 bis 1920 in den Volkszählungsergebnissen von 1920 nicht ausgewiesen. Andererseits hätte die zwischen 1910 und 1920 erfolgte, durch den Ersten Weltkrieg ausgelöste Massenauswanderung der ausländischen Bevölkerung die Ergebnisse zu stark verzerrt. (REY 2003: 140) Daher wurden die Erreichbarkeitswerte von 1870 mit der Wanderungsbilanz 1870–1880, die Erreichbarkeitswerte von 1910 dagegen mit der Wanderungsbilanz von 1900–1910 in Beziehung gesetzt.

- *Beschäftigte im 1., 2. und 3. Sektor*: Im Rahmen der Volkszählungen wurden die Beschäftigungen der erwerbstätigen Bevölkerung bezirksweise den drei Wirtschaftssektoren (Landwirtschaft, Industrie und Dienstleistungen) zugeordnet. Bei jeder Zählung fanden Veränderungen in der Zuteilung vereinzelter Beschäftigungen statt. Für den Zeitschnitt 1870 wurde die Aufteilung in die drei Sektoren soweit möglich aufgrund der Angaben aus der Volkszählung 1910 harmonisiert. (FREY 2007a: 3) Für eine ausführliche Quellenkritik der Beschäftigtenstatistik wird auf die Erläuterungen in FREY/VOGEL (1997: 41 ff.) verwiesen.

- *Konfessionelle Durchmischung*: Für die Messung der konfessionellen Durchmischung wurden ausschliesslich diejenigen Personen berücksichtigt, die entweder der römisch-katholischen oder der protestantischen Konfession angehörten. Die anderen Konfessionen oder nicht-christlichen Religionen fielen zahlenmässig weder um 1870 noch um 1910 ins Gewicht, so dass sie für das Ergebnis nicht relevant sind. (VOLKSZÄHLUNG 1870; VOLKSZÄHLUNG 1910) Die konfessionelle Durchmischung der untersuchten Gemeinden wurde wie folgt ermittelt:

$$KD = \frac{K_S}{K_P + K_S} \cdot 200$$

mit: KD = Konfessionelle Durchmischung in %

K_P = Anzahl Mitglieder der primären Konfession

K_S = Anzahl Mitglieder der sekundären Konfession

- *Anteil Ausländer an der Wohnbevölkerung*: Der Wert entspricht dem prozentualen Anteil der ausländischen Personen an der gesamten Wohnbevölkerung der jeweiligen Gemeinde.

Das Problem der unterschiedlichen räumlichen Auflösung (Gemeinden und Bezirke)

Im Gegensatz zu den Angaben zur Wohnbevölkerung und den Merkmalen in der Kategorie *kulturelle Durchmischung* sind die statistischen Daten zur Wanderung und zur *Wirtschaftsstruktur* nur auf der Ebene der Bezirke verfügbar. Dieser Umstand musste bei der Analyse eines allfälligen Zusammenhangs mit den Erreichbarkeitswerten berücksichtigt werden. Aus diesem Grund wurden die in Kapitel 3.2.5 ermittelten Erreichbarkeitswiderstände der Gemeinden für die Bildung von Erreichbarkeitswiderständen der jeweiligen Bezirke verwendet. Dazu wurde ein zweistufiges Vorgehen gewählt: In einem ersten Schritt erhielt jeder Bezirk einen Wert zugewiesen, der seine interne Erreichbarkeit beschreibt. Darunter wird ein Indikator für die Erreichbarkeit der mit Verkehrslinien erschlossenen Standorte innerhalb der Bezirksgrenzen verstanden. Folgende Berechnungen wurden für den öffentlichen Verkehr und den strassengebundenen Individualverkehr durchgeführt:

- *Öffentlicher Verkehr:*

$$R_{E\_ÖV\_Bez} = \frac{\sum_{j=1}^{n} R_{E\_ÖV\_j}}{\sum_{j=1}^{n} k_j \cdot d_{ÖV}} = \frac{A_{Bez} \cdot \sum_{j=1}^{n} R_{E\_ÖV\_j}}{(\sum_{j=1}^{n} k_j)^2}$$

mit: $R_{E\_ÖV\_Bez}$ = Erreichbarkeitswiderstand innerhalb der Bezirksfläche

$R_{E\_ÖV\_j}$ = Erreichbarkeitswiderstand auf der im Bezirk liegenden Kante j

k_j = Fahrplan-km der im Bezirk liegenden Kante j

$d_{ÖV}$ = Dichte des ÖV-Netzes im Bezirk (Summe der Fahrplan-km pro km² Bezirksfläche)

A_{Bez} = Bezirksfläche (ohne Seen und Ödland)

- *Individualverkehr:*

$$R_{E\_IV\_Bez} = \frac{\sum_{j=1}^{n} R_{E\_IV\_j}}{\sum_{j=1}^{n} s_j \cdot d_{Str}} = \frac{A_{Bez} \cdot \sum_{j=1}^{n} R_{E\_IV\_j}}{(\sum_{j=1}^{n} s_j)^2}$$

mit: $R_{E\_IV\_Bez}$ = Erreichbarkeitswiderstand innerhalb der Bezirksfläche
   $R_{E\_IV\_j}$ = Erreichbarkeitswiderstand auf dem im Bezirk liegenden Strassensegment j [54]
   s_j = Länge des Strassensegments j
   d_{Str} = Dichte des Strassennetzes im Bezirk (Länge pro km² Bezirksfläche)
   A_{Bez} = Bezirksfläche (ohne Seen und Ödland)

In einem zweiten Schritt wurde pro Bezirk das arithmetische Mittel aus den Erreichbarkeitswiderständen, die gemäss der Beschreibung in Kapitel 3.2.5 für den öffentlichen und den Individualverkehr auf Gemeindeebene ermittelt worden waren, gebildet und mit $R_{E\_ÖV\_Bez}$ bzw. $R_{E\_IV\_Bez}$ multipliziert. Somit entstand zu jedem der drei Zeitschnitte eine Masszahl, welche die Erreichbarkeit eines Bezirks innerhalb der gesamten Untersuchungsregion beschreibt. Diese Zahl erlaubte sodann die Korrelationsberechnungen mit den statistischen Daten zur Wanderungsbilanz und zur Wirtschaftsstruktur, die ausschliesslich auf Bezirksebene verfügbar waren.

3.3 Fazit zur Methodik

Der in Kapitel 3 vorgestellte Aufbau des «GIS-Dufour» bildete die Voraussetzung, um historische Verkehrsnetze digital erfassen und gemeinsam mit sozio-ökonomischen Strukturdaten in ein Analyseinstrument integrieren zu können. Auf dieser Grundlage konnten die Erreichbarkeitswiderstände ausgewählter Orte berechnet werden. Die dazu verwendete Methodik stellt eine Möglichkeit dar, das theoretische Konstrukt der Erreichbarkeit in konkreten Masszahlen darzustellen. Dies ist eine grundlegende Bedingung, um mögliche Korrelationen zwischen der Erreichbarkeit von Orten und deren sozio-ökonomischer Struktur zu ermitteln.

Die Methodenkritik setzt in erster Linie bei der Tatsache an, dass die Berechnung der Erreichbarkeit stark abhängig ist von der Definition des

---

[54] Nur die mit Fuhrwerken befahrbaren Strassensegmente wurden berücksichtigt. Vgl. Kapitel 3.2.5

Bezugsraumes einerseits und von der Auswahl der verwendeten Indikatoren andererseits.

4 Ergebnisse der Netzwerk- und Erreichbarkeitsanalyse

Mit den in Kapitel 3 erläuterten Methoden konnten Daten zur Topologie von Verkehrsnetzen und zur Erschliessung und Erreichbarkeit von Orten und Bezirken erhoben werden. Das Ziel von Kapitel 4 besteht darin, diese Ergebnisse vorzustellen und dadurch einen Eindruck zu vermitteln, in welcher Art und Weise sich die Einbindung der ausgewählten Orte ins Verkehrsnetz zwischen 1800 und 1910 verändert hat. Es handelt sich dabei um einen Kommentar mit den wichtigsten Erkenntnissen, die aus den in den Text eingebetteten Diagrammen gewonnen werden können. Diese werden in einem ersten Teil für jede Untersuchungsregion – Schweiz, Kantone Zürich und Bern, Region Tessin – separat erläutert (Kapitel 4.1 bis 4.4). Die eingefügten Karten sind ein weiteres Hilfsmittel für die Visualisierung der Ergebnisse. Die darin grafisch dargestellten Werte basieren auf den Berechnungen der Erreichbarkeitswiderstände (Topologie des gesamten Verkehrsnetzes; Individualverkehr; öffentlicher Verkehr), die in Kapitel 3 vorgestellt wurden. Im Falle des Individualverkehrs entspricht die Reihenfolge der Karten dem methodischen Vorgehen zur Berechnung der Erreichbarkeit. Demzufolge wird zuerst ein Überblick über die Qualität der Strassen und die Steigungen bzw. Gefälle im Hauptstrassennetz vermittelt. Daran anschliessend folgt die Darstellung der Erreichbarkeitsdaten. Die Resultate wurden in den Karten so indexiert, dass innerhalb der jeweiligen Region die Gemeinde mit dem geringsten Erreichbarkeits*widerstand* am Ende des Untersuchungszeitraumes – also der 1910 am besten erreichbare Ort – den höchsten Index-Wert (1 000) erhielt. Mit dem so geschaffenen Erreichbarkeits*wert* konnten sowohl die Lesbarkeit der Karten als auch die Vergleichbarkeit der Orte verbessert werden. Die im Text integrierten Diagramme enthalten dagegen die originalen Werte, also die Erreichbarkeits*widerstände*. Gemeinden, die zu einem bestimmten Zeitschnitt entweder nicht ins Verkehrsnetz eingebunden waren oder aufgrund der in Kapitel 3.2.5 festgelegten Kriterien mit dem strassengebundenen Individualverkehr oder dem öffentlichen Verkehr nicht erreichbar waren, erhielten keinen Wert zugewiesen.

In einem zweiten Teil (Kapitel 4.5) werden die drei Regionen Zürich, Bern und Tessin in Bezug auf räumliche Disparitäten in der Erschliessung und der Erreichbarkeit einander gegenübergestellt. Dadurch sollen Unterschiede in den regionalen Verkehrssystemen, die auf die unterschiedliche Ausstattung mit Verkehrsinfrastrukturen zurückgeführt werden können, aufgezeigt werden.

4.1 Schweiz: Verstärkte Erreichbarkeits-Disparitäten durch die ersten Eisenbahnen

4.1.1 Topologie des Verkehrsnetzes 1800 bis 1910

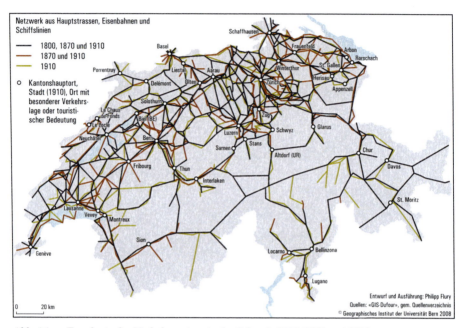

Abb. 4.1   Topologie des Verkehrsnetzes in der Schweiz 1800, 1870 und 1910

Die formale Ausprägung des schweizerischen Verkehrsnetzes hat sich in der Zeitspanne zwischen 1800 und 1910 nicht wesentlich verändert. Es ist charakterisiert durch hauptsächlich von Südwesten nach Nordosten verlaufende Linien, welche die grossen topographischen Strukturen des Landes widerspiegeln (Abb. 4.1). Wie aus Tab. 4-1 ersichtlich ist, hat die Zahl der Kanten stärker zugenommen als diejenige der Knoten. Im vorliegenden Fall ist die Zunahme der Anzahl Kanten hauptsächlich auf die neuen Eisenbahn- und Schiffslinien um 1870 und 1910 zurückzuführen. Diese hatten ihre Ausgangs- und Endpunkte oft an bereits bestehenden Brennpunkten des Verkehrs, so dass keine neuen Knoten generiert werden konnten. Dieser Sachverhalt wird durch den β-Index, der die Anzahl Kanten pro Knoten misst, bestätigt. Um 1910 gingen von einem Knoten im schweizerischen Verkehrsnetz im Durchschnitt mehr als zwei Kanten aus, während es um 1800 noch weniger als 1.5 waren. Eine besonders starke Zunahme ist bei der Zyklomatischen Zahl μ, also der Zahl der Ringschlüsse, festzustellen. Der Wert hat sich allein zwischen 1800 und 1870 mehr als verdoppelt und erreicht um 1910 bereits fast das Vierfache des Ausgangswertes. Dies lässt auf eine starke innere Verdichtung des Netzes und eine Zunahme der Komplexität schliessen. So weist der α-Index darauf hin, dass um 1910 mehr als die Hälfte aller theoretisch möglichen Ringschlüsse vorhanden waren.[55] Geringe Veränderungen wies der γ-Index auf, der das Verhältnis zwischen tatsächlich vorhandener und theoretisch möglicher Anzahl Kanten angibt. Somit war um 1800 und 1870 das Verkehrsnetz rund zur Hälfte vollständig, um 1910 zu 68 %. Die in der Karte ersichtlichen regionalen Unterschiede in der formalen Ausprägung des Verkehrsnetzes lassen sich ebenfalls mit den Masszahlen beschreiben. So wies beispielsweise der Alpenraum über alle Zeitschnitte hinweg einen deutlich geringeren α-Index-Wert auf als das Mittelland, was auf eine schwächere Verknüpftheit des Netzes deutet.[56] Dies ist in erster Linie auf die verhältnismässig zahlreichen Stichstrassen und –bahnen in den Alpentälern zurückzuführen. Gemäss den Ausführungen in Kapitel 2.2.2 sind diese Strecken im graphentheoretischen Sinn Bestandteile von Wegen oder Bäumen, nicht aber von Zyklen.

	1800	1870	Zunahme 1800-1870	1910	Zunahme 1870-1910
Anzahl Knoten Kn	380	555	+46 %	653	+18 %
Anzahl Kanten Ka	557	932	+67 %	1320	+42 %
Zyklomatische Zahl μ	178	379	+113 %	669	+77 %
α-Index	0.236	0.343 (0.002)	+45 %	0.514 (0.003)	+50 %
β-Index	1.466	1.679	+15 %	2.021	+20 %
γ-Index	0.491	0.562 (0.003)	+14 %	0.676 (0.003)	+20 %

Tab. 4-1 Graphentheoretische Indizes für das Verkehrsnetz der Schweiz um 1800, 1870 und 1910. Werte in Klammern wurden nach der Formel für nicht-planare Netze berechnet.

---

[55] Dieser Wert basiert auf der Annahme, dass das Verkehrsnetz planar ist (vgl. Kapitel 2.2.2). Streng genommen trifft dies nur auf den Zeitpunkt 1800 zu, wo jeweils zwei aufeinander treffende Kanten einen Knoten bilden (Kreuzungspunkt Strasse/Strasse). Bereits 1870 – nach Einbezug der Eisenbahn – ist das Verkehrsnetz im strengen Sinne nicht-planar, da an gewissen Stellen Kanten aufeinander treffen, die keinen Knoten bilden (Kreuzungspunkte Eisenbahn/Strasse, falls keine Bahnstation vorhanden ist). Da diese Situation jedoch die Ausnahme bildet und um eine bessere Vergleichbarkeit der α- und γ-Index-Werte über die Zeitschnitte hinweg zu erreichen, wird das Verkehrsnetz in der Regel als planar betrachtet.
[56] α-Index Mittelland: 0.278 (1800), 0.413 (1870), 0.582 (1910); Alpen: 0.077 (1800), 0.145 (1870), 0.339 (1910)

4.1.2 Erschliessung der Orte 1800 bis 1910

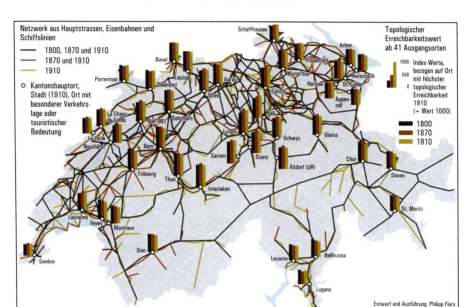

Abb. 4.2　Verkehrserschliessung ausgewählter Orte in der Schweiz 1800, 1870 und 1910

Für die Ermittlung der Zentralität von Knoten im Netz wurde der in Kapitel 3.2.4 beschriebene topologische Erreichbarkeitswiderstand verwendet. Demzufolge nimmt die Zentralität eines Knotens mit steigendem topologischem Erreichbarkeitswiderstand ab. In Abb. 4.3 sind die Werte für die Auswahl der Schweizer Orte dargestellt. Auffallend ist der ausserordentlich gleichmässige Anstieg der Widerstände über das Ortssample hinweg. Einzig Lugano und Genf bildeten mit ihren hohen Werten Ausnahmen. Es handelt sich dabei um jene Städte mit der markantesten Randlage im Gebiet der Schweiz; zudem waren sie nur über wenige, in der Regel parallel verlaufende Verkehrskorridore mit den übrigen Orten verbunden.[57]

---

[57] Eine ähnliche geographische Lage weist auch Pruntrut auf, das jedoch über eine bessere topologische Einbindung ins schweizerische Verkehrsnetz verfügte.

Schweiz: Verstärkte Erreichbarkeits-Disparitäten durch die ersten Eisenbahnen

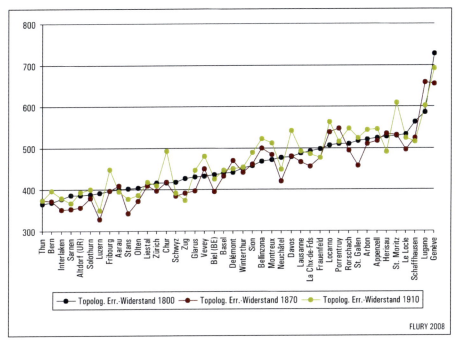

Abb. 4.3 Erschliessung ausgewählter Orte in der Schweiz 1800, 1870 und 1910, dargestellt mit dem topologischen Erreichbarkeitswiderstand (R_{E_T}). Die Reihenfolge der Orte entspricht der Rangierung um 1800.

Zwischen 1800 und 1870 konnten vor allem jene Städte ihre topologische Zentralität erhöhen, die in der Nähe des geographischen Mittelpunktes der Schweiz liegen und gleichzeitig an Schiffslinien angebunden waren oder von der Nähe zu solchen profitieren konnten (Interlaken, Sarnen, Altdorf, Luzern, Stans, Schwyz, Zug).[58] Da sich Schiffslinien im Graphenmodell in der Regel nicht kreuzen, sondern auf direktem Weg die Knoten am See untereinander verbinden, müssen auf dem Wasserweg definitionsgemäss weniger Kanten zurückgelegt werden als auf dem Landweg, wo sich Strassen untereinander kreuzen. Die meisten Orte konnten ihre Einbindung ins schweizerische Verkehrsnetz zwischen 1800 und 1870 verbessern. Neben den erwähnten Schiffslinien spielten hierbei auch die erstmals ins Netz integrierten Eisenbahnen eine Rolle, welche in der Regel die Verbindungen auf topologisch kürzerem Weg ermöglichten als die Strassen. Von dieser Anbindung profitierten besonders Orte wie Olten, Glarus, Biel, Neuenburg, Lausanne, La Chaux-de-Fonds, St. Gallen, Le Locle oder Genf. Bei den wenigen Städten, die gegenüber 1800 einen markant schlechteren Zentralitätswert aufweisen, handelt es sich ausnahmslos um Orte in den Alpen und im

---

[58] Der geographische Mittelpunkt der Schweiz befindet sich auf der Alp Aelggi im Klein Melchtal, rund 11 km südlich von Sarnen.

Jura, wo eine periphere geographische Lage verbunden war mit dem Fehlen eines Eisenbahnanschlusses (Delsberg, Bellinzona, Locarno, Pruntrut und Lugano). Für den Zeitschnitt 1910 zeigt die Kurve des topologischen Erreichbarkeitswiderstandes einen ähnlichen Verlauf wie um 1870, jedoch lagen die Werte bei den meisten Orten etwas höher. Diese auf den ersten Blick verminderte Zentralität ist jedoch in erster Linie auf den Ausbau des Eisenbahnnetzes zurückzuführen, der insbesondere durch die Einbindung der vielen Regionallinien zu einem feinmaschigen Netz führte. Dies wiederum erhöhte die Anzahl der Kanten. Eine starke Zunahme des topologischen Erreichbarkeitswiderstandes gegenüber 1870 ist für Chur, Davos und St. Moritz festzustellen. Bei den drei Bündner Orten ist der Grund im Einfügen neuer (Stich-)Strassenverbindungen und der dadurch erfolgten Vermehrung der Knoten und Kanten zu suchen. Erheblich verbessert hat sich die Zentralität einzig für Pruntrut, Herisau und Lugano. Alle drei Orte erhielten mit der Eisenbahn eine direkte, das heisst über wenige Kanten führende Verbindung in Richtung Zentrum der Schweiz: Pruntrut wurde an Delsberg, Herisau an Rapperswil (SG) und Lugano an Bellinzona angebunden.

4.1.3 Erreichbarkeit der Orte im Individualverkehr 1800 bis 1910

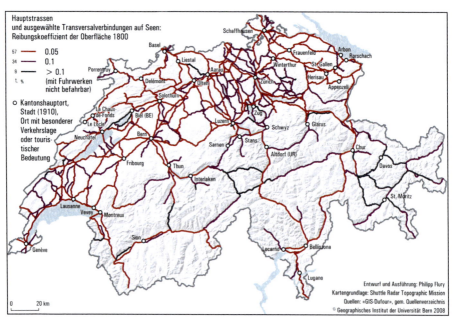

Abb. 4.4   Qualität der Hauptstrassen in der Schweiz 1800

Schweiz: Verstärkte Erreichbarkeits-Disparitäten durch die ersten Eisenbahnen

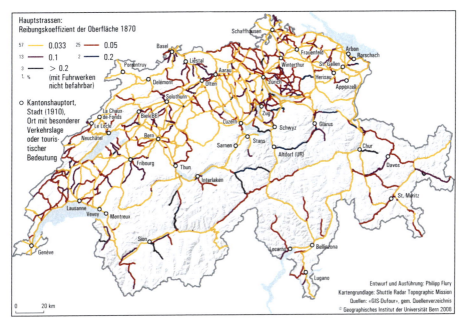

Abb. 4.5 Qualität der Hauptstrassen in der Schweiz 1870

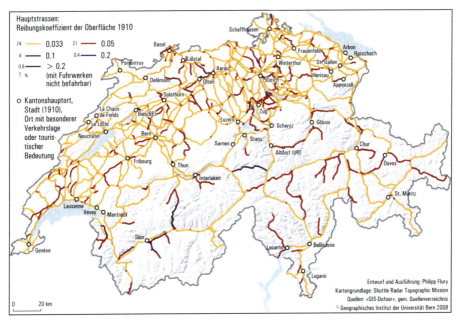

Abb. 4.6 Qualität der Hauptstrassen in der Schweiz 1910

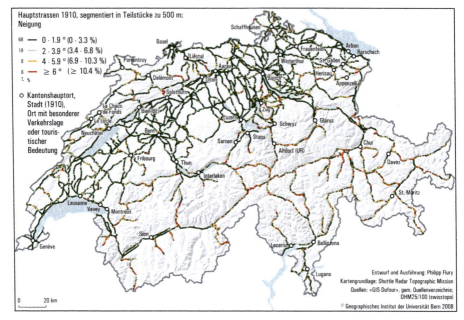

Abb. 4.7 Neigungen der Hauptstrassen in der Schweiz 1910

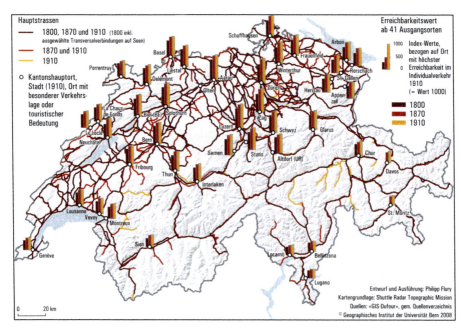

Abb. 4.8 Erreichbarkeit ausgewählter Orte in der Schweiz 1800, 1870 und 1910 (Individualverkehr)

Die in Abb. 4.9 dargestellte Kurve lässt für die Auswahl der Schweizer Orte eine sehr gleichmässige Zunahme der Erreichbarkeitswiderstände im strassengebundenen Individualverkehr um 1800 feststellen. Einzig Genf, Bellinzona, Sitten, Locarno und Lugano hoben sich deutlich von den anderen Orten ab.

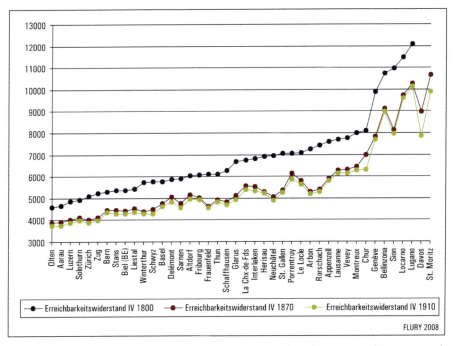

Abb. 4.9   Erreichbarkeitswiderstand ausgewählter Orte in der Schweiz 1800 (ohne Davos und St. Moritz), 1870 und 1910 im Individualverkehr (R_{E_IV}). Die Reihenfolge der Orte entspricht der Rangierung um 1800.

Die verhältnismässig schlechte Erreichbarkeit der Tessiner Städte lässt sich mit dem Umstand erklären, dass die Verbindungen zu den übrigen berücksichtigten Schweizer Gemeinden mit dem Überwinden von topographischen Hindernissen (Gotthard- oder San-Bernardino-Pass) verbunden war. Im Falle von Genf und Sitten waren die überdurchschnittlich langen Distanzen für die hohen Erreichbarkeitswiderstände verantwortlich; Sitten verfügte um 1800 einzig rhoneabwärts über eine fahrbare Verbindung mit den übrigen Landesteilen. Die anderen Schweizer Städte lassen sich bezüglich ihrer Erreichbarkeit im Individualverkehr um 1800 in drei Gruppen einteilen: Die besten Werte erreichten die im zentralen Mittelland gelegenen und mit Strassen des höchsten Ausbaustands erschlossenen Orte. Mit Olten, Aarau und Solothurn lagen bereits 1800 jene drei Städte an der Spitze der Erreichbarkeitsrangliste, die auch heute in unmittelbarer Nähe

des Schnittpunktes der schweizerischen Hauptverkehrslinien in Nord-Süd- und West-Ost-Richtung liegen.[59] Auch Stans und Liestal gehörten – obwohl nicht im zentralen Mittelland gelegen – zur Gruppe mit den besten Erreichbarkeitswerten. Im Falle von Liestal kann dieser Umstand durch die Nähe zu Olten erklärt werden, wodurch selbst der Einfluss des Juras als topographisches Hindernis abgeschwächt wurde. Analog muss für Stans die Anbindung an Luzern als Grund für die gute Erreichbarkeit gesehen werden.[60] Zur zweiten Gruppe gehörten einerseits Orte mit einer zentralen Lage, jedoch einer bezüglich der Strassenqualität nicht optimalen Erschliessung (Schwyz, Sarnen), andererseits Städte am Rand des zentralen Mittellandes (Winterthur, Freiburg, Thun, Schaffhausen). Basel und Delsberg befanden sich ebenfalls in dieser Gruppe. Ihre Anbindung ans Mittelland setzte zwar die Überwindung des Juras voraus, was sich jedoch aufgrund der Passagen durch die Klusen beziehungsweise der tiefen Scheitelpunkte der Pässe im östlichen Jura verhältnismässig schwach auf die Erreichbarkeit auswirkte.[61] Im Gegensatz dazu wiesen die Jura-Städte La Chaux-de-Fonds, Le Locle und Pruntrut, von wo aus zum Erreichen des Mittellandes eine Höhendifferenz von bis zu 1 100 Metern überwunden werden musste, deutlich höhere Erreichbarkeitswiderstände auf und gehörten daher zur dritten Gruppe.[62] In diese Kategorie fielen auch Orte im westlichen und im östlichen Mittelland (wie Neuenburg, St. Gallen oder Lausanne) oder jene Städte in den Alpen, die ohne Überwindung von nennenswerten topographischen Hindernissen mit den Orten des Mittellandes verbunden waren (Glarus, Interlaken, Chur). Zwischen 1800 und 1870 wurde die Erreichbarkeit sämtlicher untersuchter Orte verbessert. Dies ist grundsätzlich auf die in dieser Zeitspanne – insbesondere in den 1830er und 1840er Jahren – durchgeführten Strassenausbauten zurückzuführen. (SCHIEDT 2006: 16) Einige in Abb. 4.9 besonders auffällige Veränderungen sollen an dieser Stelle erwähnt werden: Sarnen wies um 1870 einen deutlich besseren Wert auf als noch um 1800. Dies kann mit dem Ausbau der Brünigstrasse begründet werden, die eine bessere Anbindung an die Städte des westlichen Mittellandes ermöglichte. Eine überdurchschnittliche Steigerung der Erreichbarkeit erfuhren auch sämtliche Orte im Raum Zürich/Ostschweiz (Zürich, Winterthur, Frauenfeld, Schaffhausen, Herisau, St. Gallen, Arbon, Rorschach, Appenzell). Hier war neben dem Ausbau

---

[59] Im Brennpunkt dieses Gebietes liegen heute die Verzweigungen Härkingen und Wiggertal, wo sich die beiden Autobahnen A1 und A2, also die Transitachsen Nord-Süd und West-Ost, kreuzen.
[60] Für den Zeitschnitt 1800 wurden im GIS bei einigen grossen Seen fiktive Schiffslinien eingefügt, die im Modell ein Überqueren des Gewässers für den ansonsten strassengebundenen Individualverkehr ermöglichten. Siehe dazu die Erklärung und Begründung in Kapitel 3.2.3.
[61] Oberer Hauenstein: 731 m.ü.M., Unterer Hauenstein: 691 m.ü.M., Bözberg: 569 m.ü.M.
[62] La Chaux-de-Fonds bzw. Le Locle–Neuenburg (via Vue-des-Alpes) ca. 1 100 Höhenmeter; La Chaux-de-Fonds bzw. Le Locle–Biel ca. 800 Höhenmeter; Pruntrut–Biel und Pruntrut–Olten (via Moutier) je ca. 1 600 Höhenmeter

bestehender Strassen vor allem die Verdichtung des Strassennetzes, insbesondere in den Kantonen Zürich und Thurgau, ausschlaggebend. Neuenburg profitierte stark vom Ausbau der Strasse am Nordufer des Bielersees, die nun eine direkte fahrbare Verbindung entlang dem Jurasüdfuss ermöglichte. Eine markante Verbesserung der Erreichbarkeit ist schliesslich für Sitten zu verzeichnen. Ausschlaggebend war hierbei die durchgehende Fahrstrasse über den Furkapass, womit ein wesentlich kürzerer Weg zu den Orten der Zentralschweiz, Graubündens und des Tessins möglich wurde als noch um 1800.

Von 1870 bis 1910 blieben die Erreichbarkeitswiderstände der untersuchten Schweizer Orte beinahe identisch. Sie spiegeln damit die im Vergleich zur vorherigen Periode geringe Dynamik im Strassenbau bzw. im Strassenausbau wider. Einzig im Alpenraum wurden nennenswerte Ergänzungen im Strassennetz oder Verbesserungen in der Strassenqualität geschaffen, insbesondere im Kanton Graubünden. Dies lässt sich deutlich an den Erreichbarkeitswiderständen der Bündner Orte Chur, Davos und St. Moritz ablesen, die in den Jahren zwischen 1870 und 1910 wesentlich stärker abgenommen haben als diejenigen aller anderen Schweizer Städte.

4.1.4 Erreichbarkeit der Orte im öffentlichen Verkehr 1870 bis 1910

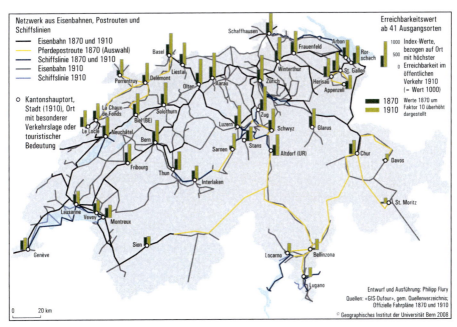

Abb. 4.10 Erreichbarkeit ausgewählter Orte in der Schweiz 1870 und 1910 (öffentlicher Verkehr)

Während die Kurven der Erreichbarkeitswiderstände für den Individualverkehr um 1870 und 1910 nahezu deckungsgleich waren, zeigen diejenigen für den öffentlichen Verkehr zu den genannten Zeitschnitten zwei sehr unterschiedliche Verläufe (Abb. 4.11). Um 1870 waren alle untersuchten Schweizer Orte an eine Eisenbahn- und/oder eine Dampfschifflinie angebunden, mit Ausnahme von Herisau, Appenzell, Delsberg, Pruntrut, Sarnen, Bellinzona, Locarno, Davos, Lugano und St. Moritz. Diese Gemeinden verfügten noch ausschliesslich über Pferdeposten als öffentliche Verkehrsverbindungen in die übrigen Landesteile. Dennoch kann in der Kurve der Erreichbarkeitswiderstände die Grenze zwischen Orten mit Eisenbahn- bzw. Dampfschiffverbindungen und solchen mit Pferdeposten nicht scharf gezogen werden. So war der Wert für Appenzell nur unwesentlich höher als derjenige für Sitten, das um 1870 über einen Eisenbahnanschluss verfügte, und Herisau – wie Appenzell ebenfalls ohne Eisenbahnanschluss – war von den Schweizer Städten aus sogar besser zu erreichen als Sitten. An diesem Beispiel zeigt sich die Bedeutung, die den Pferdeposten als Zubringer zu Bahnstationen beigemessen werden muss. Die beiden Appenzeller Hauptorte waren durch relativ kurze und häufig verkehrende Pferdepostlinien an die Bahnhöfe St. Gallen und Winkeln angeschlossen, von wo aus sie eine sehr gute Einbindung ins Schweizerische Netz des öffentlichen Verkehrs hatten. (ÜBERSICHTSPLAN «SOMMERFAHRT-ORDNUNG 1870») Gleiches galt für Delsberg mit seiner Anbindung an Basel; ein Vorteil, den Pruntrut aufgrund der grösseren Distanz zu den beiden vorgenannten Städten nicht hatte, was sich entsprechend in einer schlechteren Erreichbarkeit ausdrückte. Eine Gruppe für sich bildeten die nur über Alpenquerungen per Pferdepost zu erreichenden Orte Bellinzona, Locarno, Davos, Lugano und St. Moritz. Neben der im Vergleich zu den Verbindungen zwischen den übrigen Städten langen Fahrzeit und der geringen Frequenz spielten auch die höheren Fahrpreise bei den Alpenposten eine Rolle für die überdurchschnittlich hohen Erreichbarkeitswiderstände.[63]

Bis 1910 wurden sämtliche untersuchten Schweizer Orte ins Eisenbahnnetz eingebunden. Dies wirkte sich auf die Werte des Erreichbarkeitswiderstandes aus, die gegenüber 1870 markant abgenommen haben. Die beste Erreichbarkeit ergab sich für die entlang der heutigen Eisenbahn-Hauptlinien gelegenen Städte Bern, Biel, Solothurn, Olten, Aarau, Zürich, Winterthur und Frauenfeld (West-Ost-Transversale) sowie Basel, Liestal, Luzern und Zug (Nord-Süd-Transversale). Während die Tessiner Städte seit der durchgehenden Eröffnung der Gotthardbahn 1882 ihre Erreichbarkeit überdurchschnittlich steigern konnten, fiel die Verbesserung bei denjenigen Orten, die noch um 1870 von der Erschliessung durch Dampfschiffe profitiert hatten, geringer aus (Stans, Lausanne, Vevey, Montreux, Interlaken).

---

[63] Vgl. Anmerkung 39

Dies macht deutlich, dass die Seelage von Orten in Bezug auf deren Erreichbarkeit an Bedeutung einbüsste, nachdem die Eisenbahn als schnelleres Transportmittel mit dem Dampfschiff in Konkurrenz getreten war. Unterdurchschnittliche Verbesserungen in der Erreichbarkeit sind auch für Chur und Sitten festzustellen. Dies ist darauf zurückzuführen, dass in beiden Fällen die Einbindung in das Eisenbahnnetz zwischen 1870 und 1910 nur unwesentlich verbessert wurde: Chur erhielt einzig eine neue Verbindung mit Davos und St. Moritz, und im Fall von Sitten wirkte sich die Verlängerung der Eisenbahnlinie Richtung Brig und Domodossola nicht auf die Erreichbarkeit aus, da die beiden Orte nicht Bestandteil des untersuchten Städtesamples sind.

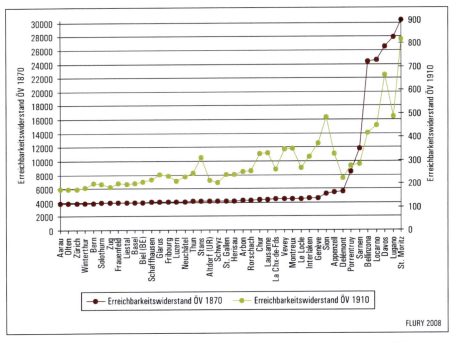

Abb. 4.11 Erreichbarkeitswiderstand ausgewählter Orte in der Schweiz 1870 und 1910 im öffentlichen Verkehr (R $_{E\_ÖV}$). Die Reihenfolge der Orte entspricht der Rangierung um 1870.

4.1.5 Zusammenhang zwischen topologischer Lage und Erreichbarkeit sowie die räumlichen Disparitäten in der Schweiz zwischen 1800 und 1910

Aus den grafischen Darstellungen der Erreichbarkeitswiderstände für die Topologie sowie für den Individual- und den öffentlichen Verkehr können zusammenfassend folgende Aussagen gemacht werden:

- Der topologische Erreichbarkeitswiderstand der untersuchten Schweizer Orte, also das Mass ihrer Erschliessung durch das Verkehrsnetz, hat sich im Zeitraum zwischen 1800 und 1910 nicht wesentlich verändert. Zwar konnten für einzelne Gemeinden zwischen je zwei Zeitschnitten grosse Differenzen festgestellt werden, die entweder auf eine relativ bessere oder schlechtere Erschliessung hinweisen. Über das gesamte Untersuchungssample fallen diese Veränderungen jedoch nicht ins Gewicht.
- Jeder der untersuchten Orte konnte seine Erreichbarkeit im Individualverkehr verbessern. Zwischen 1800 und 1870 fiel die Differenz erheblich grösser aus als zwischen 1870 und 1910. Die Rangfolge der Städte bezüglich ihrer Erreichbarkeit im Individualverkehr hat sich sowohl zwischen 1800 und 1870 als auch zwischen 1870 und 1910 nur geringfügig verändert.
- Sämtliche Orte erreichten um 1910 eine gegenüber 1870 markant bessere Erreichbarkeit im öffentlichen Verkehr. Wie bereits beim Individualverkehr, so hat auch beim öffentlichen Verkehr die Rangfolge der Orte nur kleine Änderungen erfahren. Wohl aber wurde die Spannweite zwischen den Orten mit dem tiefsten und dem höchsten Erreichbarkeitswiderstand stark verkleinert.

Diese Aussagen basieren auf der Verteilung der Werte, wie sie in den oben stehenden Diagrammen sichtbar ist. Sie sollten in einem nächsten Schritt einer statistischen Prüfung unterzogen werden. Dazu wurden für den topologischen Erreichbarkeitswiderstand sowie die Erreichbarkeitswiderstände im Individual- und im öffentlichen Verkehr jeweils die Werte der drei bzw. zwei Zeitschnitte miteinander korreliert. Dies erfolgte mit Hilfe einer SPEARMAN-Rangkorrelation, die nicht die absoluten Werte miteinander vergleicht, sondern deren Rangfolgen.[64] Die in Tab. 4-2 aufgeführten Korrelationskoeffizienten sind allesamt auf dem 1 %-Niveau signifikant. Zu jedem untersuchten Zeitschnitt sind also die Werte des Erreichbarkeitswiderstandes von Topologie, Individual- und öffentlichem Verkehr hochsignifikant mit den entsprechenden Werten des vorhergehenden Zeitschnittes korreliert. Da die Erreichbarkeit mit dem öffentlichen Verkehr nur für 1870 und 1910 erhoben werden konnte, wurde zusätzlich noch der Zusammenhang zwischen den Erreichbarkeitswiderständen für den öffentlichen Verkehr um 1870 und denjenigen von Topologie und Individualverkehr um 1800 ermittelt. Auch in diesen Fällen waren die Korrelationskoeffizienten hochsignifikant, obwohl jener für die Messung des Zusammenhangs zwischen der topologischen Erschliessung der Orte um 1800 und ihrer ÖV-Erreichbarkeit um 1870 mit 0.471 verhältnismässig tief ausfiel.

---

[64] Zum Problem der absoluten Werte für Erreichbarkeitswiderstände und zur Korrelationsanalyse vgl. Kapitel 3.2.6 und Kapitel 3.2.7

Folglich kann davon ausgegangen werden, dass bereits die Einbindung der Orte ins Verkehrsnetz und ihre Erreichbarkeit im Individualverkehr um 1800 die Erreichbarkeit im öffentlichen Verkehr um 1870 vorbestimmten.

Datenreihe 1 (unabhängige Variable)	Datenreihe 2 (abhängige Variable)	Korrelations-koeffizient
Topolog. Erreichbarkeitswiderstand 1800	Topolog. Erreichbarkeitswiderstand 1870	0.918*
Topolog. Erreichbarkeitswiderstand 1870	Topolog. Erreichbarkeitswiderstand 1910	0.928*
Erreichbarkeitswiderstand IV 1800	Erreichbarkeitswiderstand IV 1870	0.973*
Erreichbarkeitswiderstand IV 1870	Erreichbarkeitswiderstand IV 1910	0.997*
Erreichbarkeitswiderstand ÖV 1870	Erreichbarkeitswiderstand ÖV 1910	0.907*
Topolog. Erreichbarkeitswiderstand 1800	Erreichbarkeitswiderstand ÖV 1870	0.471*
Erreichbarkeitswiderstand IV 1800	Erreichbarkeitswiderstand ÖV 1870	0.825*
		Signifikanz auf dem 1%-Niveau

Tab. 4-2   Korrelationskoeffizienten als Mass für den Zusammenhang zwischen Topologie und Erreichbarkeit von ausgewählten Orten in der Schweiz, berechnet aus SPEARMAN-Rangkorrelationen

Als letztes Kriterium wurde für die untersuchten Orte die räumliche Variabilität der oben verwendeten Masse ermittelt, also der Grad der regionalen Entwicklungsunterschiede von Erschliessung und Erreichbarkeit. Zu diesem Zweck konnten die Variationskoeffizienten für die Jahre 1800, 1870 und 1910 berechnet werden. (BAHRENBERG/GIESE/NIPPER 1990: 55ff.) Sie sind in Tab. 4-3 aufgeführt.

	Variations-koeffizient 1800	Variations-koeffizient 1870	Variations-koeffizient 1910
Topolog. Erreichbarkeitswiderstand	15.4	17.1	16.3
Erreichbarkeitswiderstand IV	27.2	31.2	30.7
Erreichbarkeitswiderstand ÖV		102.7	45.6

Tab. 4-3   Variationskoeffizienten (in %) für den topologischen Erreichbarkeitswiderstand und die Erreichbarkeitswiderstände im Individual- und im öffentlichen Verkehr der Schweiz

Die geringsten räumlichen und zeitlichen Unterschiede traten beim topologischen Erreichbarkeitswiderstand auf. Bezüglich ihrer Erschliessung mit Verkehrslinien existierte also zwischen den 42 ausgewählten Orte eine kleinere Variabilität als bei der Erreichbarkeit im Individualverkehr. Diese hat sich zwischen 1800 und 1870 um rund 15 % vergrössert, blieb dann aber bis 1910 fast konstant. Dies bestätigt die in Kapitel 4.1.3 erklärten Entwicklungen. Ein völlig anderes Bild präsentiert sich dagegen bei der Erreichbarkeit im öffentlichen Verkehr: Die räumlichen Unterschiede waren um 1870 mehr als dreimal so gross wie bei der Erreichbarkeit im Individualverkehr. Dies ist ein Ausdruck der Divergenz zwischen Orten mit Eisenbahn- bzw. Dampfschifferschliessung und solchen, deren öffentliche Verkehrsanbindung weiterhin mit der Postkutsche erfolgte. Bis 1910 reduzierte sich der Variationskoeffizient auf weniger als die Hälfte. Diese Reduktion der regionalen Disparitäten in der ÖV-Erreichbarkeit ist darauf zurückzuführen, dass 1910 sämtliche der 42 untersuchten Orte mit Eisenbahnen erschlossen waren. Jedoch ist der entsprechende Variationskoeffizient auch um 1910 noch über 30 % höher als derjenige der Erreichbarkeit mit dem Individualverkehr. Dies lässt sich primär mit der sich aufgrund der Zugsfrequenzen abzeichnenden Differenzierung des Eisenbahnnetzes in Haupt- und Nebenlinien erklären.

4.2 Kanton Zürich: Regionaler Ausgleich der Erreichbarkeiten durch Strassenbau

4.2.1 Topologie des Verkehrsnetzes 1800 bis 1910

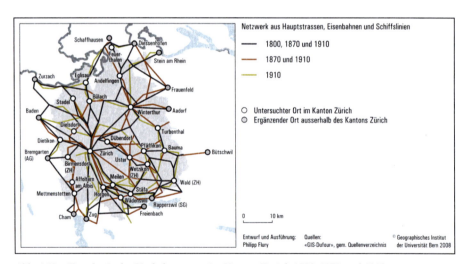

Abb. 4.12 Topologie des Verkehrsnetzes im Kanton Zürich 1800, 1870 und 1910

Im Gebiet des Kantons Zürich haben die Werte sämtlicher graphentheoretischer Indizes zwischen 1800 und 1910 zugenommen (Tab. 4-4). Besonders gross waren die Veränderungen in der Zeitspanne zwischen 1800 und 1870, als die Zahl der Knoten um die Hälfte stieg, während sich die

Kantenzahl und der α-Index verdoppelten und die Zyklomatische Zahl μ sich sogar vervierfachte. In diesen Werten spiegeln sich der verhältnismässig früh einsetzende Eisenbahnbau sowie der Ausbau der Dampfschiffverbindungen im Kanton Zürich wider, denn durch die oft auf denselben Verkehrskorridoren wie die Strassen verlaufenden Eisenbahn- und Schiffslinien konnte zwischen je zwei Knoten eine neue Kante entstehen, was zu einem zusätzlichen Ringschluss – quantifiziert durch die Zyklomatische Zahl μ und den α-Index – führte. Die Verdichtung des Zürcher Verkehrsnetzes lässt sich veranschaulichen, wenn die topologischen Werte des Kantons Zürich zu jenen der Schweiz in Bezug gesetzt werden:[65] Lagen um 1800 der α-, β- und γ-Index des schweizerischen Verkehrsnetzes noch über den entsprechenden Werten des Kantons Zürich, so war um 1870 und 1910 die Situation umgekehrt. Das Zürcher Verkehrsnetz erwies sich nun als dichter und stärker verknüpft als das schweizerische.

	1800	1870	Zunahme 1800-1870	1910	Zunahme 1870-1910
Anzahl Knoten Kn	65	100	*+54 %*	108	*+8 %*
Anzahl Kanten Ka	90	181	*+101 %*	237	*+31 %*
Zyklomatische Zahl μ	26	82	*+215 %*	130	*+59 %*
α-Index	0.208	0.421 (0.017)	*+102 %*	0.616 (0.023)	*+46 %*
β-Index	1.385	1.81	*+31 %*	2.194	*+21 %*
γ-Index	0.476	0.616 (0.018)	*+29 %*	0.745 (0.021)	*+21 %*

Tab. 4-4 Graphentheoretische Indizes für das Verkehrsnetz des Kantons Zürich um 1800, 1870 und 1910. Werte in Klammern wurden nach der Formel für nicht-planare Netze berechnet.

---

[65] α-, β- und γ-Index können für Netze unterschiedlicher Grösse verglichen werden, da es sich um Verhältniszahlen und nicht um absolute Werte handelt.

4.2.2 Erschliessung der Orte 1800 bis 1910

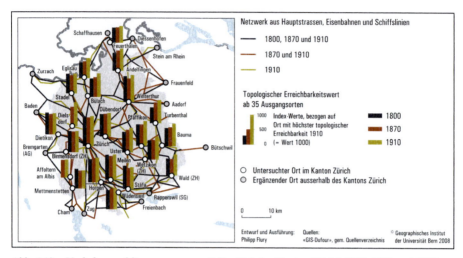

Abb. 4.13   Verkehrserschliessung ausgewählter Orte im Kanton Zürich 1800, 1870 und 1910

Abb. 4.14 zeigt die Werte des topologischen Erreichbarkeitswiderstandes für die ausgewählten Orte des Kantons Zürich.

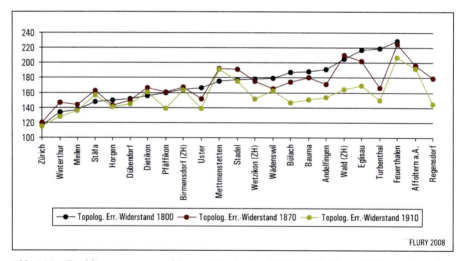

Abb. 4.14   Erschliessung ausgewählter Orte im Kanton Zürich 1800 (ohne Affoltern a.A. und Regensdorf), 1870 und 1910, dargestellt mit dem topologischen Erreichbarkeitswiderstand (R_{E_T}). Die Reihenfolge der Orte entspricht der Rangierung um 1800.

Sehr deutlich tritt die zentrale Stellung der Stadt Zürich im kantonalen Verkehrsnetz hervor. Sie wies über die gesamte Untersuchungsperiode hinweg den geringsten topologischen Erreichbarkeitswiderstand auf und kann daher klar als der Verkehrsmittelpunkt des Kantons bezeichnet werden. Die Kurvenverläufe von 1870 und 1910 sind sehr ähnlich. Sie unterscheiden sich dagegen in grossen Teilen von demjenigen des Zeitschnittes 1800. Tendenziell konnten die Gemeinden mit einem geringen topologischen Erreichbarkeitswiderstand um 1800 ihre Einbindung ins Verkehrsnetz nur geringfügig verbessern[66], während sich für die zu Beginn des Untersuchungszeitraumes schlechter erschlossenen Orte der topologische Erreichbarkeitswiderstand zum Teil stark verkleinerte. Grosse Veränderungen bewirkten die bis 1870 bzw. 1910 realisierten Verbindungen zwischen dem zentralen Kantonsteil und dem Oberland, was sich am deutlichsten in der verbesserten Erschliessung von Turbenthal manifestierte. Dass in diesen Fällen die Verbesserungen zwischen 1870 und 1910 markanter ausfielen als zwischen 1800 und 1870, kann damit begründet werden, dass die zwischen 1870 und 1910 ins Netz eingefügten Eisenbahnlinien die Orte auf direkterem Weg – also über weniger, dafür längere Kanten – miteinander verbanden als die Strassen.

4.2.3 Erreichbarkeit der Orte im Individualverkehr 1800 bis 1910

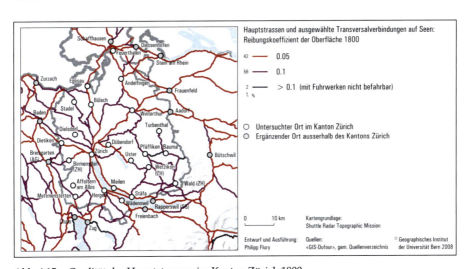

Abb. 4.15 Qualität der Hauptstrassen im Kanton Zürich 1800

---

[66] Einige Orte wie Zürich, Winterthur, Meilen, Stäfa oder Dietikon weisen um 1870 gar einen höheren topologischen Erreichbarkeitswiderstand auf als 1800. Dies ist auf die Erhöhung der Anzahl Kanten zurückzuführen, die aus dem Teilen bestehender Kanten anlässlich der Verknüpfung mit neuen Linien resultierte.

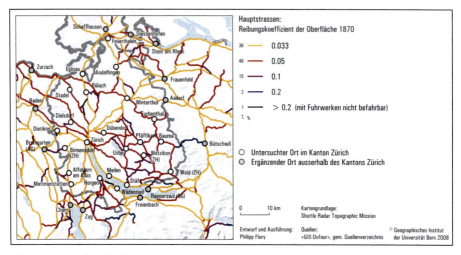

Abb. 4.16 Qualität der Hauptstrassen im Kanton Zürich 1870

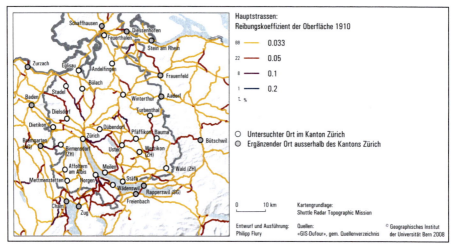

Abb. 4.17 Qualität der Hauptstrassen im Kanton Zürich 1910

Kanton Zürich: Regionaler Ausgleich der Erreichbarkeiten durch Strassenbau

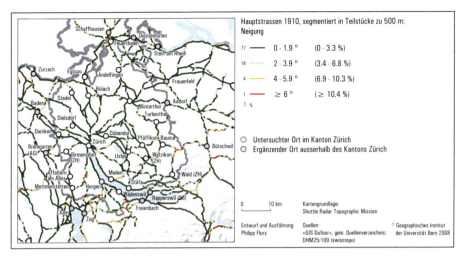

Abb. 4.18 Neigungen der Hauptstrassen im Kanton Zürich 1910

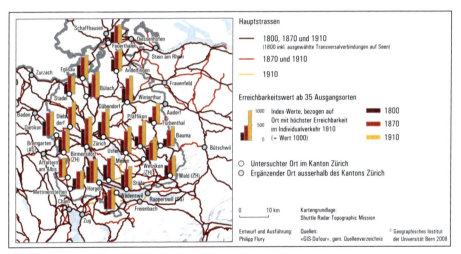

Abb. 4.19 Erreichbarkeit ausgewählter Orte im Kanton Zürich 1800, 1870 und 1910 (Individualverkehr)

Die Kurve der Erreichbarkeitswiderstände im Individualverkehr (Abb. 4.20) zeigt für den Zeitschnitt 1800 eine kontinuierliche Zunahme der Werte. Zürich wies dabei die beste Erreichbarkeit auf; dies entspricht seiner in Kapitel 4.2.2 beschriebenen topologischen Lage im kantonalen Verkehrsnetz. Die beiden Gemeinden Bauma und Turbenthal hoben sich durch ihre hohen Erreichbarkeitswiderstände deutlich von den übrigen Orten ab. Der Grund ist weniger in der topographischen als in der topologischen Lage der Orte zu suchen:[67] Um 1800 führten die einzigen im Modell befahrbaren Verbindungen zwischen den beiden Gemeinden und dem übrigen Kantonsgebiet über Bäretswil oder über Wald, was zum Erreichen der nördlichen und westlichen Teile des Kantons einen grossen Umweg bedingte. Mit dem Ausbau der Strassen von Turbenthal nach Winterthur und von Bauma bzw. Saland nach Pfäffikon konnte diese Distanz erheblich verkürzt werden. Daraus resultierten 1870 stark verringerte Erreichbarkeitswiderstände. Zwar konnten Bauma und Turbenthal am stärksten von den Strassenbauten zwischen 1800 und 1870 profitieren. Grundsätzlich verbesserte sich die Erreichbarkeit jedoch für sämtliche Zürcher Gemeinden erheblich. Den grössten Einfluss übten dabei die Infrastrukturausbauten aus, wodurch die meisten Strassen einen geringeren Reibungskoeffizienten erhielten als noch um 1800. Daneben trugen auch neue fahrbare Verbindungen zur besseren Integration der Orte ins Individualverkehrsnetz bei. Neben den bereits genannten neuen Routen im Oberland ist eine Verdichtung des Strassennetzes in der Region zwischen Dübendorf und Wetzikon auszumachen, was sich jedoch – ausser im Fall von Dübendorf und Pfäffikon – noch nicht stark auf die Erreichbarkeitswerte der betroffenen Gemeinden auswirkte. Dagegen konnten Winterthur und Stadel ihre Erreichbarkeit im Individualverkehr überdurchschnittlich erhöhen. In beiden Fällen waren diese Entwicklungen wiederum bedingt durch die Verbesserung der Strassenoberflächen.

Zwischen 1870 und 1910 wurden die Erreichbarkeitswiderstände der meisten Gemeinden nur geringfügig verkleinert. Da das zürcherische Strassennetz in dieser Zeitspanne formal nahezu konstant geblieben ist, sind diese Verbesserungen in der Regel auf Aus- und nicht auf Neubauten von Strassen zurückzuführen. Diese Ausbauten wirkten sich insbesondere im dichten Strassennetz der Region zwischen Dübendorf und Wetzikon auf die Erreichbarkeit der Gemeinden aus: Uster, Wetzikon und Pfäffikon konnten davon direkt profitieren, indirekt aber auch die mit ihnen verbundenen Gemeinden im Oberland (Wald, Bauma und Turbenthal).

---

[67] Die für 1800 im Modell berücksichtigten fahrbaren Strassen des Zürcher Oberlandes hatten ihre Kulminationspunkte auf 976 m.ü.M. (Fischenthal–Bäretswil) bzw. auf 757 m.ü.M. (Fischenthal–Wald).

Kanton Zürich: Regionaler Ausgleich der Erreichbarkeiten durch Strassenbau

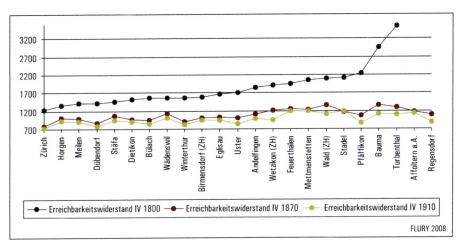

Abb. 4.20 Erreichbarkeitswiderstand ausgewählter Orte im Kanton Zürich 1800 (ohne Affoltern a.A. und Regensdorf), 1870 und 1910 im Individualverkehr (R_{E_IV}). Die Reihenfolge der Orte entspricht der Rangierung um 1800.

4.2.4 Erreichbarkeit der Orte im öffentlichen Verkehr 1870 bis 1910

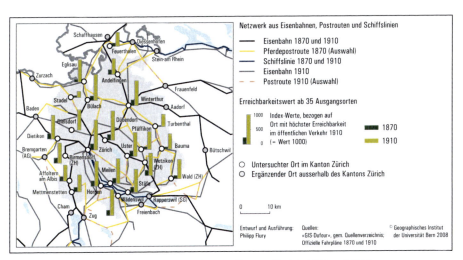

Abb. 4.21 Erreichbarkeit ausgewählter Orte im Kanton Zürich 1870 und 1910 (öffentlicher Verkehr)

Abb. 4.22 lässt hinsichtlich der Erreichbarkeitswiderstände im öffentlichen Verkehr um 1870 deutlich die Unterschiede erkennen zwischen den Orten mit Eisenbahn- oder Schiffsanschluss und jenen, die ausschliesslich mit Postkutschen bedient wurden (Feuerthalen, Wald, Eglisau, Pfäffikon, Bauma, Stadel und Turbenthal). Wie bereits beim Individualverkehr, so bildete auch beim öffentlichen Verkehr Zürich das kantonale Zentrum. Einen ähnlich geringen Erreichbarkeitswiderstand wies mit Winterthur auch der zweite grosse Eisenbahnknoten im Kanton auf. Von einer guten Anbindung an den Knoten Zürich – das heisst von schnellen und häufig verkehrenden Verbindungen – profitierten weitere Gemeinden, namentlich Dübendorf, Dietikon und Uster (Eisenbahn-Anbindung) sowie Horgen und Meilen (Dampfschiff-Anbindung).[68] Ähnliches zeigte sich im Fall von Gemeinden, die ausschliesslich über Postkurse ins öffentliche Verkehrsnetz eingebunden waren: Je kürzer die Distanz zur nächsten Bahnstation war und je häufiger diese Strecke von Postkursen befahren wurde, desto tiefer fiel der Erreichbarkeitswiderstand für die jeweilige Gemeinde aus. So war der Wert von Wald (täglich fünf Verbindungen zur Bahnstation Rüti mit 40 Minuten Fahrzeit) fast dreimal kleiner als derjenige von Turbenthal (täglich zwei Verbindungen zur Bahnstation Uster mit 85 Minuten Fahrzeit und zwei Verbindungen nach Winterthur mit 95 Minuten Fahrzeit).

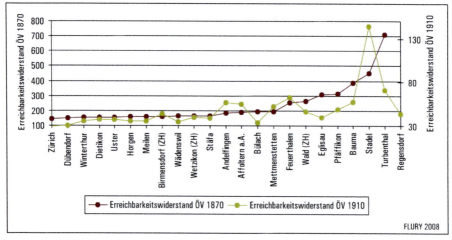

Abb. 4.22   Erreichbarkeitswiderstand ausgewählter Orte im Kanton Zürich 1870 (ohne Regensdorf) und 1910 im öffentlichen Verkehr ($R_{E\_ÖV}$). Die Reihenfolge der Orte entspricht der Rangierung um 1870.

Zwischen 1870 und 1910 verringerte sich der Erreichbarkeitswiderstand für alle untersuchten Orte im Kanton Zürich um 70 % und mehr. Eine Ausnahme bildete die Gemeinde Stadel, die als einzige um 1910 nicht mit der Eisenbahn erschlossen war. Überdurchschnittlich verbessert wurde die Erreichbarkeit im öffentlichen Verkehr für einige innerhalb des Kantons-

---

[68] Dietikon–Zürich: 9 tägliche Bahnverbindungen (7 zusätzlich auf dem Teilstück Altstetten–Zürich); Uster/Dübendorf–Zürich: 6 Bahnverbindungen (16 zusätzlich auf dem Teilstück Oerlikon–Zürich); Horgen–Zürich: 17 Schiffsverbindungen; Meilen–Zürich: 10 Schiffsverbindungen. (ÜBERSICHTSPLAN «SOMMERFAHRTORDNUNG 1870»)

gebietes peripher gelegene Orte, namentlich Eglisau, Bauma und Turbenthal. Besonders deutlich zeigt sich der Einfluss der Eisenbahnerschliessung auf die Erreichbarkeit am Beispiel von Bülach: 1870 war der Ort die Endstation der Bahnlinie Zürich/Dielsdorf–Bülach und lag in der Rangfolge der ÖV-Erreichbarkeiten der ausgewählten Zürcher Gemeinden auf Rang 14. 1910 bildete Bülach einen regionalen Bahnknotenpunkt mit Verbindungen Richtung Zürich, Schaffhausen, Winterthur und Koblenz und rückte damit auf Rang 3 vor.

4.2.5 Zusammenhang zwischen topologischer Lage und Erreichbarkeit sowie die räumlichen Disparitäten im Kanton Zürich zwischen 1800 und 1910

Für den Kanton Zürich lassen sich anhand der grafischen Darstellungen der Erreichbarkeitswiderstände für die Topologie, den Individual- und den öffentlichen Verkehr die folgenden Punkte zusammenfassen:

- Neue Strassenverbindungen sowie die Integration von Eisenbahn- und Schiffslinien ins Verkehrsnetz haben die Rangfolge der Erschliessung der Zürcher Orte zwischen 1800 und 1910 leicht verändert. Grundsätzlich hat sich in der Untersuchungsperiode die topologische Erreichbarkeit derjenigen Gemeinden am stärksten erhöht, die um 1800 am schlechtesten ins Verkehrsnetz eingebunden waren. Die beiden grössten Städte des Kantons, Zürich und Winterthur, lagen zu allen Zeitpunkten topologisch gesehen am zentralsten.
- Sämtliche Orte des Zürcher Samples wiesen 1910 eine bessere Erreichbarkeit im Individualverkehr auf als 1800, wobei die Differenz zwischen 1800 und 1870 jeweils viel grösser war als zwischen 1870 und 1910. Die Rangfolge der Orte hat sich nur unwesentlich verändert; Zürich wies zu allen Zeitpunkten die höchste Erreichbarkeit innerhalb des Kantons auf.
- Analog zum Individualverkehr konnten auch beim öffentlichen Verkehr sämtliche Orte, insbesondere jene in peripherer Lage mit Eisenbahnanschluss, ihre Erreichbarkeit im untersuchten Zeitraum verbessern. Die Rangfolge bezüglich der ÖV-Erreichbarkeit erfuhr nur geringe Veränderungen.

Die oben gemachten Aussagen wurden durch die Rang-Korrelationsanalyse bestätigt (Tab. 4-5). Wie bereits für die gesamte Schweiz, so konnte auch für den Kanton Zürich festgestellt werden, dass die Erschliessung und die Erreichbarkeit der untersuchten Orte um 1870 und 1910 mit den entsprechenden Werten des jeweils vorangehenden Zeitschnittes korreliert sind. Gleiches gilt für den Vergleich zwischen der Erreichbarkeit mit öffentlichen Verkehrsmitteln um 1870 einerseits sowie der topologischen Erschliessung und der IV-Erreichbarkeit um 1800 andererseits.

Datenreihe 1 (unabhängige Variable)	Datenreihe 2 (abhängige Variable)	Korrelationskoeffizient
Topolog. Erreichbarkeitswiderstand 1800	Topolog. Erreichbarkeitswiderstand 1870	0.875*
Topolog. Erreichbarkeitswiderstand 1870	Topolog. Erreichbarkeitswiderstand 1910	0.832*
Erreichbarkeitswiderstand IV 1800	Erreichbarkeitswiderstand IV 1870	0.757*
Erreichbarkeitswiderstand IV 1870	Erreichbarkeitswiderstand IV 1910	0.837*
Erreichbarkeitswiderstand ÖV 1870	Erreichbarkeitswiderstand ÖV 1910	0.762*
Topolog. Erreichbarkeitswiderstand 1800	Erreichbarkeitswiderstand ÖV 1870	0.738*
Erreichbarkeitswiderstand IV 1800	Erreichbarkeitswiderstand ÖV 1870	0.810*
		Signifikanz auf dem 1 %-Niveau

Tab. 4-5   Korrelationskoeffizienten als Mass für den Zusammenhang zwischen Topologie und Erreichbarkeit von ausgewählten Orten im Kanton Zürich, berechnet aus SPEARMAN-Rangkorrelationen

Eine Abnahme der räumlichen Disparitäten bezüglich der drei untersuchten Merkmale liess sich aufgrund der Variationskoeffizienten von 1800, 1870 und 1910 feststellen (Tab. 4-6). Im Gegensatz zum topologischen Erreichbarkeitswiderstand, dessen Variationskoeffizient im Kanton Zürich bereits um 1800 relativ klein war, hat sich derjenige des Erreichbarkeitswiderstandes im Individualverkehr zwischen 1800 und 1870 stark verringert. Mit den Neu- und Ausbauten von Strassen konnten also die regionalen Unterschiede bezüglich der Erreichbarkeit in dieser Periode halbiert werden; 1910 entsprachen sie in etwa den Disparitäten in der topologischen Erschliessung. Rund dreimal grösser waren zu diesem Zeitpunkt jedoch die räumlichen Unterschiede in Bezug auf die ÖV-Erreichbarkeit. Allerdings ist hierbei anzumerken, dass ein grosser Teil des Variationskoeffizienten von 1910 auf die Tatsache zurückzuführen ist, dass sich mit der Gemeinde Stadel ein Ort im Untersuchungssample befindet, der auch um 1910 ausschliesslich mittels Postkutschen ins Netz des öffentlichen Verkehrs eingebunden war. Dies manifestierte sich in einem hohen ÖV-Erreichbarkeitswiderstand. Unter Ausschluss von Stadel resultiert ein Variationskoeffizient von lediglich 25.5 %, also weniger als die Hälfte des Wertes von 1870.

	Variations-koeffizient 1800	Variations-koeffizient 1870	Variations-koeffizient 1910
Topolog. Erreichbarkeitswiderstand	17.0	14.0	13.7
Erreichbarkeitswiderstand IV	29.9	14.2	14.2
Erreichbarkeitswiderstand ÖV		57.2	49.1

Tab. 4-6 Variationskoeffizienten (in %) für den topologischen Erreichbarkeitswiderstand und die Erreichbarkeitswiderstände im Individual- und im öffentlichen Verkehr des Kantons Zürich

4.3 Kanton Bern: Regionaler Ausgleich der Erreichbarkeiten durch Ausbau des öffentlichen Verkehrs

4.3.1 Topologie des Verkehrsnetzes 1800 bis 1910

Wie bereits für den Kanton Zürich festgestellt, haben sich auch für das Verkehrsnetz des Kantons Bern die graphentheoretischen Indizes in der Periode zwischen 1800 und 1870 prozentual stärker erhöht als zwischen 1870 und 1910. Allerdings waren die Unterschiede nicht so ausgeprägt wie im Kanton Zürich. Insbesondere die Anzahl Knoten hat auf bernischem Gebiet verhältnismässig schwach zugenommen. Der Hauptgrund ist in der topographischen Lage des Kantons zu suchen: In den Alpen und im Jura waren die Hauptverkehrslinien durch den Verlauf der Täler bereits um 1800 gegeben; die Strassen wurden zwischen 1870 und 1910 mit parallel verlaufenden Eisenbahnlinien ergänzt, was zwar zu einer grösseren Anzahl Kanten führte, die Zahl der Knoten jedoch nicht veränderte. Im Mittelland dagegen erfolgte der Ausbau eines dichteren Verkehrsnetzes mit neuen Querverbindungen, was dort zu einer grösseren Anzahl Knotenpunkte führte. Eine Gegenüberstellung des bernischen Verkehrsnetzes mit demjenigen der gesamten Schweiz zeigt, dass sich die jeweiligen vergleichbaren topologischen Masszahlen im Laufe der Zeit annäherten und um 1910 nahezu identisch waren. Damals waren auf beiden Untersuchungsebenen etwas mehr als die Hälfte der theoretisch möglichen Ringschlüsse (α-Index) und 68 % der theoretisch möglichen Kanten (γ-Index) im Netz vorhanden. Die durchschnittliche Anzahl Kanten pro Knoten (β-Index) betrug in beiden Netzen rund 2.0. Diese Zahlen zeigen, dass der Verknüpfungsgrad der Knoten im bernischen Verkehrsnetz seit 1800 zugenommen hat und sich 1910 dem schweizerischen Mittel anglich.

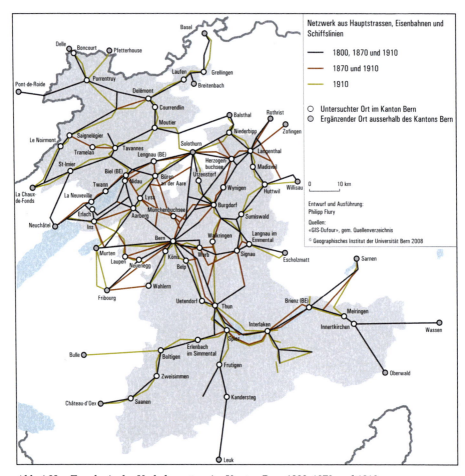

Abb. 4.23   Topologie des Verkehrsnetzes im Kanton Bern 1800, 1870 und 1910

	1800	1870	Zunahme 1800-1870	1910	Zunahme 1870-1910
Anzahl Knoten Kn	101	127	+26 %	149	+17 %
Anzahl Kanten Ka	131	199	+52 %	300	+51 %
Zyklomatische Zahl μ	31	73	+135 %	153	+110 %
α-Index	0.157	0.293 (0.009)	+87 %	0.522 (0.0.14)	+78 %
β-Index	1.297	1.567	+21 %	2.013	+28 %
γ-Index	0.441	0.531 (0.012)	+20 %	0.680 (0.014)	+28 %

Tab. 4-7   Graphentheoretische Indizes für das Verkehrsnetz des Kantons Bern um 1800, 1870 und 1910. Werte in Klammern wurden nach der Formel für nicht-planare Netze berechnet.

4.3.2 Erschliessung der Orte 1800 bis 1910

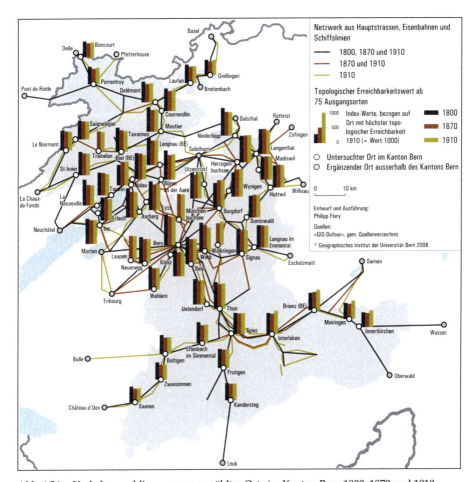

Abb. 4.24   Verkehrserschliessung ausgewählter Orte im Kanton Bern 1800, 1870 und 1910

Die Werte des topologischen Erreichbarkeitswiderstandes für das Ortssample des Kantons Bern sind in Abb. 4.25 ersichtlich. Wie im Falle von Zürich, so bildete auch im Kanton Bern die Hauptstadt aufgrund des geringsten topologischen Erreichbarkeitswiderstandes zu allen drei untersuchten Zeitpunkten den Mittelpunkt des Verkehrsnetzes. Dass zwischen 1800 und 1870 der Erreichbarkeitswiderstand der meisten Gemeinden gestiegen ist, lässt sich in erster Linie durch die Verdichtung des Netzes mit zusätzlichen Strassen sowie Eisenbahnen im Teilraum zwischen Bern und Biel erklären. Diese zusätzlichen Kanten führten auch zu neuen Knoten im Netz, woraus eine Vergrösserung der topologischen Distanzen zwischen den Orten resultierte. Gut sichtbar ist dies bei den Gemeinden im Seeland und im Jura. Eine ähnliche Entwicklung ist im südlichen Kantonsteil festzustellen: Die hohen Werte der Simmentaler Orte Erlenbach, Boltigen, Zweisimmen und Saanen um 1870 sind zum grössten Teil auf einen einzigen zusätzlichen Knoten zurückzuführen, der durch die Einbindung der Strasse zwischen Spiez und Wimmis entstanden ist. Dagegen konnte der topologische Erreichbarkeitswiderstand durch Einfügen einer Kante für einige Gemeinden auch verkleinert werden. Besonders deutlich traf dies im Fall von Burgdorf und Wynigen zu, die um 1870 über lediglich eine bzw. zwei Kanten an den Netzmittelpunkt in Bern angeschlossen waren.

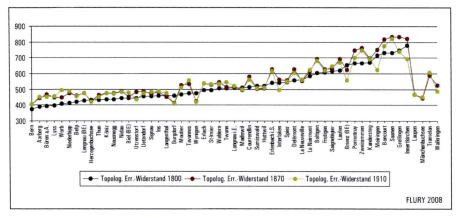

Abb. 4.25 Erschliessung ausgewählter Orte im Kanton Bern 1800 (ohne Laupen, Münchenbuchsee, Tramelan und Walkringen), 1870 und 1910, dargestellt mit dem topologischen Erreichbarkeitswiderstand (R_{E_T}). Die Reihenfolge der Orte entspricht der Rangierung um 1800.

Von 1870 bis 1910 konnten keine grossen Veränderungen in der topologischen Erschliessung der Berner Gemeinden festgestellt werden, obwohl eine starke Verdichtung des Netzes stattfand (vgl. Kapitel 4.3.1). Da die meisten neu hinzugekommenen Kanten jedoch parallel zu den bereits bestehenden Strassen verlaufende Eisenbahnlinien darstellten, resultierten daraus nur verhältnismässig wenige zusätzliche Knoten. Dies wiederum konnte die topologischen Distanzen zwischen den Orten nur geringfügig beeinflussen.

4.3.3 Erreichbarkeit der Orte im Individualverkehr 1800 bis 1910

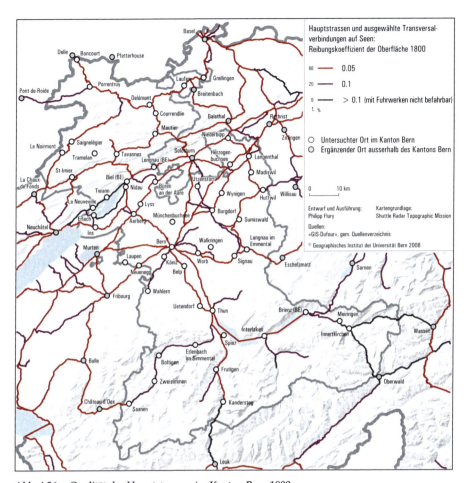

Abb. 4.26 Qualität der Hauptstrassen im Kanton Bern 1800

Die Erreichbarkeitswiderstände im Individualverkehr 1800 bilden, sortiert nach der Rangfolge der Orte, keine kontinuierliche Kurve, sondern vielmehr eine mehrstufige Linie (Abb. 4.31). Die besten Erreichbarkeitswerte erzielten die Gemeinden in der Region Bern – hier wies die Kantonshauptstadt analog zur Topologie die zentralste Lage auf –, im Seeland und im Oberaargau. Dafür war hauptsächlich das Fehlen grosser topographischer Hindernisse ausschlaggebend. Einen geringeren Einfluss auf die Differenzierung der Erreichbarkeiten im Individualverkehr übte die Strassenqualität aus, da um 1800 im Gebiet des Kantons Bern und des vormaligen Fürstbistums Basel ein relativ homogen ausgebautes Hauptstrassennetz bestand. Dadurch ist auch der Umstand zu erklären, dass die in der Wertekurve von 1800 ersichtlichen

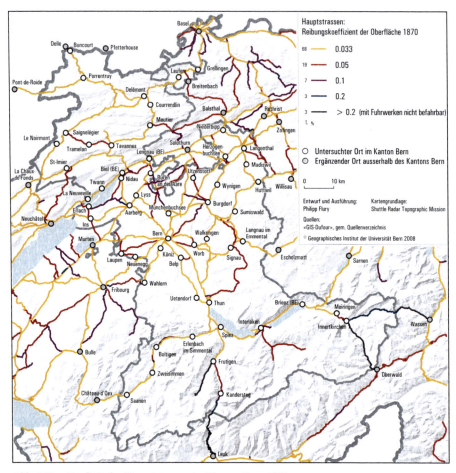

Abb. 4.27   Qualität der Hauptstrassen im Kanton Bern 1870

«Stufen» jeweils Gruppen von in zunehmender Distanz zum Zentrum Bern liegenden Gemeinden umfassen.

Bis 1870 wurde die Erreichbarkeit sämtlicher Gemeinden verbessert, was auf den Neu- und Ausbau von Strassenverbindungen zurückzuführen ist. Besonders profitieren konnten Langnau im Emmental, Sumiswald und Huttwil durch die Strassenverbindungen vom Emmental ins Aaretal sowie die Gemeinden Erlenbach, Boltigen und Zweisimmen durch den Ausbau der Simmentalstrasse. Eine überdurchschnittliche Zunahme der Erreichbarkeit ist aufgrund des Ausbaus der Wege um den Bielersee zu Fahrstrassen auch für Ins und Erlach zu verzeichnen, während für die Gemeinden im Jura eine relativ geringe Verbesserung der Erreichbarkeit auszumachen ist. In diesen Fällen war wiederum die Topographie massgebend, sind doch die Orte im

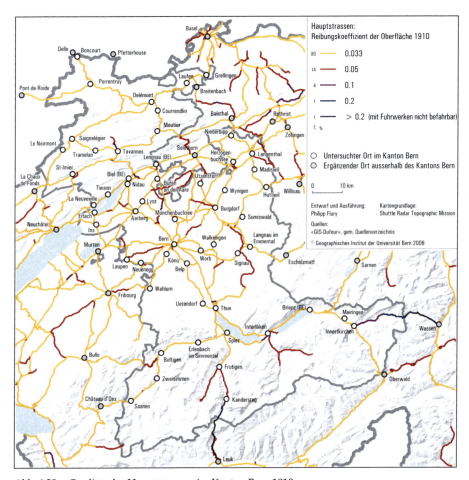

Abb. 4.28 Qualität der Hauptstrassen im Kanton Bern 1910

Jura – mit Ausnahme von St-Imier – über mindestens einen Kulminationspunkt mit den Gemeinden im übrigen Kantonsteil verbunden.[69]

Im Zeitraum von 1870 bis 1910 konnten sich die Erreichbarkeitswerte der Berner Gemeinden nicht mehr grundlegend verändern. Weder waren in dieser Periode grössere Strassenneubauten zu verzeichnen, noch wurden Ausbauten in dem Masse vorgenommen, dass sie sich in der Berechnung der Erreichbarkeitswiderstände stark ausgewirkt hätten.

[69] Vgl. Anmerkung 62

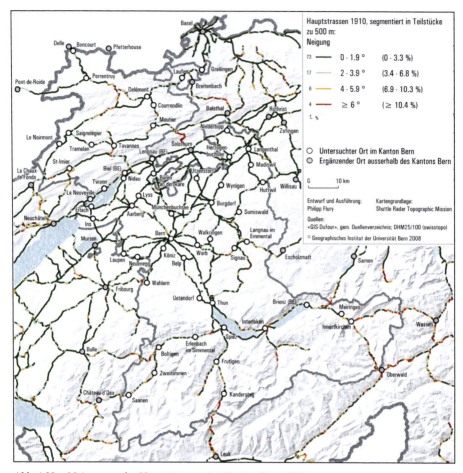

Abb. 4.29   Neigungen der Hauptstrassen im Kanton Bern 1910

Kanton Bern: Regionaler Ausgleich der Erreichbarkeiten durch Ausbau des öffentlichen Verkehrs

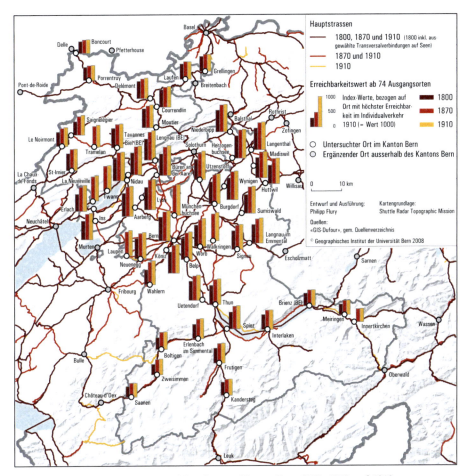

Abb. 4.30   Erreichbarkeit ausgewählter Orte im Kanton Bern 1800, 1870 und 1910 (Individualverkehr)

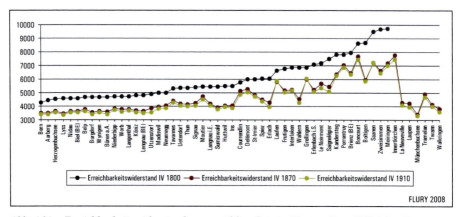

Abb. 4.31 Erreichbarkeitswiderstand ausgewählter Orte im Kanton Bern 1800 (ohne Innertkirchen, Neuenstadt, Laupen, Münchenbuchsee, Tramelan, Twann und Walkringen), 1870 und 1910 im Individualverkehr (R_{E_IV}). Die Reihenfolge der Orte entspricht der Rangierung um 1800.

4.3.4 Erreichbarkeit der Orte im öffentlichen Verkehr 1870 bis 1910

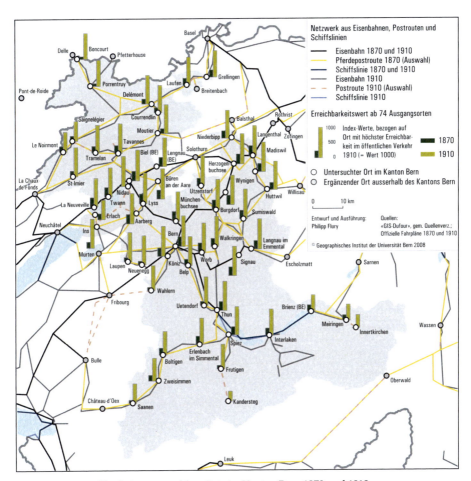

Abb. 4.32 Erreichbarkeit ausgewählter Orte im Kanton Bern 1870 und 1910 (öffentlicher Verkehr)

Ein Blick auf die Kurve der Erreichbarkeitswiderstände im öffentlichen Verkehr um 1870 (Abb. 4.33) lässt keine klaren Unterschiede erkennen zwischen Orten mit Eisenbahn- bzw. Dampfschiff-Erschliessung und solchen mit Postkutschen-Erschliessung. Zwar befanden sich mit Ausnahme von Worb alle Gemeinden mit den tiefsten Erreichbarkeitswiderständen auf den beiden Eisenbahnachsen Bern–Olten (Bern, Burgdorf, Herzogenbuchsee und Langenthal) und Bern–Biel (Münchenbuchsee, Lyss und Biel). Dennoch kann das Fehlen eines direkten Eisenbahnanschlusses nicht a priori als Nachteil bezüglich der Erreichbarkeit geltend gemacht werden. So hatte beispielsweise Aarberg, das täglich durch acht Postkutschen in Lyss an die

Bahnlinie Bern–Biel angebunden war, tiefere Widerstandswerte als die ebenfalls im Seeland liegenden und ans Bahnnetz angeschlossenen Orte Neuenstadt und Twann. Die erhobenen Werte um 1870 lassen die nahe liegende Vermutung nicht gelten, die Erreichbarkeitswiderstände nähmen mit zunehmender Zentralität der Orte im Kantonsgebiet ab. Sie verlangen vielmehr nach einer differenzierteren Betrachtung. Unter den Gemeinden mit den höchsten Erreichbarkeitswiderständen im öffentlichen Verkehr fallen nur gerade Saanen, Pruntrut und Boncourt durch eine besonders periphere Lage im Kantonsgebiet auf.[70] Es handelt sich dabei um Orte, die einerseits über keinen Eisenbahn- oder Dampfschiffanschluss verfügten, andererseits durch eines oder mehrere topographische Hindernisse – und entsprechend lange Postkutschenfahrten – vom übrigen Kantonsgebiet getrennt waren. Insbesondere im Oberland sind dagegen mehrere periphere Gemeinden auszumachen, die tiefere Erreichbarkeitswiderstände aufwiesen als zentraler gelegene Orte (Erlenbach, Boltigen, Zweisimmen).

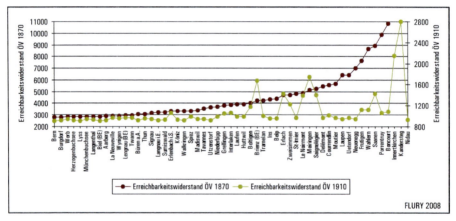

Abb. 4.33 Erreichbarkeitswiderstand ausgewählter Orte im Kanton Bern 1870 (ohne Innertkirchen, Kandersteg und Nidau) und 1910 im öffentlichen Verkehr ($R_{E\_ÖV}$). Die Reihenfolge der Orte entspricht der Rangierung um 1870.

Sämtliche Gemeinden, die um 1870 ins öffentliche Verkehrsnetz eingebunden waren, konnten ihre Erreichbarkeit bis 1910 um mindestens 60 % steigern, wobei die grössten Veränderungen bei den 1870 am schlechtesten erreichbaren Orten eintraten. So hat sich der Erreichbarkeitswiderstand mit öffentlichen Verkehrsmitteln für Pruntrut und Boncourt dank der Eisenbahnverbindung Richtung Biel in der genannten Periode um nahezu 90 % verringert. Als Vergleich dazu konnte für Bern, den am besten mit öffentlichen Verkehrsmitteln erreichbaren Ort 1870 und 1910, nur eine Re-

---

[70] Aufgrund der ausgeprägten Nord-Süd-Orientierung des Kantonsgebietes werden die Orte am Nord- und Südrand betrachtet. Jene am West- und Ostrand liegen im Vergleich dazu immer noch zentral.

duktion um knapp 70 % festgestellt werden. Auffallend in der Kurve von 1910 ist die eher geringe Verbesserung der Erreichbarkeit von Brienz, Erlach und Meiringen. Im Falle von Brienz und Meiringen spiegeln die Werte den Bedeutungsverlust der Schifffahrt gegenüber der Eisenbahn wider: Zwischen Brienz und Interlaken war das Schiff zwar billiger, es verkehrte jedoch langsamer und mit einer geringeren Frequenz als die Eisenbahn auf der Anschlussstrecke zwischen Interlaken und Thun.[71] Dadurch konnte die Erreichbarkeit von Brienz und Meiringen, die beide über diese Schiffsverbindung mit dem übrigen Kantonsteil verbunden waren, zwischen 1870 und 1910 nur unterdurchschnittlich gesteigert werden. Für Erlach ist die geringe Erreichbarkeitszunahme in der Tatsache begründet, dass die ÖV-Verbindung wie bereits 1870 weiterhin aus Postkursen zum Bahnhof Ins bestand.

4.3.5 Zusammenhang zwischen topologischer Lage und Erreichbarkeit sowie die räumlichen Disparitäten im Kanton Bern zwischen 1800 und 1910

Die in Kapitel 4.3 dargestellten Erreichbarkeitswiderstände für die Topologie, den Individual- und den öffentlichen Verkehr lassen für den Kanton Bern die folgenden zusammenfassenden Aussagen zu:

- Zu allen drei untersuchten Zeitpunkten bildete die Stadt Bern den zentralsten Ort im kantonalen Verkehrsnetz. Die Rangfolge der topologischen Erreichbarkeit der übrigen Gemeinden wurde zwischen 1800 und 1870 leicht verändert, was hauptsächlich auf die Verdichtung des Verkehrsnetzes im Mittelland zurückzuführen ist. Keine wesentlichen Veränderungen in den topologischen Erreichbarkeiten sind zwischen 1870 und 1910, als vor allem Eisenbahnlinien als neue Kanten ins Netz integriert wurden, auszumachen.
- Die Erreichbarkeitswiderstände im Individualverkehr reduzierten sich für alle untersuchten Gemeinden zwischen 1800 und 1910. Während in der ersten Periode zum Teil grosse Veränderungen – zurückzuführen auf den Neu- und Ausbau von Strassen – festzustellen waren, blieben die Werte zwischen 1870 und 1910 fast identisch. Die Verbesserung der IV-Erreichbarkeit fiel für diejenigen Orte am grössten aus, die an gut ausgebauten und relativ flach verlaufenden Strassen lagen. Gemeinden, die ausschliesslich über

---

[71] 1910 kostete die Fahrt mit dem Schiff von Brienz nach Interlaken Fr. 1.40 und dauerte 83 min (schnellste Verbindung). Dies entsprach einer Durchschnittsgeschwindigkeit von 15 km/h. Die Eisenbahn legte die nur unwesentlich längere Strecke von Interlaken nach Thun in 45 min (Durchschnittsgeschwindigkeit: 35 km/h) zum Preis von Fr. 2.90 zurück. (GENERALDIREKTION DER SCHWEIZERISCHEN BUNDESBAHNEN UND DER SCHWEIZERISCHEN OBERPOSTDIREKTION 1910)

topographische Hindernisse mit den übrigen Orten im untersuchten Gebiet verbunden waren, konnten ihre Erreichbarkeit nur in geringerem Masse verbessern.

- Wie für den Individualverkehr, so war auch für den öffentlichen Verkehr eine Verringerung der Erreichbarkeitswiderstände aller Sampleorte festzustellen. Die Rangfolge der Gemeinden erfuhr hauptsächlich dort Veränderungen, wo die direkte Einbindung ins öffentliche Verkehrsnetz weiterhin über Schiffslinien und Postkurse, nicht aber über Eisenbahnlinien erfolgte.

Die Rang-Korrelationsanalyse ergab für sämtliche zueinander in Beziehung gestellten Merkmale des bernischen Verkehrsnetzes auf dem 1 %-Niveau signifikante Korrelationen (Tab. 4-8).

Datenreihe 1 (unabhängige Variable)	Datenreihe 2 (abhängige Variable)	Korrelationskoeffizient
Topolog. Erreichbarkeitswiderstand 1800	Topolog. Erreichbarkeitswiderstand 1870	0.719*
Topolog. Erreichbarkeitswiderstand 1870	Topolog. Erreichbarkeitswiderstand 1910	0.953*
Erreichbarkeitswiderstand IV 1800	Erreichbarkeitswiderstand IV 1870	0.728*
Erreichbarkeitswiderstand IV 1870	Erreichbarkeitswiderstand IV 1910	0.990*
Erreichbarkeitswiderstand ÖV 1870	Erreichbarkeitswiderstand ÖV 1910	0.674*
Topolog. Erreichbarkeitswiderstand 1800	Erreichbarkeitswiderstand ÖV 1870	0.550*
Erreichbarkeitswiderstand IV 1800	Erreichbarkeitswiderstand ÖV 1870	0.456*
		Signifikanz auf dem 1 %-Niveau

Tab. 4-8   Korrelationskoeffizienten als Mass für den Zusammenhang zwischen Topologie und Erreichbarkeit von ausgewählten Orten im Kanton Bern, berechnet aus SPEARMAN-Rangkorrelationen

Besonders hoch fielen die Korrelationskoeffizienten beim Vergleich zwischen der Topologie von 1870 und 1910 sowie zwischen dem Erreichbarkeitswiderstand von 1870 und 1910 aus. Eine tendenziell geringere, aber immer noch hochsignifikante Korrelation bestand bei allen Gegenüberstellungen, in denen die Daten der ÖV-Erreichbarkeit einbezogen wurden. Daraus lässt sich schliessen, dass zu keinem untersuchten Zeitpunkt grundsätzlich neue Verhältnisse in der Rangfolge der bernischen Gemeinden bezüglich Erschliessung, IV- und ÖV-Erreichbarkeit geschaffen wurden. Vielmehr sind die Werte mit denjenigen des jeweils vorausgegangenen Zeitschnittes korreliert. Die Erreichbarkeit mit öffentlichen Verkehrsmitteln um 1870 steht zudem im Zusammenhang mit der topologischen Erschliessung sowie der IV-Erreichbarkeit um 1800, auch wenn die

Korrelationskoeffizienten hierbei geringer ausfielen. Je besser eine Gemeinde also um 1800 ins Verkehrsnetz eingebunden und mit dem Individualverkehr erreichbar war, desto ausgeprägter war 1870 ihre Erreichbarkeit mit dem öffentlichen Verkehr.

Die Variationskoeffizienten als Mass für die räumlichen Disparitäten innerhalb des Kantons Bern sind in Tab. 4-9 aufgeführt. Die kleinsten Werte – und demnach die geringsten innerkantonalen Unterschiede – sind bezüglich der Topologie festzustellen, leicht höher fielen die Variationskoeffizienten beim Erreichbarkeitswiderstand im Individualverkehr aus. Beide Merkmale sind jedoch geprägt durch die Konstanz über den gesamten Untersuchungszeitraum hinweg. Folglich haben sich die räumlichen Disparitäten bezüglich Erschliessung und IV-Erreichbarkeit im Kanton Bern von 1800 bis 1910 nicht wesentlich verändert. Im Gegensatz dazu wurden für die Erreichbarkeit mit öffentlichen Verkehrsmitteln höhere Variationskoeffizienten ermittelt: Die regionalen Erreichbarkeitsunterschiede lagen um 1870 bei über 40 %, konnten bis 1910 jedoch auf 31 % gesenkt werden. Diese Entwicklung ist im wesentlichen bedingt durch den Ausbau des regionalen Eisenbahnnetzes zwischen 1870 und 1910.

	Variationskoeffizient 1800	Variationskoeffizient 1870	Variationskoeffizient 1910
Topolog. Erreichbarkeitswiderstand	20.1	21.3	18.6
Erreichbarkeitswiderstand IV	25.0	25.6	26.4
Erreichbarkeitswiderstand ÖV		43.5	30.8

Tab. 4-9　Variationskoeffizienten (in %) für den topologischen Erreichbarkeitswiderstand und die Erreichbarkeitswiderstände im Individual- und im öffentlichen Verkehr des Kantons Bern

4.4 Region Tessin: Konstante Erreichbarkeits-Disparitäten durch geringe Dynamik im Verkehrssystem

4.4.1 Topologie des Verkehrsnetzes 1800 bis 1910

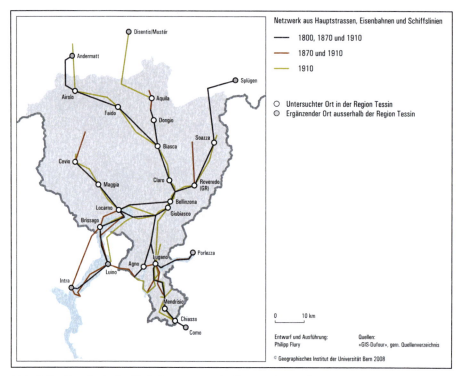

Abb. 4.34   Topologie des Verkehrsnetzes in der Region Tessin 1800, 1870 und 1910

Wie Tab. 4-10 zeigt, haben alle graphentheoretischen Indizes des Verkehrsnetzes in der Region Tessin in der Periode von 1800 bis 1910 zugenommen. Allerdings fielen die Werte – verglichen mit den bisher analysierten Regionen – verhältnismässig tief aus, was auf ein Netzwerk von geringer Komplexität hinweist. Tatsächlich konnten um 1800 gleich viele Knoten wie Kanten ausgemacht werden. Daraus resultierte ein β-Index von 1. Denselben Wert wies die Zyklomatische Zahl μ auf; folglich existierte im Verkehrsnetz der Region Tessin zum Zeitpunkt 1800 nur ein einziger fundamentaler Zyklus. Daraus resultierte ein entsprechend tiefer α-Index, der besagt, dass das Netz eine Konnektivität von lediglich 1.9 % und daher eine nahezu reine Baumform aufwies.[72] Dieses quantitative Ergebnis bestätigt den optischen

---

[72] Beim einzigen fundamentalen Zyklus handelt es sich um den Ring, dessen Kanten die Orte rund um die Magadino-Ebene zwischen Bellinzona und Locarno verbinden. Die Kante zwischen Magadino und Locarno

Eindruck im Kartenbild. In der Periode zwischen 1800 und 1870 fällt der Gegensatz zwischen der geringen Zunahme der Anzahl Knoten und Kanten und dem starken Wachstum der Zyklomatischen Zahl µ sowie des α-Indexes auf. Letzteres ist in den tiefen Ausgangswerten um 1800 begründet. Sämtliche Werte spiegeln jedoch noch immer ein ausgeprägt baumartiges Netz wider. Eine ähnliche Entwicklung lässt sich zwischen 1870 und 1910 feststellen. Sie unterscheidet sich gegenüber derjenigen in der vorhergehenden Periode einzig durch die verhältnismässig starke Zunahme der Anzahl Kanten, die in der Einbindung der Eisenbahnen ins Verkehrsnetz begründet ist. Dementsprechend stiegen auch der β- und der γ-Index stärker als zuvor. Diese vergleichsweise hohen Werte der Indizes dürfen jedoch nicht dahingehend interpretiert werden, dass die Komplexität des Verkehrsnetzes beziehungsweise die Verknüpftheit der Knoten entsprechend zugenommen hätte. Aufgrund der baumartigen Struktur des Netzes verliefen nämlich die Bahnlinien in der Regel parallel zu den bereits bestehenden Strassen und verbanden dadurch dieselben Knoten, die bereits durch Strassen verbunden waren; bei den 28 fundamentalen Zyklen (µ) um 1910 handelte es sich also teilweise um «Kreise», welche nur je zwei Knoten miteinander verbanden.

	1800	1870	Zunahme 1800-1870	1910	Zunahme 1800-1870
Anzahl Knoten Kn	29	35	+21 %	42	+20 %
Anzahl Kanten Ka	29	39	+34 %	69	+77 %
Zyklomatische Zahl μ	1	5	+400 %	28	+460 %
α-Index	0.019	0.077	+305 %	0.354 (0.034)	+360 %
β-Index	1	1.114	+11 %	1.643	+47 %
γ-Index	0.358	0.394	+10 %	0.575 (0.040)	+46 %

Tab. 4-10 Graphentheoretische Indizes für das Verkehrsnetz der Region Tessin um 1800, 1870 und 1910. Werte in Klammern wurden nach der Formel für nicht-planare Netze berechnet.

---

ist eine im Modell eingefügte «fiktive» Schiffslinie (Kapitel 3.2.3). Ohne diese Linie hätte das Tessiner Verkehrsnetz um 1800 gänzlich ohne fundamentale Zyklen bestanden (µ = 0) und wäre damit ein Beispiel für ein komplett baumartiges Netz.

4.4.2 Erschliessung der Orte 1800 bis 1910

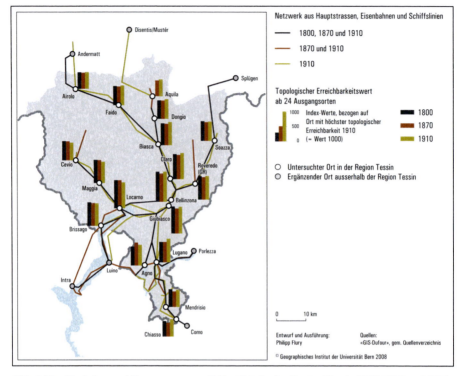

Abb. 4.35   Verkehrserschliessung ausgewählter Orte in der Region Tessin 1800, 1870 und 1910

Die Werte des topologischen Erreichbarkeitswiderstandes unterscheiden sich für die Zeitschnitte 1800, 1870 und 1910 nur unwesentlich (Abb. 4.36). Diese Feststellung korrespondiert mit der in Kapitel 4.4.1 beschriebenen geringen Entwicklung des Tessiner Verkehrsnetzes. Deshalb stellte Bellinzona während der gesamten Untersuchungsperiode den zentralsten Ort im regionalen Verkehrsnetz dar. Nur bei wenigen Gemeinden traten bezüglich der Erschliessung grössere Veränderungen auf. Die markanteste Abnahme des topologischen Erreichbarkeitswiderstandes zwischen 1800 und 1870 konnte für Agno ermittelt werden. Dies ist auf die 1870 erstmals vorhandenen direkten Verbindungen nach Lugano und Luino zurückzuführen; Agno kam dadurch in einen der wenigen fundamentalen Zyklen im Tessiner Verkehrsnetz zu liegen. Die auf den ersten Blick gegenüber 1800 verschlechterte Erschliessung von Chiasso und Mendrisio ist auf die Tatsache zurückzuführen, dass sich die Zahl der Kanten zwischen Lugano und Chiasso durch die Einbindung zusätzlicher Strassen und die Bildung neuer Knoten leicht erhöht hat.

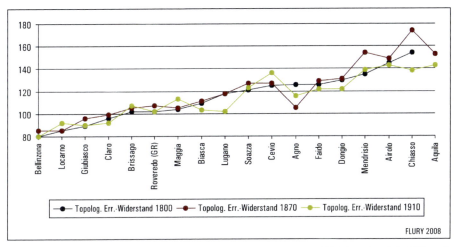

Abb. 4.36 Erschliessung ausgewählter Orte in der Region Tessin 1800 (ohne Aquila), 1870 und 1910, dargestellt mit dem topologischen Erreichbarkeitswiderstand (R_{E_T}). Die Reihenfolge der Orte entspricht der Rangierung um 1800.

Von 1870 bis 1910 blieben die topologischen Erreichbarkeitswiderstände weitgehend konstant. Bedeutende Abnahmen sind nur für Lugano, Mendrisio und Chiasso auszumachen, da diese Gemeinden aufgrund ihrer Erschliessung durch die Gotthardbahn im Netzmodell eine direkte, das heisst topologisch kurze Verbindung in Richtung Norden erhielten. Ansonsten zeigt sich in den geringen Veränderungen der Erschliessungswerte, dass die Eisenbahn keine wesentlichen Entwicklungen in der topologischen Erreichbarkeit brachte, was in der in Kapitel 4.4.1 erwähnten geringen Zunahme der Verknüpftheit des Netzes zwischen 1870 und 1910 begründet ist.

4.4.3 Erreichbarkeit der Orte im Individualverkehr 1800 bis 1910

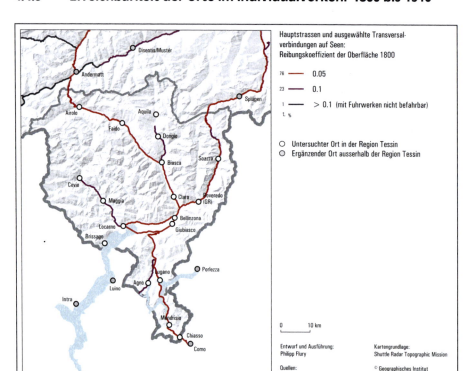

Abb. 4.37 Qualität der Hauptstrassen in der Region Tessin 1800

Wie bereits bei der Topologie, so wies Bellinzona auch beim Individualverkehr zu allen drei Zeitpunkten den geringsten Erreichbarkeitswiderstand auf (Abb. 4.42). Grundsätzlich war für die untersuchten Orte eine Zunahme der Werte in Abhängigkeit von der Distanz zum Kantonshauptort feststellbar. Auffallend ist die geringe Verbesserung der Erreichbarkeit für die meisten Gemeinden zwischen 1800 und 1870. Sie lag im Durchschnitt bei lediglich 11 %, während der entsprechende Wert für den Kanton Zürich 39 % und für den Kanton Bern 22 % betrug. Der Grund hierfür liegt in der Tatsache, dass sich der Ausbau des Strassennetzes in der Region Tessin nicht auf neue Verbindungen, sondern primär auf die Verbesserung der Strassenqualität konzentrierte. Dadurch waren die Routen zwischen den Orten 1870 nicht kürzer, sondern höchstens besser befahrbar als 1800, was zu nur unbedeutend geringeren Erreichbarkeitswiderständen führte. Eine Ausnahme bildete diesbezüglich Agno, von wo aus um 1870 eine direkte Hauptstrassenverbindung nach Lugano bestand. Dadurch konnte der Erreichbarkeitswiderstand gegenüber 1800 stark verkleinert

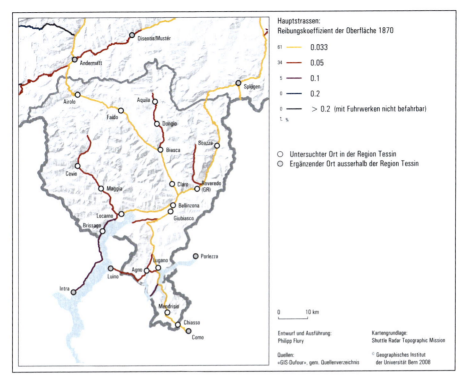

Abb. 4.38   Qualität der Hauptstrassen in der Region Tessin 1870

werden. Überdurchschnittlich verbessert hat sich die Erreichbarkeit auch im Falle einiger Orte in den Tessiner Seitentälern, namentlich im Maggia- (Maggia und Cevio) und im Bleniotal (Dongio). In beiden Tälern hatte die jeweilige Haupterschliessungsstrasse um 1800 – also vor dem Ausbau – noch der Kategorie mit dem höchsten Reibungskoeffizienten und somit der schlechtesten Qualität unter den fahrbaren Strassen angehört.

Zwischen 1870 und 1910 war für alle untersuchten Gemeinden lediglich eine geringe Abnahme des Erreichbarkeitswiderstandes auszumachen. Dies erklärt sich durch die geringfügigen Veränderungen im Strassennetz: Als neue Verbindung kam einzig die Lukmanier-Passstrasse zwischen Aquila und Disentis hinzu. Strassenausbauten fanden auf den Strecken Locarno–Intra (mit Auswirkungen auf die Erreichbarkeit von Brissago) und Lugano–Luino statt.

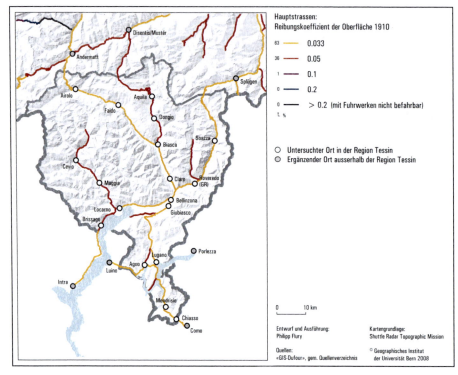

Abb. 4.39   Qualität der Hauptstrassen in der Region Tessin 1910

Region Tessin: Konstante Erreichbarkeits-Disparitäten durch geringe Dynamik im Verkehrssystem 139

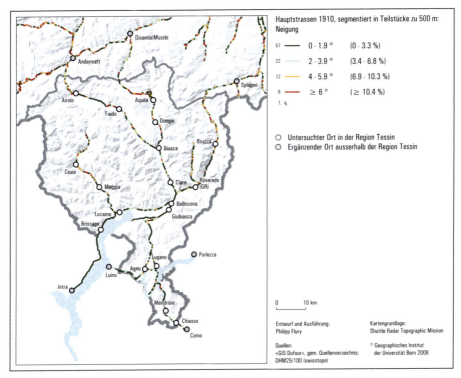

Abb. 4.40   Neigungen der Hauptstrassen in der Region Tessin 1910

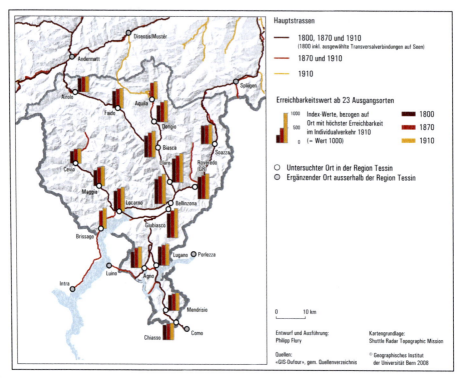

Abb. 4.41   Erreichbarkeit ausgewählter Orte in der Region Tessin 1800, 1870 und 1910 (Individualverkehr)

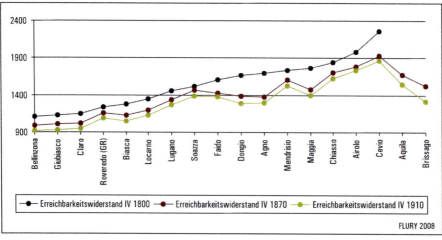

Abb. 4.42   Erreichbarkeitswiderstand ausgewählter Orte der Region Tessin 1800 (ohne Aquila und Brissago), 1870 und 1910 im Individualverkehr (R_{E_IV}). Die Reihenfolge der Orte entspricht der Rangierung um 1800.

4.4.4 Erreichbarkeit der Orte im öffentlichen Verkehr 1870 bis 1910

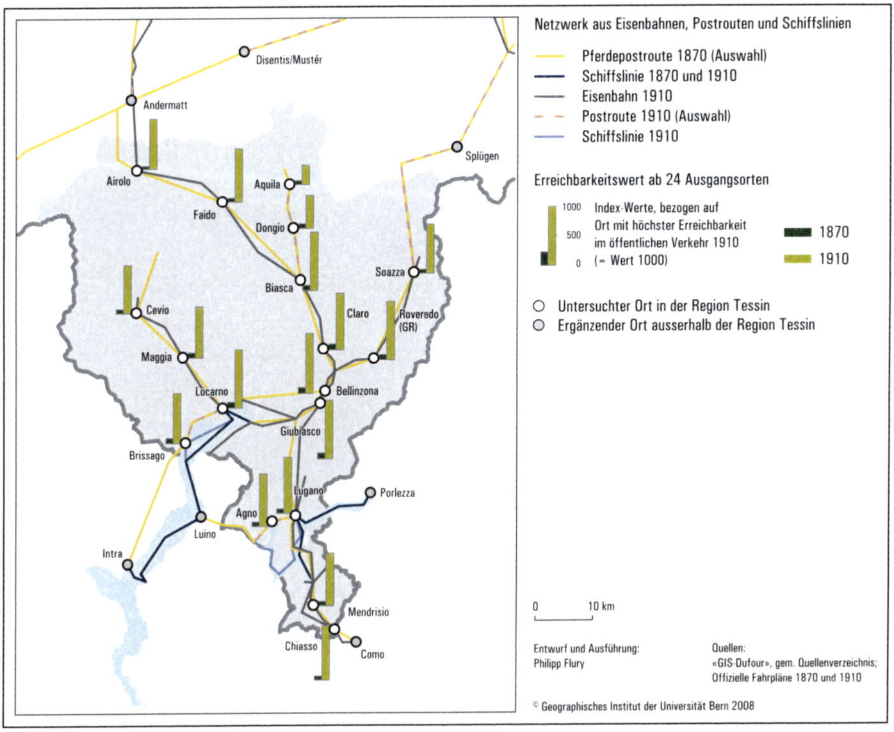

Abb. 4.43   Erreichbarkeit ausgewählter Orte in der Region Tessin 1870 und 1910 (öffentlicher Verkehr)

Um 1870 erreichten die im topologischen Zentrum der Region Tessin gelegenen Orte Giubiasco, Bellinzona, Locarno und Claro annähernd die gleichen Erreichbarkeitswerte im öffentlichen Verkehr; dadurch hoben sie sich deutlich von den übrigen Gemeinden ab (Abb. 4.44). Bei diesen wirkten sich hinsichtlich der Berechnung der Erreichbarkeitswiderstände neben dem grösseren Zeitaufwand auch die höheren Fahrpreise aus: Ab Soazza, Faido und Airolo waren die übrigen Gemeinden des Tessins ausschliesslich, ab Mendrisio und Chiasso zum grössten Teil über Alpenpostkurse zu erreichen. Diese wiesen einen höheren Fahrpreis pro Kilometer auf als die übrigen Postkurse.[73]

Mit dem Ausbau des Angebots in der fahrplanmässigen Schifffahrt sowie der Einführung der Eisenbahn, die sich in der Region Tessin 1910 noch auf die Gotthardbahn sowie wenige Nebenlinien beschränkte, wurden die Er-

---

[73] Vgl. Anmerkung 39. In der Region Tessin verkehrten 1870 auf den Strecken Flüelen–Lugano (Gotthard-Route) und Chur–Bellinzona (San-Bernardino-Route) Alpenpostkurse. (FAHRTENPLAN DER SCHWEIZER EISENBAHNEN, POSTEN UND DAMPFBOOTE 1870)

reichbarkeitswiderstände der meisten untersuchten Orte um rund 90 % verkleinert. Die grössten Differenzen gegenüber 1870 waren bei den peripher gelegenen Orten festzustellen. Als anschauliches Beispiel dient Airolo. Die Gemeinde wurde 1910 von Bellinzona aus mit 12 täglichen Zugsverbindungen bedient, wovon die schnellste 1 Stunde und 28 Minuten beanspruchte. 1870 hatten zwischen den beiden Orten lediglich 2 Postkurse mit jeweils 7 Stunden und 15 Minuten Fahrzeit bestanden. Nur indirekt von der Eisenbahn profitieren konnten die Gemeinden Dongio und Aquila im Bleniotal. Sie waren auch 1910 noch mit Postkutschen ins öffentliche Verkehrsnetz eingebunden; diese ermöglichten jedoch in Biasca den Anschluss an die Eisenbahn. Bemerkenswert ist schliesslich der geringe Erreichbarkeitswiderstand der Gemeinde Agno, die um 1910 ebenfalls über keinen Bahnanschluss verfügte. Allerdings wurde der Postverkehr nach Lugano bereits mit Automobilen geführt, wodurch die Fahrzeit im Vergleich zur Postkutsche erheblich reduziert werden konnte, nämlich von 45 Minuten (1870) auf 25 Minuten (1910).[74]

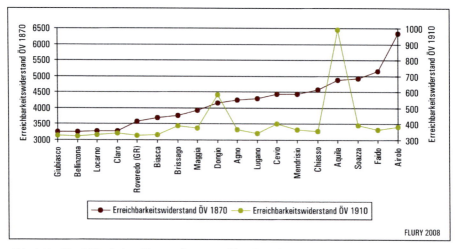

Abb. 4.44 Erreichbarkeitswiderstand ausgewählter Orte der Region Tessin 1870 und 1910 im öffentlichen Verkehr (R $_{E\_ÖV}$). Die Reihenfolge der Orte entspricht der Rangierung um 1870.

---

[74] Die Automobil-Verbindung zwischen Lugano und Agno war um 1910 eine der ersten ihrer Art in der Schweiz. 1906 setzte die Post auf der Strecke Bern–Detligen erstmals Automobile ein. (VALANCE/GANZ/STEINER 2006: 62)

4.4.5 Zusammenhang zwischen topologischer Lage und Erreichbarkeit sowie die räumlichen Disparitäten in der Region Tessin zwischen 1800 und 1910

Für die Region Tessin können die Erkenntnisse aus Kapitel 4.4 wie folgt zusammengefasst werden:

- Die formale Ausprägung des regionalen Verkehrsnetzes ist zwischen 1800 und 1910 relativ konstant geblieben. Entsprechend gering fielen die Veränderungen hinsichtlich der topologischen Erreichbarkeitswiderstände der untersuchten Orte aus.
- Die Erreichbarkeit im Individualverkehr hat sich für sämtliche Orte im Zeitraum von 1800 bis 1910 verbessert. Allerdings konnten nur kleine Differenzen festgestellt werden, insbesondere zwischen 1870 und 1910. Dies kann wiederum als eine Folge der relativ stabilen Netzform gesehen werden, sind die Erreichbarkeitsverbesserungen in der Region Tessin doch in erster Linie auf den Ausbau bestehender und nicht auf den Bau neuer Strassenverbindungen zurückzuführen.
- Vom Anschluss ans Eisenbahnnetz konnten im Hinblick auf die Erreichbarkeitswerte vor allem die peripher gelegenen Orte profitieren, während die um 1910 nur mit Postkutschen erschlossenen Gemeinden in der Rangfolge der Erreichbarkeit die Schlussplätze belegten. Eine markante Abnahme des Erreichbarkeitswiderstandes bewirkte der Autobus als neues öffentliches Verkehrsmittel.

Die Rang-Korrelationsanalyse ergab für alle zueinander in Beziehung gesetzten Merkmale signifikante Korrelationskoeffizienten, die in Tab. 4-11 aufgeführt sind. Besonders hoch fielen sie beim Vergleich der topologischen Erreichbarkeitswiderstände 1800 und 1870 sowie 1870 und 1910 aus. Der Grad der Zentralität der Orte im Verkehrsnetz hat sich demnach zwischen jeweils zwei untersuchten Zeitschnitten nicht signifikant verändert. Dies ist auf die relativ konstante Form des Netzes zurückzuführen (Kapitel 4.4.1 und 4.4.2). Damit erklärt sich auch der starke Zusammenhang zwischen den Erreichbarkeitswerten im Individualverkehr 1800 und 1870 sowie 1870 und 1910. Da jeweils nur wenige Strassenverbindungen neu ins Netz eingefügt wurden, konnten sich die Erreichbarkeiten im Individualverkehr fast ausschliesslich aufgrund von Strassenausbauten (Abnahme des Reibungskoeffizienten) verändern. Deutlich tiefer, aber statistisch immer noch signifikant fiel der Korrelationskoeffizient für den Vergleich zwischen den ÖV-Erreichbarkeitswiderständen 1870 und 1910 aus. Dieses Ergebnis kann so gedeutet werden, dass die um 1870 besser erreichbaren Gemeinden ihren Vorsprung gegenüber den Orten mit geringerer Erreichbarkeit auch 1910 beibehalten konnten. Jedoch wiesen um 1910 auch einige peripher gelegene Orte eine relativ gute Erreichbarkeit auf, dies dank der Anbindung an Eisenbahn- oder Schiffslinien.

Datenreihe 1 (unabhängige Variable)	Datenreihe 2 (abhängige Variable)	Korrelationskoeffizient
Topolog. Erreichbarkeitswiderstand 1800	Topolog. Erreichbarkeitswiderstand 1870	0.933*
Topolog. Erreichbarkeitswiderstand 1870	Topolog. Erreichbarkeitswiderstand 1910	0.896*
Erreichbarkeitswiderstand IV 1800	Erreichbarkeitswiderstand IV 1870	0.932*
Erreichbarkeitswiderstand IV 1870	Erreichbarkeitswiderstand IV 1910	0.986*
Erreichbarkeitswiderstand ÖV 1870	Erreichbarkeitswiderstand ÖV 1910	0.678*
Topolog. Erreichbarkeitswiderstand 1800	Erreichbarkeitswiderstand ÖV 1870	0.864*
Erreichbarkeitswiderstand IV 1800	Erreichbarkeitswiderstand ÖV 1870	0.662*
		Signifikanz auf dem 1 %-Niveau

Tab. 4-11   Korrelationskoeffizienten als Mass für den Zusammenhang zwischen Topologie und Erreichbarkeit von ausgewählten Orten in der Region Tessin, berechnet aus SPEARMAN-Rangkorrelationen

Die räumlichen Disparitäten haben im Tessin während der Untersuchungsperiode 1800 bis 1910 einzig hinsichtlich der Erreichbarkeit im öffentlichen Verkehr stark zugenommen (Tab. 4-12). Der hohe Variationskoeffizient für 1910 kann jedoch dadurch erklärt werden, dass zu diesem Zeitpunkt zwei Gemeinden aus dem Untersuchungssample – Dongio und Aquila im Bleniotal – immer noch mit Postkutschenkursen erschlossen waren und daher verhältnismässig hohe Werte für den Erreichbarkeitswiderstand resultierten. Werden die beiden Gemeinden nicht berücksichtigt, so ergibt sich ein Variationskoeffizient von lediglich 7.2 %. Dies würde bedeuten, dass in der Region Tessin um 1910 – bezogen auf die Erreichbarkeit mit öffentlichen Verkehrsmitteln – eine ausserordentlich geringe räumliche Disparität vorhanden war. Die relativ konstanten Variationskoeffizienten der Erreichbarkeitswiderstände von Topologie und Individualverkehr verdeutlichen einmal mehr die geringe Dynamik, die in der formalen Ausprägung des Tessiner Verkehrsnetzes zwischen 1800 und 1910 festgestellt wurde.

	Variations-koeffizient 1800	Variations-koeffizient 1870	Variations-koeffizient 1910
Topolog. Erreichbarkeitswiderstand	18.4	20.9	17.4
Erreichbarkeitswiderstand IV	21.4	19.8	20.9
Erreichbarkeitswiderstand ÖV		19.3	38.9

Tab. 4-12   Variationskoeffizienten (in %) für den topologischen Erreichbarkeitswiderstand und die Erreichbarkeitswiderstände im Individual- und im öffentlichen Verkehr der Region Tessin

4.5 Fazit zu Kapitel 4: Vergleich der räumlichen Disparitäten in den drei Regionen

In den vorhergehenden Kapiteln wurden unter anderem die räumlichen Disparitäten innerhalb der untersuchten Regionen beschrieben. Als Fazit zu Kapitel 4 sollen die Ergebnisse zwischen den Regionen vergleichend dargestellt werden. Wiederum dient der Variationskoeffizient als Indikator der räumlichen Disparität hinsichtlich der Erschliessung und der Erreichbarkeit im Individual- und im öffentlichen Verkehr.

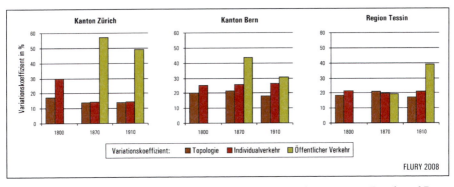

Abb. 4.45   Vergleich der ermittelten Variationskoeffizienten in den Kantonen Zürich und Bern sowie in der Region Tessin (Zeitschnitte 1800, 1870 und 1910)

In Abb. 4.45 sind sämtliche ermittelten Variationskoeffizienten der drei Regionen grafisch dargestellt. Was die Erschliessung betrifft – ausgedrückt durch den topologischen Erreichbarkeitswiderstand –, so waren die räumlichen Disparitäten im Kanton Bern zu jedem Zeitpunkt leicht grösser als in den beiden anderen Regionen. Die kleinsten Unterschiede innerhalb des Untersuchungsgebietes konnten im Kanton Zürich festgestellt werden. Die gleiche Aussage lässt sich bezüglich der Erreichbarkeit im Individualverkehr machen. Auch bei diesem Merkmal wies der Kanton Bern jeweils die höchsten Variationskoeffizienten auf. Eine Ausnahme bildete der hohe Wert im Kanton Zürich um 1800, der auf die überdurchschnittlich hohen Erreichbarkeitswiderstände der Oberländer Orte Turbenthal und Bauma zurückzuführen ist. Ein anderes Bild zeigt sich bei der Erreichbarkeit mit öffentlichen Verkehrsmitteln. Hier bestanden im Kanton Zürich sowohl 1870 als auch 1910 wesentlich grössere räumliche Disparitäten als im Kanton Bern und in der Region Tessin. Für diese hohen Werte waren insbesondere die im Vergleich zu den übrigen Orten im Kanton sehr gut erschlossenen Gemeinden in der näheren Umgebung der Stadt Zürich verantwortlich. Der Kanton Bern wies dagegen eine räumlich ausgeglichenere ÖV-Erreichbarkeit auf. Noch viel geringer war die räumliche Disparität 1870 im Tessin, da dort zu diesem Zeitpunkt noch keine Eisenbahnen verkehrten. Die untersuchten Orte waren nur mit Postkutschen – in wenigen Fällen auch mit Dampfschiffen – erschlossen, weshalb die räumliche Verteilung der Erreichbarkeit mit öffentlichen Verkehrsmitteln nicht stark von jener im Individualverkehr differieren konnte. Dieser Fall ist erst 1910 zu beobachten, als sich die Unterschiede zwischen Orten mit Eisenbahn- und solchen mit Postkutschen-Erschliessung deutlich im hohen Variationskoeffizienten manifestierten.

Mit den Ergebnissen aus Kapitel 4 wurde ein Überblick über die quantitative und qualitative Entwicklung regionaler Verkehrsnetze gegeben. Diese Resultate können als Grundlage verwendet werden, um allfällige Zusammenhänge zwischen der Erreichbarkeit von Standorten und deren sozioökonomischer Struktur zu erfassen.

5 Die Entwicklung sozio-ökonomischer Faktoren im Zusammenhang mit der Erreichbarkeit

In Kapitel 5 werden zwei Ziele verfolgt: In einem ersten Teil (Kapitel 5.1) soll die Entwicklung ausgewählter sozio-ökonomischer Faktoren in den Kantonen Zürich und Bern sowie in der Region Tessin dargestellt werden. Es handelt sich dabei um die in Kapitel 3.2.7 beschriebenen Indikatoren aus den Kategorien *Bevölkerungsstand*, *Wirtschaftsstruktur* und *kulturelle Durchmischung*. Ziel ist es aufzuzeigen, in welchem Ausmass und aus welchen Gründen sich die Werte der verschiedenen Merkmale im Zeitraum zwischen 1800 bzw. 1870 und 1910 verändert haben. Dies bildet die Voraussetzung, um in einem zweiten Teil (Kapitel 5.2) aufzeigen zu können, inwieweit die Prozesse in der demographischen und der wirtschaftlichen Struktur in Zusammenhang mit der unterschiedlichen Ausprägung der Erreichbarkeiten innerhalb der jeweiligen Untersuchungsregion gesetzt werden können.

Alle auf der Ebene von Gemeinden und Bezirken erhobenen Daten werden in Kapitel 5.1 grafisch in Form von thematischen Karten dargestellt. Die Beschreibungen in Worten beschränken sich auf die Erklärung besonders markanter Entwicklungen zwischen jeweils zwei Zeitschnitten. Diese Erklärungen können jedoch keinesfalls den Anspruch auf Vollständigkeit erheben. Denn gerade die Veränderungen in der Bevölkerungszusammensetzung von Raumeinheiten sind letztendlich ein Ausdruck subjektiver Einzelentscheide; so steckt beispielsweise hinter jedem Zuwanderungswert die Entscheidung einer Person, aus einem anderen Ort abzuwandern. Die Gründe für solche Entscheidungen müssen nicht immer rational sein. Daher können sie aus heutiger Sicht letztendlich nur in Form einer allgemeinen Tendenz beschrieben werden.

Um die Einheitlichkeit der grafischen Darstellung innerhalb der gesamten Untersuchung zu wahren, wurden für die thematischen Karten des Kapitels 5 dieselben räumlichen Ausschnitte und derselbe Massstab gewählt wie bei den Karten in Kapitel 3 und 4. Ebenso wurden für die Darstellung der Werte in allen drei Regionen eine einheitliche Symbolik und dieselben Referenzgrössen verwendet. Dadurch entstand in einigen Fällen zwar ein Kartenbild, in welchem die für die Diagramme zur Verfügung stehende Fläche nicht voll ausgeschöpft wurde. Dafür lassen sich für jeden Indikator die Karten der drei Regionen problemlos untereinander vergleichen. Einzig beim Merkmal der Wirtschaftsstruktur mussten die Symbole für jede Region in einem individuellen Massstab gezeichnet werden, um die Lesbarkeit zu verbessern.

5.1 Die Bevölkerungs- und Wirtschaftsstruktur in den Regionen

5.1.1 Kanton Zürich

Um 1800 bestanden hinsichtlich der Einwohnerzahlen noch relativ geringe Unterschiede zwischen den untersuchten Orten im Kanton Zürich (Abb. 5.1). Einzig der Wert der Stadt Zürich hob sich deutlich von denjenigen der übrigen Gemeinden ab. Diese Situation widerspiegelt der Variationskoeffizient von 129 %.[75] Die dadurch ausgedrückte räumliche Disparität bezüglich der Wohnbevölkerung steigerte sich bis 1870 auf 217 %.

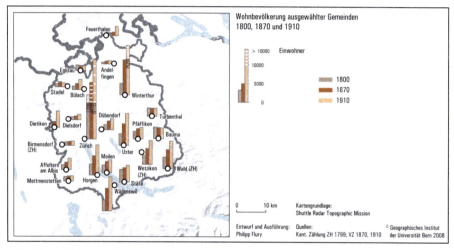

Abb. 5.1   Wohnbevölkerung der untersuchten Gemeinden im Kanton Zürich 1800, 1870 und 1910

In dieser Zeitspanne bildeten sich neben Zürich weitere Bevölkerungsschwerpunkte innerhalb des Kantons heraus: Insbesondere die Industrieorte Winterthur, Uster, Wädenswil, Horgen und Wald (ZH) wuchsen auf über 5 000 Einwohner an. Markant ist zudem das Bevölkerungswachstum der Gemeinde Feuerthalen, die nach Zürich und Winterthur die drittstärkste relative Zunahme (+126 %) aller untersuchten Orte verzeichnete. In diesem Prozess zeichnete sich bereits die erste Phase der Agglomerationsbildung rund um die benachbarte Stadt Schaffhausen ab. Stagnierend oder sogar

---

[75] Zur Bedeutung des Variationskoeffizienten vgl. Kapitel 4

leicht rückläufig waren die Bevölkerungszahlen dagegen in Eglisau, Bauma und Turbenthal. Der Trend setzte sich auch zwischen 1870 und 1910 fort; er lässt darauf schliessen, dass diese Orte hinsichtlich der Bevölkerungsentwicklung nicht von der Nähe zu einem übergeordneten Zentrum profitieren konnten. Dagegen wuchsen bis 1910 wiederum die Städte Zürich und Winterthur am stärksten (+225 % bzw. +171 %). Überdurchschnittlich starke Bevölkerungszunahmen zwischen 1870 und 1910 wiesen zudem jene Gemeinden auf, die durch gut ausgebaute Verkehrsverbindungen an ein übergeordnetes Zentrum – in erster Linie Zürich – angebunden waren, so beispielsweise Dietikon, Dübendorf, Horgen und Bülach.[76] Darin ist eine frühe Phase der Agglomerationsbildung zu erkennen. Die Disparität bei der Bevölkerungsverteilung verstärkte sich bis 1910 weiter, was durch den hohen Variationskoeffizienten von 305 % deutlich zum Ausdruck kommt.

Die Entwicklung der Bevölkerungszahlen mag zunächst darüber hinweg täuschen, dass die Wanderungsbilanz zwischen 1870 und 1880 in acht, zwischen 1900 und 1910 immerhin noch in sechs der elf Zürcher Bezirke negativ ausfiel (Abb. 5.2). Diese Diskrepanz lässt sich durch zwei Gründe erklären: Erstens sind in den Einwohnerzahlen auch die natürlichen Bevölkerungsbewegungen (Geburten- und Sterbezahlen) enthalten. Durch verbesserte medizinische und hygienische Bedingungen, geringere Kindersterblichkeit, höhere landwirtschaftliche Produktionsleistungen und die einsetzende Industrialisierung – verbunden mit einer starken Steigerung des Bruttosozialproduktes – wurden bereits im ausgehenden 18. Jahrhundert wesentliche Grundsteine für ein natürliches Bevölkerungswachstum gelegt. (BERGIER 1990: 30f.) Zweitens sind in den Karten die Veränderungen der Einwohnerzahlen auf Gemeindeebene dargestellt, während die Erfassung der Wanderungsbilanzen bezirksweise erfolgte. Dadurch konnten die Wanderungen innerhalb der Bezirke nicht berücksichtigt werden, also beispielsweise Bevölkerungsbewegungen aus peripheren Regionen in den zentralen Ort des Bezirks. Zwischen 1870 und 1880 verzeichneten einzig die Bezirke Zürich, Winterthur und Hinwil eine Zuwanderung. In den beiden erstgenannten Bezirken gaben die überdurchschnittlich stark wachsenden Städte Zürich und Winterthur den Ausschlag, was oben dargelegt worden ist. Im Falle von Hinwil dagegen reflektiert die Wanderungsbilanz in groben Zügen den Konjunkturverlauf der Baumwollindustrie, des bedeutendsten Industriezweigs dieses Bezirks; diese konnte nach dem Ende der starken Wachstumsphase um 1875 ihre Produktion nicht mehr wesentlich steigern. (FREY/VOGEL 1997: 296) In der Periode von 1900 bis 1910 wiesen zusätzlich zu Zürich und Winterthur auch die Bezirke Horgen, Meilen und Uster positive Wanderungsbilanzen auf. Es handelt sich dabei ausnahmslos um

---

[76] Vgl. Anmerkung 68. Das Gegenteil war bei der am schlechtesten erreichbaren Gemeinde der Fall (Stadel: Bevölkerungsabnahme um 23 %).

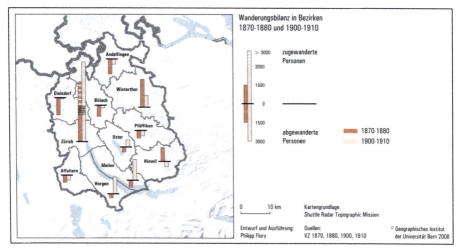

Abb. 5.2   Wanderungsbilanz in den Bezirken des Kantons Zürich 1870–1880 und 1900–1910

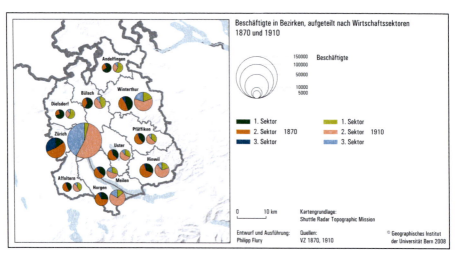

Abb. 5.3   Beschäftigte nach Wirtschaftssektoren in den Bezirken des Kantons Zürich 1870 und 1910

Bezirke, die bereits 1870 einen stark ausgeprägten Industrie-Sektor aufwiesen und in denen sich bis 1910 zudem der Anteil an Beschäftigten im Dienstleistungssektor massiv erhöhte (Abb. 5.3). Negative Wanderungsbilanzen verzeichneten dagegen vor allem jene Regionen, in denen ein grosser Anteil der Beschäftigten im 1. Sektor tätig war. Ob nun der Push-Effekt des 1. Sektors – verbunden mit dem landwirtschaftlichen Strukturwandel – mehr Gewicht hatte für die Migrationen als der Pull-Effekt des wachsenden 3. Sektors, konnte aus den zur Verfügung stehenden Daten nicht ermittelt werden. FREY/VOGEL (1997: 233f.) gehen davon aus, dass nicht primär die bäuerlichen Bezirke einen Wanderungsverlust, sondern vielmehr die Städte als Dienstleistungszentren einen Wanderungsgewinn erzeugten.[77]

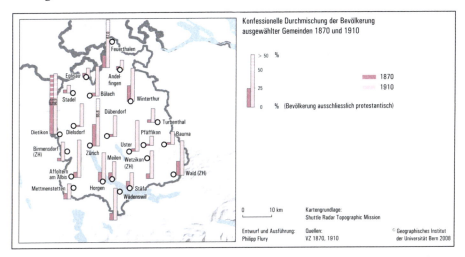

Abb. 5.4 Konfessionelle Durchmischung der Bevölkerung in den untersuchten Gemeinden des Kantons Zürich 1870 und 1910

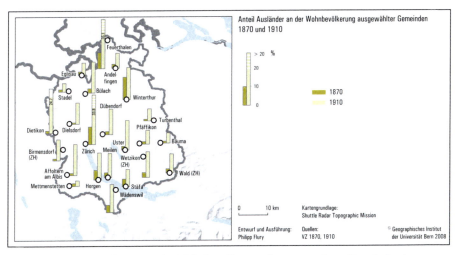

Abb. 5.5 Anteil Ausländer an der Wohnbevölkerung der untersuchten Gemeinden im Kanton Zürich 1870 und 1910

---

[77] Die Korrelationen zwischen den Beschäftigtenzahlen im 3. Sektor und der Zuwanderung sind sowohl 1870–1910 als auch 1900–1910 stärker ausgeprägt als jene zwischen den Beschäftigtenzahlen im 1. Sektor und der Abwanderung. (FREY/VOGEL 1997: 233)

Die kulturelle Durchmischung der Bevölkerung hat in sämtlichen untersuchten Gemeinden des Kantons Zürich zwischen 1870 und 1910 stark zugenommen. Dies lässt sich anhand der Zahlen zur konfessionellen Durchmischung und zum Ausländeranteil an der Wohnbevölkerung feststellen (Abb. 5.4 und Abb. 5.5). Der hohe Anteil an Katholiken in Dietikon bildet im protestantischen Kanton Zürich eine Ausnahme. Er ist nicht durch den Zuzug auswärtiger Bevölkerung zu erklären, sondern in erster Linie durch den Umstand, dass die Gemeinde zur katholischen Grafschaft Baden gehörte und erst nach deren Auflösung (1798) in den Kanton Zürich eingegliedert wurde. (FLÜELER/FLÜELER-GRAUWILER 1994: 232) Abgesehen von diesem Sonderfall wiesen um 1870 einzig die Städte Zürich und Winterthur eine konfessionelle Durchmischung von über 20 % auf. Tendenziell war der Anteil der Katholiken in den bevölkerungsreichen Gemeinden am höchsten. Dies lässt darauf schliessen, dass dort die Zuwanderung stärker ausgeprägt war als in kleineren Gemeinden. Bis 1910 stieg die konfessionelle Durchmischung in allen untersuchten Orten auf mindestens 10 %. Den höchsten Wert wies – wiederum abgesehen von Dietikon – Zürich auf. Doch erreichten um 1910 auch kleinere Gemeinden hohe Anteile an Katholiken, so beispielsweise Feuerthalen und Affoltern am Albis oder Dielsdorf. Vergleicht man die Ergebnisse der konfessionellen Durchmischung mit der Entwicklung der Ausländeranteile, so erweisen sich diese als beinahe identisch. Dies deutet darauf hin, dass die Erhöhung des Anteils Katholiken im Kanton Zürich vorrangig auf die Zuwanderung ausländischer Personen zurückzuführen ist. Während dieser Prozess um 1870 noch vorwiegend in den bevölkerungsreichen Gemeinden stattgefunden hatte, waren um 1910 auch kleinere Orte das Ziel solcher Wanderungen.

5.1.2 Kanton Bern

Wie im Kanton Zürich, so waren auch im Kanton Bern die innerregionalen Unterschiede in der Bevölkerungsverteilung um 1800 am kleinsten; der entsprechende Wert des Variationskoeffizienten lag bei 110 %. Einzig die Stadt Bern hatte zu diesem Zeitpunkt die Grenze von 10 000 Einwohnern bereits überschritten (Abb. 5.6). Die ausgeprägte dezentrale Verteilung der Bevölkerung lässt sich eindrücklich an der Tatsache ablesen, dass noch um 1800 einige der Gemeinden, deren Lage bezüglich Erschliessung und Erreichbarkeit in Kapitel 4.3 als mittel bis stark peripher ermittelt wurde, zu den bevölkerungsreichsten des Kantons zählten, namentlich Sumiswald, Langnau im Emmental, Wahlern oder Saanen. Die räumliche Disparität der Bevölkerung steigerte sich zwischen 1800 und 1870; zu diesem Zeitpunkt erreichte der Variationskoeffizient den Wert von 156 %. Tendenziell konnten die Orte im tieferen Mittelland und im Jura ein stärkeres Wachstum verzeichnen als die Gemeinden in den Alpen. Am markantesten fiel die Bevölkerungszunahme in den durch die Industrie geprägten Orten St-Imier (+554 %), Biel (+410 %), Moutier (+330 %), Burgdorf (+290 %) und Herzogenbuchsee (+219 %) aus. Daneben konnten auch die Stadt Bern, seit 1848 Sitz der Bundesverwaltung mit einem entsprechenden Zuwachs an Arbeitsstätten, sowie Interlaken mit seiner in der ersten Hälfte des 18. Jahrhunderts gestiegenen Bedeutung als Tourismusort, ihre Einwohnerzahlen um mehr als 200 % steigern.

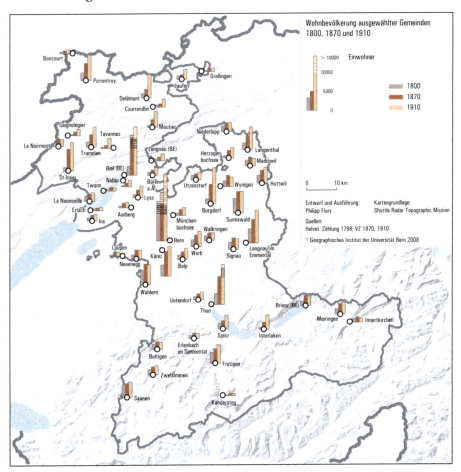

Abb. 5.6 Wohnbevölkerung der untersuchten Gemeinden im Kanton Bern 1800, 1870 und 1910

Eine weitere Zunahme der Disparität in der Bevölkerungsverteilung lässt sich in der Periode von 1870 bis 1910 aufgrund des auf 231 % gestiegenen Variationskoeffizienten feststellen. Wiederum waren es Orte im Jura (Tavannes, Delsberg, Courrendlin, Laufen und Moutier) sowie die Städte Biel und Bern, welche die stärkste relative Bevölkerungszunahme – jeweils über 100 % – verzeichnen konnten. Stagnierend oder sogar rückläufig waren die Zahlen dagegen in einigen Gemeinden, die um 1800 zu den grössten des Kantons gehörten, so beispielsweise in Sumiswald oder Wahlern. Ihre Einwohnerzahlen spiegeln den Trend wider, der schon in der Periode 1800–1870, wenn auch in geringerem Ausmass, festgestellt werden konnte: Die Bevölkerung konzentrierte sich vermehrt in den Orten des tieferen Mittellandes und der Juratäler, wo die bestehenden Hauptverkehrsachsen durch Eisenbahnlinien ergänzt worden waren und sich Industrie angesiedelt hatte. Im Gegensatz dazu konnten die meisten Orte des höheren Mittellandes, des Oberlandes und des höheren Juras, die nicht durch das Eisenbahn-Hauptnetz erschlossen waren, nur ein geringes Wachstum der Einwohnerzahl verzeichnen, oder aber sie mussten gar einen Bevölkerungsrückgang hinnehmen.

Auch bezüglich der Wanderungsbilanz lassen sich – zumindest für die Periode 1870–1880 – Parallelen zwischen den Kantonen Bern und Zürich feststellen. So verzeichneten im Kanton Bern nur gerade die beiden Bezirke mit den grössten Städten, nämlich Bern und Biel, einen positiven Wanderungssaldo, während alle übrigen Bezirke als Abwanderungsgebiete zu bezeichnen sind (Abb. 5.7). Verglichen mit anderen Grossstädten der Schweiz konnte Bern mit seinem stark agrarisch geprägten Hinterland jedoch verhältnismässig wenig Zuwanderung verbuchen. Dies ist eine Veranschaulichung der Tatsache, dass keinesfalls der ganze Teil der aus dem ländlichen Raum abwandernden Bevölkerung von den Städten aufgenommen werden konnte; die Auswanderung nach Übersee war dementsprechend von grosser Bedeutung.[78] (REY 2003: 120) Im Falle von Biel kann die Zuwanderung mit dem Konjunkturverlauf der Uhrenindustrie erklärt werden, der den Zuzug von Arbeitskräften aus dem Jura begünstigte. (REY 2003: 123) Grundsätzlich ähnlich präsentierte sich im Kanton Bern die Wanderungsbilanz in den Jahren zwischen 1900 und 1910. Während in dieser Periode auch Biel einen negativen Wanderungssaldo aufwies – wiederum hauptsächlich durch den konjunkturellen Verlauf der Uhrenindustrie bedingt –, konnte der Bezirk Bern weiterhin eine Zuwanderung verzeichnen. Alle übrigen Gebiete mussten Wanderungsverluste hinnehmen; einzig im Bezirk Moutier glichen sich die Zu- und die Abwanderung nahezu aus. Damit stellte der Kanton Bern im schweizerischen Rahmen eine Ausnahme dar, denn von 1850 bis 1910 konnten in der Schweiz nie so viele Bezirke eine Zuwanderung aufweisen wie im Jahrzehnt zwischen 1900 und 1910, nämlich 70 der insgesamt 189. (REY 2003: 139)

---

[78] REY (2003: 120) hat für die Zeitspanne zwischen 1850 und 1888 ermittelt, dass die Bilanz zwischen der Abwanderung aus dem ländlichen Raum der Schweiz und der Zuwanderung in die Städte in den 1870er Jahren am ausgeglichensten war: Die aus dem ländlichen Raum weggezogene Bevölkerung wurde zu 87 % von den Städten aufgenommen.

Die Bevölkerungs- und Wirtschaftsstruktur in den Regionen 155

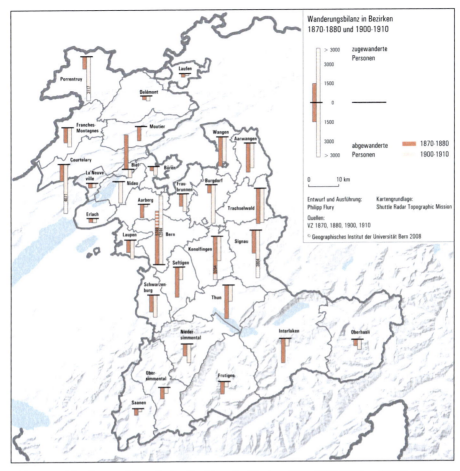

Abb. 5.7 Wanderungsbilanz in den Bezirken des Kantons Bern 1870–1880 und 1900–1910

Die Ergebnisse des Kantons Bern stehen zunächst im Widerspruch zum in Abb. 5.6 dargestellten Bevölkerungswachstum zahlreicher Gemeinden. Wie im Fall des Kantons Zürich bereits erläutert, kann dies jedoch zu einem grossen Teil auf die Migrationen innerhalb der Bezirke zurückgeführt werden. Gerade in stark agrarisch geprägten Bezirken ist von einem Zustrom von Bevölkerung aus den peripheren Regionen in die grossen Orte des Bezirks auszugehen. Nur so lassen sich die negativen Wanderungssaldi der Bezirke und das gleichzeitige Bevölkerungswachstum in den zugehörigen Gemeinden beispielsweise im Fall der Bezirke Pruntrut (Gemeinde Pruntrut), Signau (Gemeinde Langnau im Emmental) oder Aarwangen (Gemeinde Langenthal) erklären. Der Tatsache, dass der Kanton Bern zwischen 1870 und 1910 weitgehend ein Abwanderungsgebiet darstellte, entspricht auch die Entwicklung der Beschäftigtenzahlen (Abb. 5.8).

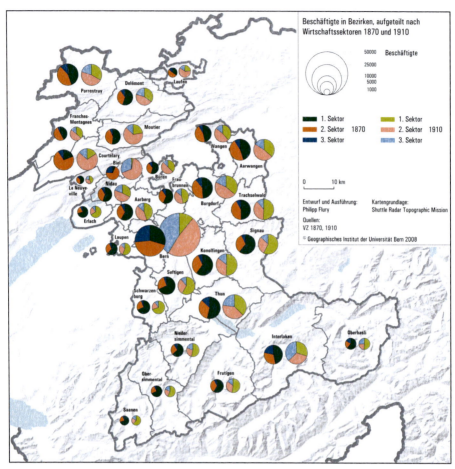

Abb. 5.8   Beschäftigte nach Wirtschaftssektoren in den Bezirken des Kantons Bern 1870 und 1910

Markante Zunahmen sind nur in wenigen Regionen auszumachen, so in den Bezirken Bern, Interlaken, Biel, Moutier und Laufen. In den drei letztgenannten Bezirken ist dies auf das Wachstum des Industrie-Sektors zurückzuführen. In Bern dagegen ist die Zahl der im Dienstleistungssektor Beschäftigten stark gestiegen. Dies lässt sich durch den Umstand erklären, dass tertiäre Angebote und die damit verbundenen Arbeitsplätze ein Merkmal hochzentraler Orte – diese Funktion übte Bern innerhalb des Kantonsgebietes aus – sind. (FREY/VOGEL 1997: 187) Im Fall von Interlaken dagegen ist die Bedeutungszunahme des Dienstleistungssektors auf die wachsende Tourismuswirtschaft zurückzuführen. Stagnierende oder gar rückläufige Beschäftigtenzahlen wiesen dagegen in erster Linie die um 1870 schwach industrialisierten Bezirke auf, in denen ein überdurchschnittlich

hoher Anteil der Berufstätigen ein Auskommen in der Landwirtschaft fand. Dazu zählten die Regionen des höheren Mittellandes und des Oberlandes, mit Ausnahme des durch den Tourismus geprägten Bezirks Interlaken.
Die kulturelle Durchmischung der Bevölkerung im Kanton Bern ist aus Abb. 5.9 und Abb. 5.10 ersichtlich. Auffällig ist die weitgehende Kongruenz der konfessionellen Durchmischung und des Ausländeranteils.

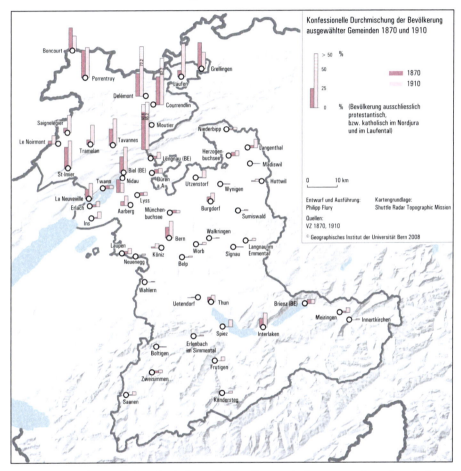

Abb. 5.9   Konfessionelle Durchmischung der Bevölkerung in den untersuchten Gemeinden des Kantons Bern 1870 und 1910

Um 1870 bestanden grössere Gruppen der jeweiligen konfessionellen Minderheit in der Stadt Bern, im Tourismusort Interlaken sowie im Jura. Dort war die Durchmischung besonders stark in den industriellen Zentren in den Tälern, während die abseits dieser wirtschaftlichen Brennpunkte gelegenen Orte in den Freibergen (Tramelan, Saignelégier, Le Noirmont) nur

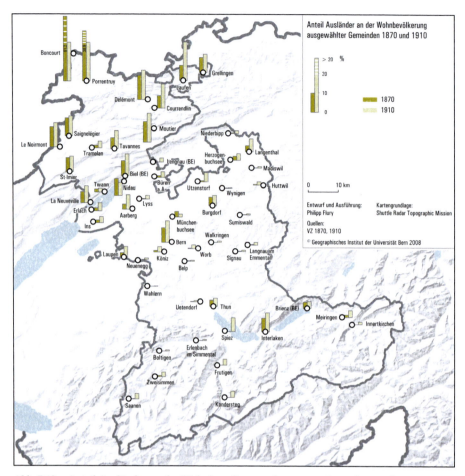

Abb. 5.10 Anteil Ausländer an der Wohnbevölkerung der untersuchten Gemeinden im Kanton Bern 1870 und 1910

bescheidene Anteile der konfessionellen Minderheit aufweisen konnten. Die im Vergleich zum übrigen Kantonsgebiet stark heterogene konfessionelle Zusammensetzung der Bevölkerung lässt sich dadurch erklären, dass der traditionell protestantische Südjura bis 1870 zahlreiche Zuzüger – vorwiegend Uhrenarbeiter – aus dem traditionell katholischen Nordjura und aus Frankreich verzeichnete. (PFISTER/EGLI 1998: 72) Ein analoger Prozess fand im Nordjura statt. Die konfessionelle Grenze war demzufolge durchlässiger als die Sprachgrenze zwischen den deutsch- und den französischsprachigen Kantonsgebieten. Es erstaunt daher nicht, dass die Gemeinden des Juras um 1870 in der Regel auch weitaus höhere Ausländeranteile aufwiesen als die übrigen untersuchten Orte im Kanton. Der grösste Teil der Ausländer im Kanton Bern stammte 1870 nämlich aus

Frankreich. (PFISTER/EGLI 1998: 70) Die ausserordentlich grossen ausländischen Bevölkerungsgruppen in Boncourt und Pruntrut lassen darauf schliessen, dass in diesen Gemeinden zusätzlich zu der bereits ansässigen französischen Bevölkerung noch jene Personen mitgezählt wurden, die sich aufgrund des in unmittelbarer Nachbarschaft stattfindenden deutsch-französischen Krieges (1870/71) in den grenznahen schweizerischen Gebieten niederliessen.[79] Überdurchschnittlich hoch war der Ausländeranteil zudem in den Städten Bern, Thun und Burgdorf sowie – analog zur konfessionellen Minderheit – in Interlaken. Bis 1910 nahmen sowohl der Grad der konfessionellen Durchmischung als auch der Ausländeranteil in nahezu allen untersuchten Gemeinden zu; die auffälligsten Ausnahmen bildeten die oben erwähnten Gemeinden Boncourt und Pruntrut. Von besonderer Bedeutung war dabei die nach der Eröffnung der Gotthardbahn (1882) erleichterte Zuwanderung italienischer Arbeitskräfte; sie stellten um 1910 die grösste Ausländergruppe im Kanton Bern dar. (PFISTER/EGLI 1998: 70) Entsprechend stieg auch der Anteil der Katholiken in jenen protestantischen Orten, die neue Arbeitsplätze – vorwiegend in der Industrie – anboten. Dazu gehörten neben den Städten Bern, Biel, Thun und Burgdorf namentlich die Gemeinden Langenthal, Herzogenbuchsee und Utzenstorf, aber auch die touristisch orientierten Orte im Oberland wie Interlaken oder Saanen. Zusammenfassend kann für 1910 festgehalten werden, dass ein Gürtel von beinahe rein protestantischen Gemeinden im höheren Berner Mittelland den Kanton in eine nördliche und eine südliche Zone stärkerer konfessioneller Durchmischung teilte. (PFISTER/EGLI 1998: 72). Die gleiche Feststellung lässt sich auch in Bezug auf den Ausländeranteil machen.

5.1.3 Region Tessin

Im Gegensatz zu den Kantonen Zürich und Bern war in der Region Tessin um 1800 noch kein eindeutiger Bevölkerungsschwerpunkt auszumachen (Abb. 5.11). Wohl lebten in Lugano mehr als doppelt so viele Personen wie im zweitgrössten Ort Locarno, jedoch zeigt der tiefe Variationskoeffizient von 84 % an, dass die räumlichen Unterschiede in der Bevölkerungsverteilung noch nicht stark ausgeprägt waren. Dieser Wert lässt sich in erster Linie dadurch erklären, dass um 1800 noch kein ausgeprägtes Gefälle bestand zwischen den Einwohnerzahlen der untersuchten Gemeinden im zentralen Regionsteil – darunter wird der Raum zwischen Biasca, Locarno und Lugano verstanden – und denjenigen der Orte in den peripheren Seitentälern. Bis 1870 fand lediglich eine geringe Konzentration der Bevölkerung statt, was durch den leicht höheren Variationskoeffizienten von

---

[79] Dafür spricht auch die markante Abnahme der Ausländeranteile in den beiden Gemeinden nach 1870. Ein ähnlicher Prozess ist in den grenznahen Orten der Region Tessin festzustellen, wo sich aufgrund der politischen Situation in Italien zahlreiche Immigranten niederliessen (Kapitel 5.1.3).

92 % zum Ausdruck kommt. Eine starkes Bevölkerungswachstum verzeichneten vor allem Chiasso (+267 %) sowie Bellinzona (+213 %). Beide Orte konnten von ihrer strategischen Verkehrslage profitieren: Im Falle von Chiasso handelte es sich um die Grenzstation an der Nord-Süd-Verbindung nach Italien, während Bellinzona als Kreuzungsort im Hauptstrassennetz bezüglich Erschliessung und Erreichbarkeit die zentralste Lage im gesamten Untersuchungsgebiet aufwies.[80]

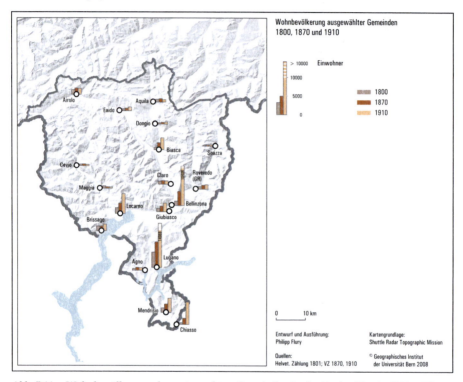

Abb. 5.11   Wohnbevölkerung der untersuchten Gemeinden in der Region Tessin 1800, 1870 und 1910

Anhand der Bevölkerungszahlen von 1870 ist ansatzweise bereits ein Trend erkennbar, der sich bis 1910 noch verstärkte: Die Konzentration der Bevölkerung in den Orten entlang der Nord-Süd-Achse Airolo–Bellinzona–Lugano–Chiasso bei gleichzeitiger Stagnation oder Rückgang der Einwohnerzahlen in den Orten der Seitentäler. Insbesondere mit der Eröffnung der ersten Teilstücke der Gotthardbahn ab 1874 verbesserte sich die Erreichbarkeit der Orte auf der Nord-Süd-Achse markant, was sich in einem starken Wachstum der dort erschlossenen Orte abzeichnete: Von den acht

---

[80] Vgl. die entsprechenden Werte in Kapitel 4.4

zwischen 1870 und 1910 am stärksten gewachsenen Gemeinden in der Untersuchungsregion waren deren sieben durch die Gotthardbahn erschlossen. Dagegen mussten zahlreiche Orte, die zwar mit Nebenbahnen bedient wurden, jedoch abseits der Hauptverkehrsachse lagen, zum Teil einen starken Bevölkerungsrückgang hinnehmen. Dies traf in besonderem Masse auf die Gemeinden des Maggiatales zu. Die räumliche Disparität der Bevölkerung um 1910 findet Ausdruck im auf 126 % gestiegenen Variationskoeffizienten.

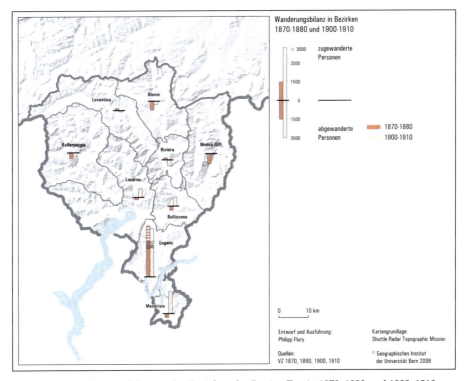

Abb. 5.12 Wanderungsbilanz in den Bezirken der Region Tessin 1870–1880 und 1900–1910

Bezüglich der Wanderungsbilanz zwischen 1870 und 1880 stellte der Bezirk Lugano mit seiner starken Zuwanderung eine Ausnahme innerhalb der Untersuchungsregion dar (Abb. 5.12). Es handelte sich zu dieser Zeit um den Bezirk mit der grössten absoluten Beschäftigtenzahl und dem geringsten Anteil an landwirtschaftlicher Bevölkerung (Abb. 5.13); Lugano als wirtschaftliches Zentrum der Region dürfte also als Ziel für einen Teil der aus den übrigen Bezirken weggezogenen Bevölkerung attraktiv gewesen sein.

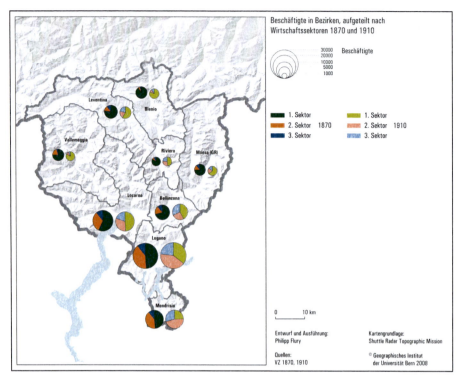

Abb. 5.13   Beschäftigte nach Wirtschaftssektoren in den Bezirken der Region Tessin 1870 und 1910

Von grosser Bedeutung für die Bevölkerungsbewegungen in der Region Tessin waren die Auswanderungen über die Landesgrenzen hinweg. Allein in den Jahren 1868 und 1869 wurden 2 700 aus dem Tessiner Kantonsgebiet nach Übersee emigrierte Personen verzeichnet, und dieser Trend setzte sich in der ersten Hälfte der 1870er Jahre fort. (CESCHI 1998b: 314) Grundsätzlich verliessen umso mehr Personen einen Bezirk, je stärker dessen landwirtschaftliche Prägung war. Als Ausnahme seien die positiven Wanderungssaldi in der Leventina und der Riviera erwähnt, die auf den Zuzug von Arbeitskräften während des Baus der Gotthardbahn zurückzuführen sind.[81] Die beiden Bezirke gehörten dagegen zwischen 1900 und 1910 ebenfalls zu den Abwanderungsgebieten. Im Gegenzug wiesen in dieser Periode aber neben Lugano auch die Bezirke Bellinzona, Locarno und Mendrisio mehr Zu- als Wegzüger auf. Vergleicht man dies mit der Entwicklung der Wirtschaftsstruktur, so lässt sich feststellen, dass in allen vier Bezirken der Dienstleistungssektor stark gewachsen ist, während die Zahl der in der

---

[81] Der Wanderungsgewinn in den beiden Bezirken resultierte auch nach der in Kapitel 3.2.7 erklärten Bereinigung der demographischen Daten.

Landwirtschaft Beschäftigten in ähnlichem Ausmass abgenommen hat. Insbesondere im Fall von Lugano und Locarno hatte die Tourismusentwicklung einen wesentlichen Anteil am positiven Wanderungssaldo. (FREY/VOGEL 1997: 231) Dagegen ist die verstärkte Bedeutung des Dienstleistungssektors im Bezirk Bellinzona zu einem grossen Teil in der seit 1878 ausgeübten Funktion Bellinzonas als Kantonshauptstadt mit den zugehörigen Verwaltungsstellen begründet.[82] Zudem wurden in der Volkszählung die zahlreichen Beschäftigten der Gotthardbahn-Werkstätte, die in Bellinzona angesiedelt worden war, dem Transportgewerbe und damit dem 3. Sektor zugerechnet. (CRIVELLI/ORELLI 2007: 4)

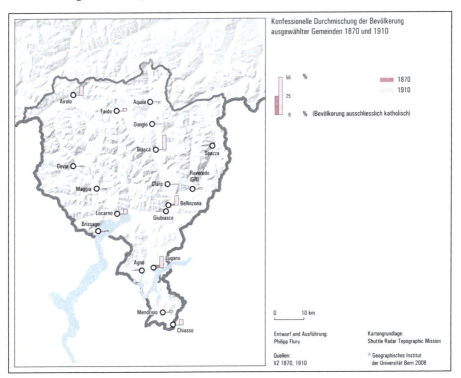

Abb. 5.14   Konfessionelle Durchmischung der Bevölkerung in den untersuchten Gemeinden der Region Tessin 1870 und 1910

Die konfessionelle Durchmischung der Bevölkerung war um 1870 in der Region Tessin noch marginal (Abb. 5.14). Mit 3.6 % wies die Stadt Lugano den höchsten Wert auf; eine protestantische Bevölkerungsgruppe war im Tessin also fast inexistent. Bis 1910 änderte sich dies nur in einigen Gemeinden entlang der Hauptverkehrsachse, namentlich in Airolo, Biasca,

---

[82] Zwischen 1814 und 1878 übernahmen die drei Städte Bellinzona, Lugano und Locarno in einem 6-jährigen Turnus die Funktion als Hauptort des Kantons Tessin.

Bellinzona, Lugano und Chiasso sowie – abseits dieser Achse – in Locarno. In Lugano und Locarno ging die Zunahme der konfessionellen Durchmischung mit dem Wachstum der deutschsprachigen Bevölkerungsgruppen einher. (NEGRO 2007: 1; JANKE 2007: 1) In einer Reihe von Vorfällen antiklerikaler Art lag dagegen der hohe Anteil an Protestanten in der Gemeinde Biasca begründet.[83] (CHIESI 2005: 1)

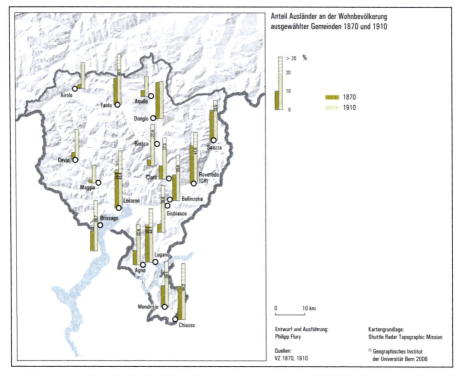

Abb. 5.15   Anteil Ausländer an der Wohnbevölkerung der untersuchten Gemeinden in der Region Tessin 1870 und 1910

Die im Vergleich zu den beiden anderen Untersuchungsregionen ausserordentlich hohen Ausländeranteile in den Tessiner Gemeinden (Abb. 5.15) sind hauptsächlich auf die geographische und kulturelle Nähe zu Italien zurückzuführen. Obwohl die Region, wie oben erwähnt, von der Auswanderung stark betroffen war, stellte sie gleichzeitig das Ziel für eine grosse Zahl von hauptsächlich italienischen Einwanderern dar. Bereits in der ersten Hälfte des 19. Jahrhunderts betrug die Zahl der Einwanderer jährlich mehr als ein Drittel derjenigen der Auswanderer. (CESCHI 1998a: 205) Die Immigranten gingen im Tessin vielfach denselben Tätigkeiten nach wie die

---

[83] Noch bis 1980 war Biasca zudem die Gemeinde mit dem höchsten Anteil an Atheisten in der gesamten Schweiz. (CHIESI 2005: 1)

Tessiner ihrerseits im Ausland, namentlich in der Land- und Forstwirtschaft. Dies erklärt auch die bereits 1870 hohen Ausländeranteile in einigen ländlichen Gemeinden der Region, was im Gegensatz zu den Beobachtungen in den Kantonen Zürich und Bern steht. Einen wesentlichen Einfluss auf die Grösse der italienischen Bevölkerungsgruppe in der Region Tessin hatten zudem die politischen Verhältnisse im Nachbarland. So suchten im Zuge des italienischen Risorgimentos (1797 bis 1870), insbesondere in den 1850er Jahren, zahlreiche Revolutionäre Zuflucht im Tessin. (MOOS 2007: 3) Zwischen 1870 und dem Ersten Weltkrieg stieg die Zahl der italienischen Immigranten erheblich an. (CERUTTI 2007: 1) In der Region Tessin manifestierte sich dies vor allem in den grenznahen Orten und den Wirtschaftszentren (Chiasso, Lugano, Locarno) in hohen Ausländeranteilen.

5.2 Der statistische Zusammenhang mit der Erreichbarkeit

5.2.1 Die Variablen: Erreichbarkeit und sozio-ökonomische Faktoren

Mit der in Kapitel 3.2.7 beschriebenen Rang-Korrelationsanalyse sollte ein möglicher Zusammenhang zwischen der Erreichbarkeit von Standorten einerseits und deren sozio-ökonomischer Ausprägung andererseits ermittelt werden. Die in Kapitel 4 erhobenen Erreichbarkeitswerte stellten die unabhängige Variable dar, während die abhängige Variable durch die statistischen Daten aus den drei Kategorien *Bevölkerungsstand* (Merkmale: Wohnbevölkerung und Wanderungsbilanz), *Wirtschaftsstruktur* (Merkmal: Anteil der Erwerbstätigen in den drei Wirtschaftssektoren) und *kulturelle Durchmischung der Bevölkerung* (Merkmale: Konfessionelle Durchmischung und Anteil der Ausländer an der Wohnbevölkerung) gebildet wurde. Die genaue Definition der Datensätze sowie Hinweise zur Differenzierung hinsichtlich der räumlichen Auflösung (Gemeinde- und Bezirksebene) finden sich ebenfalls in Kapitel 3.2.7. Die Korrelationsanalysen wurden für die Kantone Zürich und Bern sowie für die Region Tessin durchgeführt. Das Signifikanzniveau betrug jeweils 5 %. Bei der unabhängigen Variable wurde differenziert zwischen der innerregionalen Erreichbarkeit (EK_{REG}) und der schweizweiten Erreichbarkeit (EK_{CH}). EK_{REG} bezeichnet die Daten, die in Kapitel 4 erläutert wurden, also die Erreichbarkeit der untersuchten Orte in ihrem jeweiligen regionalen Bezugsrahmen. EK_{CH} dagegen wurde ergänzend berechnet. Es handelt sich dabei um die Erreichbarkeit der ausgewählten Orte, wenn als räumlicher Bezugsrahmen nicht die Region, sondern die gesamte Schweiz – das heisst die 42 Orte, die aufgrund der in Kapitel 3.2.2 beschriebenen Kriterien festgelegt wurden – definiert wird.

Tab. 5-1 gibt einen Überblick über die unabhängigen und die abhängigen Variablen sowie die aufgrund der statistischen Analyse ermittelten Korrelationskoeffizienten. Die wichtigsten Ergebnisse werden in Kapitel 5.2.2 beschrieben und erklärt.

	BEV 1800	BEV 1870	WAND 1870-1880	SEKT 1 1870	SEKT 2 1870	SEKT 3 1870	KONF 1870	AUSL 1870	BEV 1910	WAND 1900-1910	SEKT 1 1910	SEKT 2 1910	SEKT 3 1910	KONF 1910	AUSL 1910
EK IV$_{REG}$ 1800	■														
EK IV$_{REG}$ 1870		■	■	■	■	■	■	■							
EK IV$_{REG}$ 1910									■	■	■	■	■	■	■
EK IV$_{CH}$ 1800	■														
EK IV$_{CH}$ 1870		■	■	■	■	■	■	■							
EK IV$_{CH}$ 1910									■	■	■	■	■	■	■

	BEV 1800	BEV 1870	WAND 1870-1880	SEKT 1 1870	SEKT 2 1870	SEKT 3 1870	KONF 1870	AUSL 1870	BEV 1910	WAND 1900-1910	SEKT 1 1910	SEKT 2 1910	SEKT 3 1910	KONF 1910	AUSL 1910
EK ÖV$_{REG}$ 1870		■	■	■	■	■	■	■							
EK ÖV$_{REG}$ 1910									■	■	■	■	■	■	■
EK ÖV$_{CH}$ 1870		■	■	■	■	■	■	■							
EK ÖV$_{CH}$ 1910									■	■	■	■	■	■	■

EK	Erreichbarkeitswert		BEV	Wohnbevölkerung
IV	Individualverkehr		WAND	Wanderungsbilanz
ÖV	Öffentlicher Verkehr		SEKT1,2,3	Anteil Erwerbstätige im 1., 2. und 3. Sektor
REG	Bezugsrahmen: Region		KONF	Konfessionelle Durchmischung
CH	Bezugsrahmen: gesamte Schweiz		AUSL	Ausländeranteil an der Wohnbevölkerung

Tab. 5-1 In die Korrelationsanalyse einbezogene unabhängige (Zeilen) und abhängige (Spalten) Variablen. Dunkle Felder kennzeichnen Variablenpaare, für welche der SPEARMAN-Rang-Korrelationskoeffizient ρ_S ermittelt wurde.

5.2.2 Die Korrelationen in den drei Regionen im Vergleich

Die in Tab. 5-2 bis Tab. 5-4 gezeigten Korrelationswerte zeigen an, wie stark der Zusammenhang zwischen der Erreichbarkeit und den untersuchten sozio-ökonomischen Merkmalen zu den Zeitschnitten 1800, 1870 und 1910 ausgeprägt war und wo er als statistisch signifikant betrachtet werden kann. Jedoch würde es den Rahmen der Untersuchung sprengen, zu jedem Korrelationswert eine Erklärung für das ermittelte Mass zu geben. Zu diesem Zweck müsste einerseits eine eingehende Analyse der zugrunde liegenden statistischen Daten erfolgen, und andererseits müsste die räumliche Auflösung grösser gewählt werden, indem beispielsweise die Entwicklung jeder einzelnen Gemeinde detailliert ermittelt würde. Es geht in diesem Abschnitt also vorrangig darum, allfällige Unterschiede in den Korrelationswerten der drei Regionen Zürich, Bern und Tessin ausfindig zu machen.

	BEV 1800	BEV 1870	WAND 1870-1880	SEKT 1 1870	SEKT 2 1870	SEKT 3 1870	KONF 1870	AUSL 1870	BEV 1910	WAND 1900-1910	SEKT 1 1910	SEKT 2 1910	SEKT 3 1910	KONF 1910	AUSL 1910
EK IV$_{REG}$ 1800	0.32	**0.42**	0.31	-0.51	0.18	0.54	**0.51**	**0.66**	**0.47**	0.59	-0.41	0.06	0.52	0.27	**0.46**
EK IV$_{REG}$ 1870		0.23	0.51	-0.58	0.29	**0.73**	0.17	0.31	0.30	**0.80**	-0.59	0.24	**0.82**	0.21	**0.50**
EK IV$_{REG}$ 1910									**0.50**	**0.63**	-0.60	0.33	**0.76**	0.23	**0.47**
EK IV$_{CH}$ 1800	0.14	0.22	0.28	-0.43	0.06	0.59	**0.49**	0.40	0.28	0.59	-0.40	0.00	0.50	0.21	0.29
EK IV$_{CH}$ 1870		0.06	0.51	**-0.62**	0.30	**0.74**	0.38	0.06	0.18	**0.72**	-0.56	0.19	**0.81**	0.36	0.36
EK IV$_{CH}$ 1910									0.25	**0.66**	-0.58	0.30	**0.76**	0.37	0.35
	BEV 1800	BEV 1870	WAND 1870-1880	SEKT 1 1870	SEKT 2 1870	SEKT 3 1870	KONF 1870	AUSL 1870	BEV 1910	WAND 1900-1910	SEKT 1 1910	SEKT 2 1910	SEKT 3 1910	KONF 1910	AUSL 1910
EK ÖV$_{REG}$ 1870		**0.51**	0.56	**-0.72**	0.56	0.32	**0.50**	**0.56**	**0.62**	0.00	-0.50	0.39	0.26	**0.52**	**0.64**
EK ÖV$_{REG}$ 1910									**0.66**	0.20	-0.49	0.33	0.29	**0.44**	**0.59**
EK ÖV$_{CH}$ 1870		**0.54**	0.46	-0.33	0.17	0.22	**0.52**	**0.58**	**0.59**	-0.29	-0.32	0.25	0.02	**0.45**	**0.52**
EK ÖV$_{CH}$ 1910									**0.57**	0.08	-0.28	0.13	0.14	0.39	**0.46**

Tab. 5-2   Korrelationskoeffizienten aus der SPEARMAN-Rangkorrelation für die Erreichbarkeitswerte und die sozio-ökonomischen Merkmale im Kanton Zürich. Grau hinterlegte Werte sind signifikant auf dem 5 %-Niveau.

	BEV 1800	BEV 1870	WAND 1870-1880	SEKT 1 1870	SEKT 2 1870	SEKT 3 1870	KONF 1870	AUSL 1870	BEV 1910	WAND 1900-1910	SEKT 1 1910	SEKT 2 1910	SEKT 3 1910	KONF 1910	AUSL 1910
EK IV$_{REG}$ 1800	0.14	0.24	0.09	-0.47	0.58	0.18	0.08	0.02	0.31	-0.06	-0.47	0.66	-0.19	0.05	-0.05
EK IV$_{REG}$ 1870		0.19	0.11	-0.41	0.52	0.17	-0.06	-0.08	0.18	-0.09	-0.40	0.59	-0.20	-0.14	-0.25
EK IV$_{REG}$ 1910									0.13	-0.07	-0.38	0.57	-0.18	-0.13	-0.24
EK IV$_{CH}$ 1800	0.21	0.27	0.09	-0.51	0.62	0.19	0.07	0.03	0.32	-0.07	-0.48	0.68	-0.19	0.02	-0.05
EK IV$_{CH}$ 1870		0.20	0.10	-0.46	0.56	0.19	-0.07	-0.07	0.16	-0.12	-0.42	0.61	-0.19	-0.17	-0.27
EK IV$_{CH}$ 1910									0.17	-0.15	-0.42	0.60	-0.17	-0.13	-0.24
	BEV 1800	BEV 1870	WAND 1870-1880	SEKT 1 1870	SEKT 2 1870	SEKT 3 1870	KONF 1870	AUSL 1870	BEV 1910	WAND 1900-1910	SEKT 1 1910	SEKT 2 1910	SEKT 3 1910	KONF 1910	AUSL 1910
EK ÖV$_{REG}$ 1870		0.25	0.18	-0.35	0.44	0.27	0.05	0.00	0.25	-0.09	-0.35	0.50	0.02	-0.06	-0.13
EK ÖV$_{REG}$ 1910									0.30	-0.19	-0.26	0.39	0.00	0.02	-0.08
EK ÖV$_{CH}$ 1870		0.27	0.17	-0.35	0.45	0.24	-0.02	-0.01	0.25	-0.09	-0.34	0.50	-0.01	-0.09	-0.15
EK ÖV$_{CH}$ 1910									0.33	-0.18	-0.27	0.40	-0.02	0.05	-0.04

Tab. 5-3   Korrelationskoeffizienten aus der SPEARMAN-Rangkorrelation für die Erreichbarkeitswerte und die sozio-ökonomischen Merkmale im Kanton Bern. Grau hinterlegte Werte sind signifikant auf dem 5 %-Niveau.

	BEV 1800	BEV 1870	WAND 1870-1880	SEKT 1 1870	SEKT 2 1870	SEKT 3 1870	KONF 1870	AUSL 1870	BEV 1910	WAND 1900-1910	SEKT 1 1910	SEKT 2 1910	SEKT 3 1910	KONF 1910	AUSL 1910
EK IV$_{REG}$ 1800	0.12	0.32	0.23	-0.45	0.25	0.53	0.36	0.37	0.35	0.50	**-0.85**	0.65	**0.95**	0.34	0.37
EK IV$_{REG}$ 1870		0.31	0.30	-0.53	0.33	0.55	0.47	0.29	0.33	0.65	**-0.87**	**0.67**	**0.90**	0.28	0.32
EK IV$_{REG}$ 1910									0.37	**0.72**	**-0.90**	**0.78**	**0.83**	0.27	0.35
EK IV$_{CH}$ 1800	0.01	0.15	0.38	-0.47	0.30	0.42	0.02	0.02	0.13	0.50	**-0.90**	**0.70**	**0.97**	0.40	0.05
EK IV$_{CH}$ 1870		0.11	0.47	-0.60	0.45	0.40	-0.04	-0.09	0.06	**0.67**	**-0.95**	**0.78**	**0.90**	0.28	-0.06
EK IV$_{CH}$ 1910									0.04	**0.68**	**-0.93**	**0.77**	**0.87**	0.22	-0.08
EK ÖV$_{REG}$ 1870		0.31	0.28	-0.62	0.60	0.15	0.40	0.11	0.29	0.53	**-0.83**	**0.73**	**0.77**	0.14	0.24
EK ÖV$_{REG}$ 1910									**0.64**	0.60	**-0.87**	**0.67**	**0.87**	**0.66**	**0.59**
EK ÖV$_{CH}$ 1870		0.00	0.48	-0.58	0.50	0.22	-0.19	-0.28	-0.08	0.60	**-0.93**	**0.77**	**0.90**	0.13	-0.23
EK ÖV$_{CH}$ 1910									**0.51**	0.52	**-0.80**	0.58	**0.85**	**0.79**	0.38

Tab. 5-4 Korrelationskoeffizienten aus der SPEARMAN-Rangkorrelation für die Erreichbarkeitswerte und die sozio-ökonomischen Merkmale in der Region Tessin. Grau hinterlegte Werte sind signifikant auf dem 5 %-Niveau.

Erreichbarkeit und Bevölkerungszahl um 1800

Aufgrund der Korrelationsanalyse konnte für keine der drei untersuchten Regionen ein signifikanter Zusammenhang zwischen der Erreichbarkeit von Gemeinden um 1800[84] und deren Bevölkerungszahl festgestellt werden. Dies mag vor allem im Falle der Kantone Zürich und Bern erstaunen, wo jeweils die Hauptstadt sowohl die am besten erreichbare als auch die bevölkerungsmässig grösste Gemeinde darstellte. Allerdings wiesen um 1800 auch einige peripher gelegene und daher innerregional schlecht erreichbare Orte verhältnismässig hohe Einwohnerzahlen auf. Im Kanton Zürich traf dies auf die Oberländer Gemeinden Bauma, Turbenthal und Wald (ZH) zu – letztere zählten sogar annähernd so viele Einwohner wie die Stadt Winterthur[85]. Auch im Kanton Bern gehörten damals einige peripher gelegene

---
[84] Für den Zeitschnitt 1800 wurde ausschliesslich die Erreichbarkeit im Individualverkehr ermittelt.
[85] Winterthur mit dem Gebietsstand von 1910, also vor den Eingemeindungen

Gemeinden zu den grössten des Kantons, namentlich Wahlern oder Saanen. Die geringsten Korrelationskoeffizienten resultierten im Tessin. Auch in dieser Region gaben einige sowohl innerregional als auch im Bezug zur übrigen Schweiz peripher gelegene, aber bevölkerungsreiche Gemeinden wie beispielsweise Mendrisio oder Brissago den Ausschlag. Zudem war um 1800 im Tessin die Hierarchie unter den berücksichtigten Orten bezüglich der Einwohnerzahl noch sehr schwach ausgeprägt, wie in Kapitel 5.1.3 dargelegt worden ist.

Erreichbarkeit und sozio-ökonomische Strukturen um 1870

a) Bevölkerungsstand

Wie bereits für 1800 erläutert, so ergab sich auch für 1870 kein signifikanter Zusammenhang zwischen der Erreichbarkeit im Individualverkehr und der Bevölkerungszahl der Gemeinden. In dieser Hinsicht scheint dagegen der Erreichbarkeit im öffentlichen Verkehr mehr Bedeutung zugekommen zu sein. Immerhin resultierten für den Kanton Zürich Korrelationswerte von über 0.5. Ebenfalls als signifikant erwies sich der relativ geringe Zusammenhang zwischen der schweizweiten ÖV-Erreichbarkeit und der Bevölkerungszahl der Orte im Kanton Bern, während für die Region Tessin kein entsprechender Wert festgestellt werden konnte. Dieses Ergebnis muss im Zusammenhang mit dem Eisenbahnbau gesehen werden (Kapitel 4.5): Gemeinden mit Eisenbahnanschluss konnten ihre ÖV-Erreichbarkeit markant verbessern. Im Tessin war dies aufgrund des erst 1874 mit der Eröffnung der ersten Teilstücke der Gotthardbahn einsetzenden Eisenbahnzeitalters noch nicht möglich. Allerdings wäre es falsch, aus der besseren Erreichbarkeit direkt ein Bevölkerungswachstum der Orte zu folgern. Immerhin lagen zwischen der Eröffnung der ersten ganz auf Schweizer Boden gebauten Eisenbahn und dem hier untersuchten Zeitschnitt nur 13 Jahre. Eher dürfte die Korrelation darauf zurückzuführen sein, dass die ersten Bahnlinien primär die Städte und grösseren Dörfer bedienten. Im Kanton Zürich waren beispielsweise um 1870 sämtliche Orte mit über 5 000 Einwohnern mit der Eisenbahn oder dem Dampfschiff erreichbar und hatten demnach hohe Erreichbarkeitswerte. Im Kanton Bern betraf dies dagegen weniger als zwei Drittel der Orte in dieser Grössenklasse.

Auch die Korrelationsanalyse zwischen der Erreichbarkeit der Bezirke und deren Wanderungsbilanz lässt darauf schliessen, dass um 1870 eine gute Erreichbarkeit nicht in direktem Zusammenhang stand mit der Zuwanderung in einen Bezirk. In keiner der drei Regionen ergaben sich signifikante Korrelationskoeffizienten. Dies lässt sich mit der in Kapitel 5.1 dargelegten Tatsache begründen, dass jeweils die Mehrzahl der Bezirke, darunter auch solche mit hohen Erreichbarkeitswerten, zwischen 1870 und

1880 negative Wanderungssaldi verzeichneten. Dass dagegen in einzelnen Gemeinden durchaus zum Teil starke Zuwanderungen stattfanden, wurde ebenfalls erläutert.

b) Wirtschaftsstruktur

Die drei untersuchten Regionen unterschieden sich stark hinsichtlich des Zusammenhangs zwischen der Erreichbarkeit und dem Anteil der Beschäftigten pro Wirtschaftssektor. Im Tessin konnten wiederum keine signifikanten Korrelationskoeffizienten ermittelt werden. Dennoch liess sich die Tendenz feststellen, dass besser erreichbare Bezirke einen geringeren Anteil Beschäftigte im 1. Sektor aufwiesen. Deutlichere Ergebnisse konnten dagegen für die Kantone Zürich und Bern gewonnen werden. Allerdings entsprechen sich die Korrelationsmuster der beiden Regionen nur gerade in einem Kriterium: Je besser die schweizweite Erreichbarkeit im Individualverkehr ausgeprägt war, desto geringer fiel der Anteil der im 1. Sektor Beschäftigten aus. Während jedoch im Kanton Zürich die IV-Erreichbarkeit auch noch stark mit dem Anteil der Beschäftigten im 3. Sektor korreliert war, erwies sich dieser Zusammenhang im Kanton Bern als unbedeutend. Dagegen bestand hier eine hochsignifikante Korrelation zwischen der Erreichbarkeit (IV und ÖV) und der prozentualen Beschäftigtenzahl im 2. Sektor. Interessant erscheint die generelle Feststellung, dass eine signifikante Negativkorrelation mit dem Anteil Beschäftigter im einen Sektor nicht automatisch mit einer entsprechend signifikanten Positivkorrelation in einem anderen Sektor einhergehen muss. Dieses Phänomen konnte zwar bezüglich der IV-Erreichbarkeit sowohl in Zürich (schweizweite Erreichbarkeit) und in Bern (regionale und schweizweite Erreichbarkeit) festgestellt werden. Aber ein genereller Zusammenhang zwischen besserer ÖV-Erreichbarkeit einerseits sowie geringem Anteil der Beschäftigten im 1. Sektor und gleichzeitig hohem Anteil der Beschäftigten im 2. Sektor erwies sich nicht als signifikant.

c) Kulturelle Durchmischung

Die kulturelle Zusammensetzung der Bevölkerung – ausgedrückt durch die konfessionelle Durchmischung und den Anteil der Ausländer an der Wohnbevölkerung – schien um 1870 kaum abhängig gewesen zu sein von der Erreichbarkeit der betreffenden Gemeinden. Nur gerade im Kanton Zürich ergab sich ein signifikant positiver Zusammenhang zwischen der Erreichbarkeit im öffentlichen Verkehr und den beiden kulturellen Faktoren.[86]

---

[86] Es erscheint evident, dass die Wanderungsbilanz und die kulturellen Faktoren, insbesondere die konfessionelle Durchmischung, in einem kausalen Zusammenhang stehen: In einer Gemeinde wächst die konfessionelle Durchmischung, wenn Zuzüger nicht der in der Gemeinde traditionell dominierenden Konfession angehören. In dieser Untersuchung ist der Zusammenhang jedoch weniger offensichtlich, da die konfessionelle Durchmischung 1870 gemessen wurde, die Wanderungsbilanz jedoch im darauf folgenden Zeitraum 1870 bis 1880.

Erreichbarkeit und sozio-ökonomische Strukturen um 1910

a) Bevölkerungsstand

Für den Zeitschnitt 1910 ergab die Analyse, dass die Erreichbarkeit im öffentlichen Verkehr generell einen stärkeren Zusammenhang mit der Bevölkerungszahl aufwies als jene im Individualverkehr; eine signifikante Korrelation zwischen der IV-Erreichbarkeit auf regionaler Ebene und der Einwohnerzahl der Gemeinden ergab sich einzig im Kanton Zürich. Besonders ausgeprägt war dieser Unterschied in der Region Tessin. Dies spiegelt denselben Prozess wider, der insbesondere im Kanton Zürich bereits für 1870 festgestellt worden war: Nach dem Bau der ersten Eisenbahnen profitierten in erster Linie die bevölkerungsmässig grossen Orte von einer markant besseren ÖV-Erreichbarkeit. Grosse regionale Unterschiede sind bezüglich der Wanderungsbilanz festzustellen: Für den Kanton Zürich ergaben sich beim Vergleich von Erreichbarkeit und Wanderungsbilanz signifikante Korrelationskoeffizienten, jedoch nur bezüglich des Individualverkehrs; die gut ins Strassennetz eingebundenen Bezirke des Kantons Zürich waren demnach auch jene, die zwischen 1900 und 1910 eine Zuwanderung erfuhren, während die Gebiete mit tieferen Erreichbarkeitswerten tendenziell mehr Weg- als Zuzüger verzeichneten. Das gleiche Ergebnis ist für die Region Tessin festzustellen, wo die Bezirke mit den höchsten Erreichbarkeitswerten auch die stärkste Zuwanderung erfuhren. Im Kanton Bern konnte dieser Zusammenhang dagegen nicht festgestellt werden, da hier – ähnlich wie bereits in der Periode zwischen 1870 und 1880 – der grösste Teil der Bezirke zum Abwanderungsgebiet zählte. Die nahe liegende Vermutung, dass eine gute Verkehrsanbindung und eine dichte innere Erschliessung sich positiv auf die Attraktivität eines Bezirks auswirkten und in der Folge eine Zuwanderung verursachten, konnte aufgrund der Untersuchungsergebnisse nicht bestätigt werden. Vielmehr wurde ein ambivalentes Verhältnis zwischen der Erreichbarkeit und der Bevölkerungsbewegung festgestellt. Eine gute Einbindung ins Netz des Individual- und des öffentlichen Verkehrs konnte also sowohl die Zu- als auch die Abwanderung fördern, was in Kapitel 2.1.2 auf theoretischer Basis erläutert worden ist. Andererseits zeigen die Ergebnisse auch, dass mit der Erschliessung beziehungsweise der Erreichbarkeit nur ein Teil der auf die Bevölkerungsbewegungen wirkenden Einflussfaktoren abgedeckt wird.

b) Wirtschaftsstruktur

Die Korrelationsanalyse zwischen der Erreichbarkeit und der Wirtschaftsstruktur der Bezirke ergab im Fall der Kantone Zürich und Bern für 1910 ein ähnliches Bild wie bereits für 1870: Im Kanton Zürich bestand ein signifikanter Zusammenhang zwischen der Erreichbarkeit im regionalen Individualverkehr und dem Anteil Erwerbstätiger im 3. Sektor, im Kanton

Bern ergaben sich dagegen wiederum Korrelationen zwischen der Erreichbarkeit (IV und ÖV) und dem Anteil Erwerbstätiger im 2. Sektor (positive Korrelation) sowie zwischen der IV-Erreichbarkeit und dem Prozentsatz der im 1. Sektor Beschäftigten (negative Korrelation). Für das Tessin dagegen resultierten 1910 Korrelationskoeffizienten, die stark von denjenigen von 1870 abwichen. So stand eine gute Erreichbarkeit im Individualverkehr und im öffentlichen Verkehr in starkem Zusammenhang mit einem geringen Anteil Beschäftigter im 1. Sektor. Der umgekehrte Fall liess sich für den 2. und 3. Sektor feststellen. Für die Bezirke der Region Tessin galt folglich um 1910: Mit steigender Erreichbarkeit nahm der Anteil der im Industrie- und Dienstleistungssektor Beschäftigten zu, während die Zahl der im Landwirtschaftssektor Tätigen abnahm. Diese Feststellung konnte in den Kantonen Zürich und Bern nicht gemacht werden; um 1870 traf sie sogar noch in keiner der drei Regionen zu.

c) Kulturelle Durchmischung

Die kulturelle Durchmischung der Bevölkerung war auch um 1910 nicht wesentlich beeinflusst von der Verkehrsgunst der Gemeinden. Im Kanton Zürich konnte wie bereits 1870 ein signifikanter Zusammenhang mit der Erreichbarkeit im öffentlichen und im regionalen Individualverkehr festgestellt werden, während sich im Kanton Bern keine Korrelation zwischen der Erreichbarkeit und der kulturellen Durchmischung nachweisen liess. Dies kann durch den Umstand begründet werden, dass die verkehrstechnisch peripher gelegenen Gemeinden des Juras einerseits aufgrund der historischen Situation[87] einen hohen Grad der konfessionellen Durchmischung aufwiesen und andererseits einen relativ grossen Anteil ausländischer Bevölkerung – bedingt durch die räumliche Nähe zur Landesgrenze – hatten. Im Tessin hing um 1910 lediglich die Erreichbarkeit mit öffentlichen Verkehrsmitteln signifikant mit der kulturellen Durchmischung zusammen. Die hohen Korrelationskoeffizienten im Falle der konfessionellen Durchmischung resultierten aus der Tatsache, dass die meisten untersuchten Gemeinden entlang der Gotthardbahn sowie die ebenfalls mit hohen Erreichbarkeitswerten dotierte Stadt Locarno einen überdurchschnittlich grossen Anteil Protestanten aufwiesen. Das gleiche gilt auch für den Ausländeranteil um 1910, der zwar generell weit über den entsprechenden Werten der Gemeinden in den Kantonen Zürich und Bern lag, jedoch innerhalb der Region eine starke Streuung aufwies. Je peripherer die Lage der Gemeinden in den Alpentälern war, desto geringer fiel der Ausländeranteil an ihrer Wohnbevölkerung aus.

---

[87] 1815 wurde der grösste Teil des ehemaligen Fürstbistums Basel mit seiner im Nordteil mehrheitlich katholischen und im Südteil mehrheitlich protestantischen Bevölkerung dem protestantischen Kanton Bern zugesprochen. Vgl. Kapitel 5.1.2

5.3 Fazit zur Korrelationsanalyse

Die Korrelationsanalyse hat gezeigt, dass eindeutige und auf alle Untersuchungsregionen zutreffende Aussagen über die Zusammenhänge zwischen Erreichbarkeit und sozio-ökonomischen Entwicklungen nicht möglich sind. Nur eine einzige Korrelation trat in allen drei Untersuchungsregionen ein: Je besser eine Gemeinde um 1910 mit öffentlichen Verkehrmitteln erreichbar war, desto grösser war ihre Einwohnerzahl. Dies galt sowohl bezüglich der Erreichbarkeit im regionalen als auch im nationalen Rahmen. Allerdings lässt diese Korrelation keine Aussage über Ursache und Wirkung zu. Das heisst, es ist nicht offensichtlich, ob die Erreichbarkeit mit öffentlichen Verkehrsmitteln eine tendenziell grössere Bevölkerungszahl generierte, oder ob umgekehrt die einwohnerstarken Orte durch ihr Potential eine verbesserte ÖV-Erschliessung hervorriefen.

Die Resultate der Korrelationsanalyse dürfen nicht dahingehend interpretiert werden, dass zwischen der Erreichbarkeit von Gemeinden und den meisten der ausgewählten sozio-ökonomischen Merkmale im untersuchten Zeitraum grundsätzlich kein Zusammenhang bestand. Vielmehr machte die Analyse deutlich, dass – mit Ausnahme des oben beschriebenen Umstands – keine *allgemeingültigen Aussagen* gemacht werden können zur Art und zur Stärke der Korrelation zwischen der Erreichbarkeit und der sozio-ökonomischen Entwicklung von Gemeinden. Dass solche Wechselwirkungen durchaus Realität waren, zeigt beispielsweise anschaulich die Geschichte vieler Schweizer Tourismusorte, welche ihren Aufschwung zu einem grossen Teil der markanten Verbesserung der Erreichbarkeit aufgrund des Eisenbahn- oder Kunststrassenbaus verdankten (vgl. WÜTHRICH 2006). Dieses Beispiel verdeutlicht, dass der Massstab der Betrachtung entscheidend ist für das Ergebnis einer Analyse: Ist für einen oder mehrere Orte der Zusammenhang zwischen der Erreichbarkeit und der sozio-ökonomischen Entwicklung offensichtlich und auch statistisch belegbar, so darf diese Erkenntnis dennoch nicht verallgemeinert und auf alle untersuchten Gemeinden übertragen werden. Diese Erkenntnis wird in den Schlussfolgerungen in Kapitel 6 aufgegriffen und dabei in den Kontext der Theorie der doppelten Pfadabhängigkeit gestellt.

6 Schlussfolgerungen

Dieses Kapitel hat zum Ziel, die Entwicklung der Erreichbarkeitswerte in der Schweiz, in den Kantonen Zürich und Bern sowie in der Region Tessin zu visualisieren. Dadurch soll aufgezeigt werden, in welchem Ausmass die Teilgebiete und Orte der untersuchten Regionen in den jeweiligen Perioden von Erreichbarkeitsverbesserungen profitieren konnten. Dies bildet einen Erklärungsansatz für die Tatsache, dass sich Ausbauten in der materiellen Verkehrsinfrastruktur und im Verkehrsangebot räumlich unterschiedlich – von der lokalen bis hin zur überregionalen Ebene – auf die Veränderung von Erreichbarkeiten auswirken konnten. Die Ergebnisse werden anschliessend zu den in Kapitel 2 formulierten theoretischen Grundlagen in Beziehung gesetzt. Zum Schluss wird als Synthese die der Untersuchung zugrunde liegende Hypothese beurteilt.

6.1 Gewinner und Verlierer: Veränderungen in der Erreichbarkeit von Regionen

In Kapitel 4 wurde aufgezeigt, dass der Bau neuer und die Modifikation bestehender Verkehrsinfrastrukturen sowie der Ausbau des Verkehrsangebots Veränderungen in der Erreichbarkeit von Standorten zur Folge hatten. In diesem Abschnitt soll dargestellt werden, für welche Orte in den jeweiligen Untersuchungsgebieten die Veränderungen im Verkehrssystem besonders starke oder ausserordentlich schwache Auswirkungen auf die Erreichbarkeit zeigten. Im Fall der Kantone Zürich und Bern sowie der Region Tessin wurden jeweils die innerregionalen Erreichbarkeiten – in Kapitel 5.2 als EK_{REG} bezeichnet – berücksichtigt. Die wichtigsten Ergebnisse werden in den folgenden Abschnitten beschrieben und erklärt. Dabei stehen diejenigen Gebiete im Mittelpunkt, die zwischen zwei aufeinander folgenden Zeitschnitten im innerregionalen Vergleich eine über- oder eine unterdurchschnittliche Verbesserung der Erreichbarkeit aufwiesen, also in Abb. 6.1 bis Abb. 6.12 dunkelgrün beziehungsweise dunkelrot eingefärbt sind. Die Karten zeigen die ordinal skalierte *Verbesserung der Erreichbarkeitswerte* der untersuchten Orte. Wie bereits bei der Berechung der Korrelationen in Kapitel 3.2.7 beschrieben, wurde die Erreichbarkeit also nicht als absolutes, sondern als relatives Mass postuliert. Die entsprechenden Werte der zwischen den untersuchten Orten gelegenen, durch Verkehrswege erschlossenen Raumpunkte wurden interpoliert. Im Weiteren sind die Übersichtskarten in Kapitel 3 sowie die Karten in Kapitel 4, insbesondere die

Illustrationen zur Strassenqualität um 1800, 1870 und 1910, hilfreich im Hinblick auf die Visualisierung von Neu- und Ausbauten im Strassennetz sowie von Veränderungen im Angebot des öffentlichen Verkehrs.

6.1.1 Schweiz

Erreichbarkeit im Individualverkehr

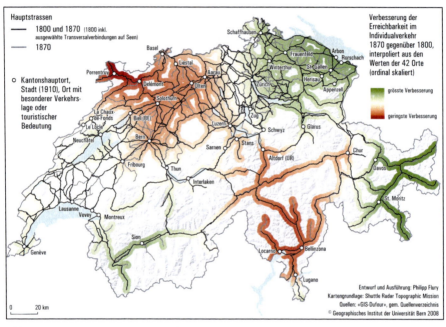

Abb. 6.1   Verbesserung der Erreichbarkeit im Individualverkehr 1800 bis 1870 in der Schweiz

Zwischen 1800 und 1870 wurde die Erreichbarkeit in der Ostschweiz, in Teilen Graubündens sowie im Unterwallis überdurchschnittlich erhöht (Abb. 6.1). In der Ostschweiz ist dies auf das verdichtete Hauptstrassennetz zurückzuführen, während in Graubünden die Erreichbarkeit von Davos und St. Moritz den Ausschlag für die hohen Werte gab. Von den beiden Orten hatte um 1800 noch keine durchgehend befahrbare Strassenverbindung ins Unterland bestanden, so dass die Verbesserung der Erreichbarkeit bis 1870 überdurchschnittlich stark ausfiel. Die hohen Werte im Unterwallis sind auf die verbesserten direkten Strassenverbindungen in die Zentralschweiz, ins Tessin und nach Graubünden (Furka- und Oberalppass) zurückzuführen.
Unter dem Durchschnitt lag die Verbesserung der Erreichbarkeit im zentralen Mittelland, im östlichen Jura, in den Zentralalpen und im Tessin. Im zentralen Mittelland hatten die Erreichbarkeitswerte bereits um 1800 auf

einem hohem Niveau gelegen, so dass bis 1870 die prozentuale Veränderung sogar geringer ausfiel als in den oben erwähnten alpinen Regionen. Im Jura, in den Zentralalpen und im Tessin lässt sich die geringe Verbesserung der Erreichbarkeit auf die Tatsache zurückführen, dass der Raumwiderstand in Form der zu überwindenden topographischen Hindernisse nicht durch die zwischen 1800 und 1870 verbesserte Strassenqualität wettgemacht werden konnte.

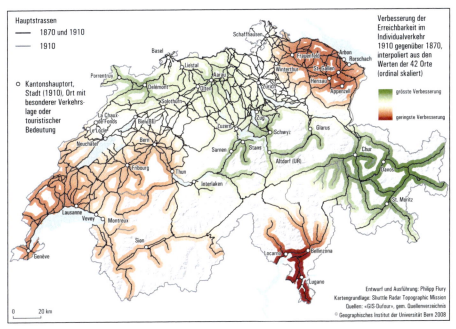

Abb. 6.2   Verbesserung der Erreichbarkeit im Individualverkehr 1870 bis 1910 in der Schweiz

Um 1910 wiesen das zentrale Mittelland, der östliche Jura, die Zentralschweiz und Graubünden die grösste Steigerung der Erreichbarkeitswerte gegenüber 1870 auf (Abb. 6.2). Während diese Entwicklung im Mittelland auf das generell dichte und gut ausgebaute Strassennetz zurückzuführen ist – die meisten Strassenabschnitte gehörten der höchsten Qualitätsstufe an –, ist sie in den drei anderen Regionen eine Folge von einzelnen Strassenausbauten. So reduzierte sich die zu überwindende Höhendifferenz für Fahrten aus dem zentralen und östlichen Mittelland in den Jura dank dem Ausbau der Verbindung durch die Klus von Balsthal. Die Zentralschweizer Orte wurden dank der Verbesserung der Strassen entlang des Vierwaldstättersees und des Neubaus der Verbindung über den Seedamm von Rapperswil besser erreichbar, und in Graubünden wirkte sich der Ausbau der Prättigaustrasse und der Verbindungen über den Julier- und den Albulapass überdurchschnittlich auf die Erreichbarkeit aus.

Im grössten Teil der Westschweiz, in der Region um Bern, in der Ostschweiz und im Tessin lag dagegen die Erhöhung der Erreichbarkeit zwischen 1870 und 1910 unter dem schweizerischen Mittel. Dies kann mit dem Umstand erklärt werden, dass die hier für die Berechnung der Erreichbarkeit berücksichtigten Transitrouten bereits um 1870 annähernd den Ausbaustand von 1910 erreicht hatten und daher keine grossen Verbesserungen mehr möglich waren.

Erreichbarkeit im öffentlichen Verkehr

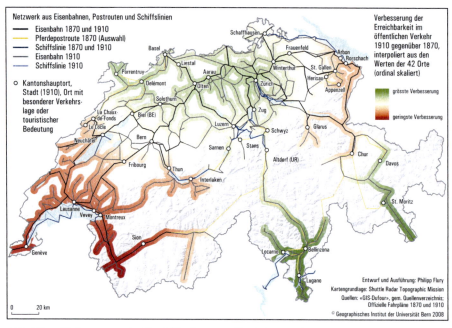

Abb. 6.3   Verbesserung der Erreichbarkeit im öffentlichen Verkehr 1870 bis 1910 in der Schweiz

Bezüglich der Erreichbarkeit im öffentlichen Verkehr haben zwischen 1870 und 1910 in erster Linie jene Orte von einer Verbesserung profitiert, die erst in diesem Zeitraum ans Eisenbahnnetz angeschlossen wurden (Abb. 6.3). Besonders deutlich kommt dies im Fall des Tessins (Gotthardbahn), Graubündens (Rhätische Bahn und Berninabahn) und des Juras (Bahnlinien Biel–Delsberg und Basel–Delle) zum Ausdruck. Im zentralen Mittelland ist die überdurchschnittlich starke Verbesserung der Erreichbarkeit dagegen auf den Umstand zurückzuführen, dass hier die Verbindungen auf dem bereits 1870 bestehenden Eisenbahnnetz stärker intensiviert wurden als in der West- und in der Ostschweiz, wo die Erreichbarkeitszunahme demzufolge unter dem schweizerischen Mittel lag. So verkehrten um 1910 beispielsweise von Olten nach Basel und nach Zürich jeweils 19 Züge pro Tag, während zwischen Lausanne und Genf lediglich 15, zwischen Lausanne und Freiburg 10 und zwischen Lausanne und Sitten 9 tägliche Fahrtmöglichkeiten bestanden. (GENERALDIREKTION DER SCHWEIZERISCHEN BUNDESBAHNEN UND DER SCHWEIZERISCHEN OBERPOSTDIREKTION 1910)

6.1.2 Kanton Zürich

Erreichbarkeit im Individualverkehr

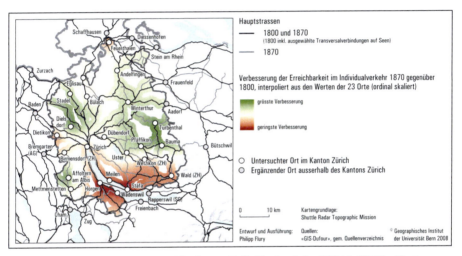

Abb. 6.4   Verbesserung der Erreichbarkeit im Individualverkehr 1800 bis 1870 im Kanton Zürich

Eine überdurchschnittliche Zunahme der Erreichbarkeit ist im Kanton Zürich zwischen 1800 und 1870 für das nördliche Oberland, die Region Winterthur, das Unterland sowie das Knonauer Amt festzustellen (Abb. 6.4). In den beiden erstgenannten Gebieten kann dies auf die 1870 erstmals bestehende durchgehende Strassenverbindung zwischen Winterthur und Bauma sowie die neuen Verbindungen in der Region Uster–Pfäffikon zurückgeführt werden. Dadurch konnte die Konnektivität des Strassennetzes im nördlichen Oberland erheblich erhöht werden. Die starke Zunahme der Erreichbarkeitswerte im Unterland und im Knonauer Amt dagegen ist im Umstand begründet, dass dort mit Regensdorf und Affoltern am Albis zwei Gemeinden liegen, die erst zwischen 1800 und 1870 den Anschluss an das im «GIS-Dufour» erfasste Hauptstrassennetz erlangten, analog zum in Kapitel 6.1.1 geschilderten Fall von Davos und St. Moritz.
Als Gebiete mit einer unterdurchschnittlichen Steigerung der Erreichbarkeit fallen die beiden Zürichseeufer sowie das südliche Oberland auf. Während

dies im Falle der Seegemeinden mit den topographischen Verhältnissen erklärt werden kann – die Erschliessung erfolgte primär linear entlang des Sees in Richtung Zürich, wobei die Vernetzung mit den übrigen Gebieten zweitrangig blieb[88] –, spielte im südlichen Oberland die Strassenqualität eine wichtige Rolle. Um 1870 gehörte dort noch keine Strasse der höchsten Kategorie an.

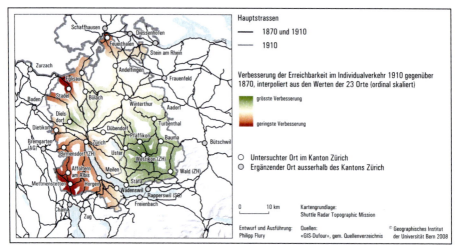

Abb. 6.5   Verbesserung der Erreichbarkeit im Individualverkehr 1870 bis 1910 im Kanton Zürich

Im Gegensatz zur Periode 1800–1870 konnte zwischen 1870 und 1910 das gesamte Zürcher Oberland eine überdurchschnittliche Erreichbarkeitssteigerung verzeichnen (Abb. 6.5). Hier wirkten sich die in dieser Zeitspanne erfolgten Strassenausbauten aus, wurde doch bis 1910 für fast jeden Abschnitt die Qualität um eine Stufe verbessert.

Deutlich unter dem kantonalen Durchschnitt lag die Verbesserung der Erreichbarkeit im Knonauer Amt und im nördlichen Unterland. In beiden Fällen liegt der Grund im Umstand, dass die zur Berechnung der Erreichbarkeit berücksichtigten Strassen um 1910 denselben Verlauf hatten und dieselbe Kategorie aufwiesen wie bereits um 1870, so dass keine wesentliche Veränderung in den Erreichbarkeitswerten auftreten konnte.

---

[88] Für die unterdurchschnittliche Entwicklung der Erreichbarkeit an den beiden Zürichseeufern gibt es zudem noch eine methodische Begründung: Während im Modell um 1800 auf den grossen Schweizer Seen jeweils an einer Stelle eine fiktive Querverbindung für den Individualverkehr eingefügt worden war (in Ermangelung fahrplanmässiger Schiffsverbindungen zu jener Zeit), waren diese Verbindungen um 1870 nicht mehr vorhanden. Vgl. Kapitel 3.2.3

Erreichbarkeit im öffentlichen Verkehr

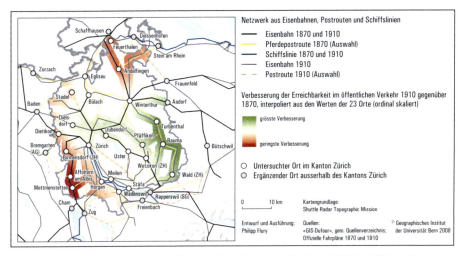

Abb. 6.6   Verbesserung der Erreichbarkeit im öffentlichen Verkehr 1870 bis 1910 im Kanton Zürich

Ähnlich wie beim Individualverkehr sieht auch die räumliche Verteilung der Erreichbarkeitsverbesserungen 1870–1910 im öffentlichen Verkehr aus (Abb. 6.6). Wiederum tritt das Oberland als Region mit einer überdurchschnittlichen Steigerung der entsprechenden Werte hervor. Darin spiegelt sich die im Vergleich mit den anderen Gebieten relativ späte Erschliessung durch die Eisenbahn wider, die dafür eine erhebliche Erreichbarkeitssteigerung gegenüber der Erschliessung durch Pferdepostkurse um 1870 brachte. Das Gegenteil konnte für die Gemeinden des Knonauer Amts und des Weinlands festgestellt werden, wo bereits um 1870 die Eisenbahn für relativ hohe Erreichbarkeitswerte sorgte. Das Angebot auf diesen Linien wurde bis 1910 verhältnismässig gering ausgebaut, so dass auch nur eine im kantonalen Vergleich unterdurchschnittliche Verbesserung der Erreichbarkeit resultierte. Die beiden grössten Zentren des Kantons, Zürich und Winterthur, lagen bezüglich der Erreichbarkeitssteigerung zwischen 1870 und 1910 nur im Mittelfeld. Der Grund ist in den bereits um 1870 hohen Erreichbarkeitswerten zu suchen, analog zu den oben erwähnten Gebieten im Knonauer Amt und im Weinland. Im Gegensatz zu den dortigen Gemeinden konnten Zürich und Winterthur jedoch bis 1910 wesentlich grössere absolute Zunahmen der Erreichbarkeitswerte verzeichnen.

6.1.3 Kanton Bern

Erreichbarkeit im Individualverkehr

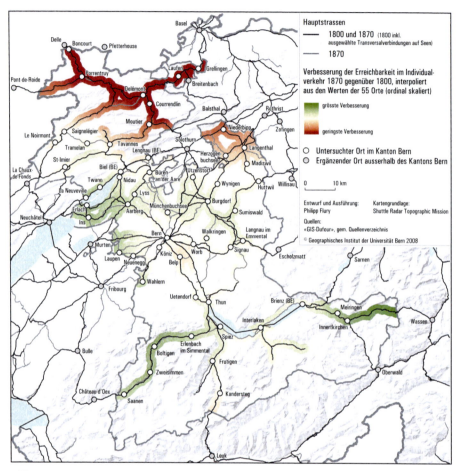

Abb. 6.7   Verbesserung der Erreichbarkeit im Individualverkehr 1800 bis 1870 im Kanton Bern

Im Kanton Bern wiesen zwischen 1800 und 1870 das westliche Seeland, das Simmental und das Oberhasli die grössten prozentualen Erreichbarkeitszunahmen auf (Abb. 6.7). In allen Fällen kann dies mit den Strassenausbauten erklärt werden. Entlang des Bielersees waren die Strassen erst ab den 1830er Jahren durchgehend befahrbar. (DUBLER 2005: 1) Die Simmentalstrasse wies dank der Ausbauten 1870 eine um zwei Klassen höhere Strassenqualität auf als noch um 1800. Die starke Erreichbarkeitsverbesserung des Oberhasli schliesslich ist auf die gesteigerte Strassenqualität der Verbindung ab Meiringen via Innertkirchen zum Sustenpass zurückzuführen. Deutlich unter dem kantonalen Durchschnitt fiel die Verbesserung der Erreichbarkeit dagegen im nördlichen Jura, im Laufental und im nördlichen Oberaargau aus. Zwar wurden zwischen 1800 und 1870 fast alle im Modell berücksichtigten Strassen im Gebiet des damaligen Berner Juras ausgebaut, doch stellten die Juraketten ein topographisches Hindernis dar, das die Erreichbarkeitsverbesserung in stärkerem Masse hemmte, als die gesteigerte Strassenqualität sie fördern konnte. Die verhältnismässig geringe Steigerung der Erreichbarkeit im Oberaargau ist darauf zurückzuführen, dass diese Region trotz ihrer peripheren Lage im Kantonsgebiet bereits um 1800 relativ hohe Erreichbarkeitswerte verzeichnete.

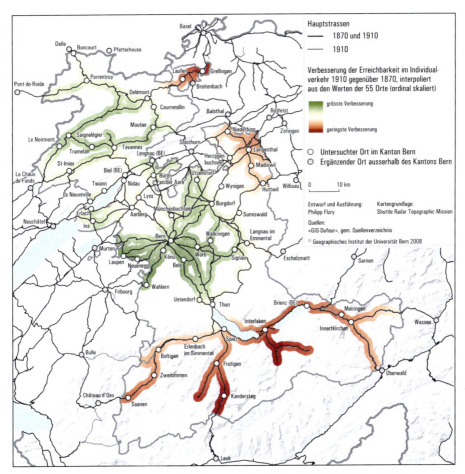

Abb. 6.8   Verbesserung der Erreichbarkeit im Individualverkehr 1870 bis 1910 im Kanton Bern

Die Karte der Erreichbarkeitsverbesserungen zwischen 1870 und 1910 (Abb. 6.8) zeigt ein gegenüber der Periode 1800–1870 stark verändertes Bild. Es waren nun die Gebiete des nördlichen Juras (mit Ausnahme des Laufentals) und des zentralen Berner Mittellandes rund um die Stadt Bern, welche die stärksten Zunahmen der Erreichbarkeitswerte aufwiesen. Im Fall des Juras spielte der Ausbau der Strassenverbindung durch die Klus von Balsthal eine wesentliche Rolle (Kapitel 6.1.1). Auf diese Weise konnten insbesondere die Orte im östlichen Kantonsteil vom Jura aus mit geringerem Aufwand erreicht werden als über die Pierre Pertuis. Das zweite Gebiet mit überdurchschnittlichen Erreichbarkeitsverbesserungen, der Bereich im Umkreis von rund 20 km um die Stadt Bern, lässt sich methodisch erklären: Verschiedene Orte im Umland von Bern wiesen zwischen 1870 und 1910 dank dem Ausbau einzelner Strassenstücke eine verhältnismässig starke Zunahme ihrer Erreichbarkeitswerte auf, so beispielsweise Worb, Walkringen, Laupen oder Wahlern. Da diese Orte in ähnlichen Abständen um Bern angeordnet sind, ergibt sich durch die Interpolation der Werte eine Fläche, die auch für die Stadt eine überdurchschnittliche Steigerung ihrer Erreichbarkeit vermuten lässt. Die Stadt Bern ihrerseits lag diesbezüglich jedoch im kantonalen Durchschnitt.

Verhältnismässig gering fiel die Verbesserung der Erreichbarkeit dagegen im gesamten Berner Oberland aus. Der Grund hierfür liegt in der Qualität der zur Berechnung der Erreichbarkeit berücksichtigten Strassen, die bereits um 1870 in den meisten Fällen den höchsten Stand aufwies. Von den Durchgangsrouten wurden einzig die Strassen über den Grimsel-, Susten- und Jaunpass ganz oder teilweise neu beziehungsweise ausgebaut.

Erreichbarkeit im öffentlichen Verkehr

Abermals ein anderes Bild ergab sich bei der Darstellung der regionalen Erreichbarkeitsverbesserungen im öffentlichen Verkehr zwischen 1870 und 1910 (Abb. 6.9). Eine starke Zunahme der Lagegunst im öffentlichen Verkehrsnetz konnten der nördliche Jura sowie das Simmen- und das Kandertal im Oberland verzeichnen. In beiden Fällen handelt es sich um Gebiete, die erst zwischen 1870 und 1910 ans Eisenbahnnetz angeschlossen wurden, nachdem sie zuvor lediglich über Pferdepostkurse oder – wie im Fall von Kandersteg – über gar keine öffentliche Verkehrsanbindung verfügt hatten.

Im Gegensatz dazu konnten die meisten Regionen, die bereits um 1870 durch Eisenbahnlinien bedient worden waren, bis 1910 ihre Erreichbarkeit verhältnismässig gering steigern. Dies ist entlang der Bahnlinien Bern–Olten, Bern–Biel und Bern–Langnau festzustellen. Dieser Effekt wirkte sich sogar auf jene Gebiete aus, die nicht unmittelbar an den genannten Linien liegen, sondern mit diesen erst zwischen 1870 und 1910 über Nebenbahnen verbunden wurden (Teile des Seelands, des Oberaargaus und des Emmentals). Die entsprechenden Orte waren bereits um 1870 durch Postkurse relativ eng an die Hauptlinien der Eisenbahn angeschlossen gewesen, so dass die später erstellten Nebenbahnen nicht eine ähnlich starke Erreichbarkeitssteigerung wie im Jura oder im westlichen Oberland bewirken konnten.

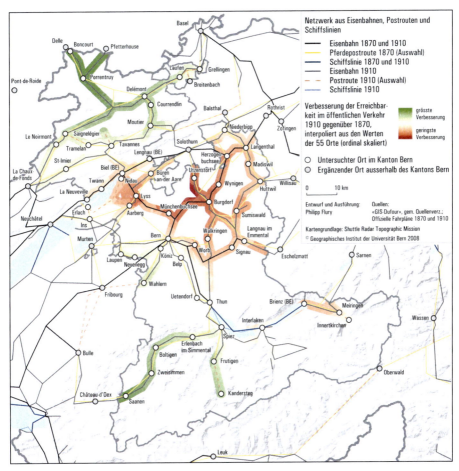

Abb. 6.9 Verbesserung der Erreichbarkeit im öffentlichen Verkehr 1870 bis 1910 im Kanton Bern

6.1.4 Region Tessin

Erreichbarkeit im Individualverkehr

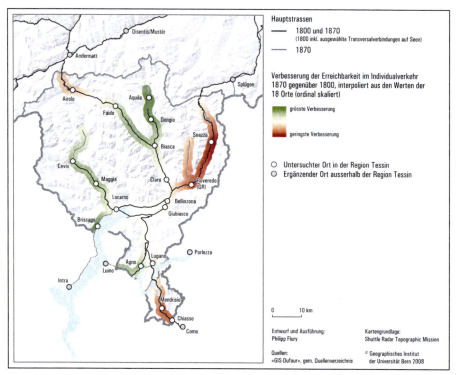

Abb. 6.10 Verbesserung der Erreichbarkeit im Individualverkehr 1800 bis 1870 in der Region Tessin

Innerhalb der Region Tessin sind drei Gebiete auszumachen, die zwischen 1800 und 1870 eine überdurchschnittliche Zunahme der Erreichbarkeit im Individualverkehr verzeichnen konnten: Das Bleniotal, das Maggiatal und die Region westlich Lugano bis zur Grenze zu Italien (Abb. 6.10). In den beiden Tälern wurde die Verbesserung der Erreichbarkeit durch die Strassenausbauten bewirkt; Aquila im Bleniotal erlangte sogar erst zwischen 1800 und 1870 Anschluss ans Hauptstrassennetz. Im Falle der Region um Agno ist die Erklärung für den starken Anstieg der Erreichbarkeitswerte zusätzlich zur Verbesserung der Strassenqualität auch in der neuen, direkten Verbindung nach Lugano zu suchen.

Relativ gering fiel die Verbesserung der Erreichbarkeit dagegen im Bezirk Moesa und im Mendrisiotto aus. Dass die Orte im Bezirk Moesa 1870 noch annähernd die gleichen Erreichbarkeitswerte aufwiesen wie um 1800, obwohl die San-Bernardino-Strasse in diesem Zeitraum ausgebaut wurde, hat einen methodischen Grund: Die relative Verbesserung der Strassenqualität war hier kleiner als in den oben erwähnten Beispielen des Blenio- und des Maggiatals.[89] Da im verwendeten Modell bei der Berechnung der Erreichbarkeit in Gebirgsregionen die Strassenneigung gegenüber der Strassenqualität stark ins Gewicht fällt, resultierte im Bezirk Moesa eine geringere Verbesserung der Erreichbarkeit als in den beiden anderen Tälern. Die bescheidene Erreichbarkeitssteigerung im Mendrisiotto ist dagegen in erster Linie auf dessen periphere Lage zurückzuführen, welcher im Norden des Untersuchungsgebietes die obere Leventina entspricht.

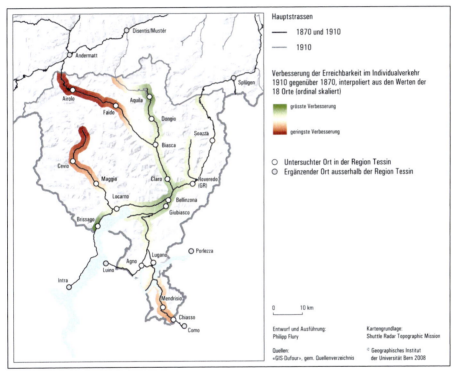

Abb. 6.11 Verbesserung der Erreichbarkeit im Individualverkehr 1870 bis 1910 in der Region Tessin

In der Periode von 1870 bis 1910 stellten der Ausbau der Strassen zu den italienischen Orten Luino und Intra – letztere bewirkte die Erreichbarkeitssteigerung der Region Brissago – und vor allem der Bau der Lukmanier-Strasse die grössten Veränderungen im Tessiner Strassennetz dar (Abb.

---

[89] Im Blenio- und im Maggiatal wurde der Reibungskoeffizient der Strassenoberfläche zwischen 1800 und 1870 um die Hälfte von 0.1 auf 0.05 reduziert, im Bezirk Moesa dagegen lediglich um einen Drittel von 0.05 auf 0.033.

6.11). Die neue Strassenverbindung bewirkte auf der Achse Bellinzona–Bleniotal eine verhältnismässig starke Zunahme der Erreichbarkeitswerte. Aus diesem Gebiet konnte das Bündner Oberland fortan ohne den Umweg über Gotthard- und Oberalppass erreicht werden. Entsprechend gering fiel demgegenüber die Verbesserung der Erreichbarkeit für die Leventina aus, deren Verkehrsgunst sich durch die Lukmanier-Strasse nicht veränderte. Ebenso lag das obere Maggiatal zu peripher, um bezüglich Erreichbarkeit von den erwähnten Neuerungen im Strassennetz profitieren zu können.

Erreichbarkeit im öffentlichen Verkehr

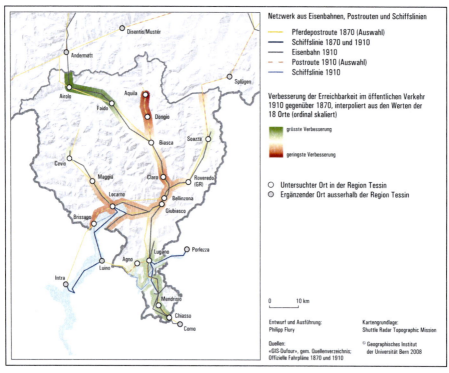

Abb. 6.12   Verbesserung der Erreichbarkeit im öffentlichen Verkehr 1870 bis 1910 in der Region Tessin

Bezüglich der Erreichbarkeitsverbesserungen im öffentlichen Verkehr ergab sich annähernd ein zum Individualverkehr komplementäres Bild (Abb. 6.12). Die Gebiete mit der stärksten Steigerung der Erreichbarkeitswerte zwischen 1870 und 1910 waren die obere Leventina, die Region Lugano sowie das Mendrisiotto. Es handelt sich dabei um im regionalen Rahmen sehr periphere Gebiete. Nach dem Bau der Gotthardbahn konnten diese Gebiete ihre Verkehrsgunst stärker erhöhen als beispielsweise die im

Zentrum der Untersuchungsregion gelegenen Städte Bellinzona und Locarno.
Eine unterdurchschnittliche Erreichbarkeitsverbesserung ergab sich hauptsächlich für das Bleniotal, das auch um 1910 noch über keine Eisenbahnerschliessung verfügte; der öffentliche Verkehr bestand noch bis 1911 aus einer Postkutschenverbindung zum Bahnhof von Biasca. (WÄGLI 1998: 65)

6.2 Synthese zur doppelten Pfadabhängigkeit der Verkehrsinfrastruktur

Diese Studie über die Entwicklung von regionalen Verkehrssystemen in der Schweiz und die daraus resultierenden Erschliessungs- und Erreichbarkeitsveränderungen basierte auf der theoretischen Grundlage der doppelten Pfadabhängigkeit der Verkehrsinfrastruktur. Die *erste Form der Pfadabhängigkeit* besteht darin, dass zu einem Zeitpunkt in der Vergangenheit getroffene Entscheidungen oder geschaffene Institutionen jeweils die nachfolgenden Handlungen beeinflussen. Die Wahrscheinlichkeit, dass ein einmal eingeschlagener Pfad weiterverfolgt wird und somit ein historisches Kontinuum entsteht, steigt mit dem Umfang der bereits investierten Mittel (Kapitel 2.1.1). Die *zweite Form der Pfadabhängigkeit* ist im wörtlichen Sinne zu verstehen. Sie entsteht aus der Tatsache, dass Raumstrukturen in einem Abhängigkeitsverhältnis zu Verkehrsinfrastrukturen (Pfaden) stehen. Deren Raumwirksamkeit kann sowohl direkt – durch die sinnlich wahrnehmbare Präsenz im Raum in Form von Punkt-, Linien- oder Flächenelementen – oder indirekt – durch die Initiierung neuer oder die Verstärkung bestehender sozio-ökonomischer Prozesse im Raum – erfolgen (Kapitel 2.1.2).

6.2.1 Die erste Form der Pfadabhängigkeit

In Kapitel 4 wurde festgestellt, dass sowohl der Grad der Erschliessung als auch die Erreichbarkeit der Gemeinden zu je zwei aufeinander folgenden Zeitschnitten signifikant miteinander korrelierten. Die Ausprägung der untersuchten Indikatoren um 1800 war demnach bestimmend für die entsprechenden Werte um 1870, und diese wiederum beeinflussten die Erschliessung und die Erreichbarkeit um 1910. Diese Kausalkette war in allen analysierten Bezugsräumen – also in der Schweiz, den Kantonen Zürich und Bern sowie der Region Tessin – vorhanden. Sie drückt ein historisches Kontinuum aus; für die Erschliessung, die Erreichbarkeit im öffentlichen und jene im Individualverkehr bestand also während des 19. und zu Beginn des 20. Jahrhunderts eine Pfadabhängigkeit in ihrer ersten Form.

Zu einem anderen Ergebnis führte die Analyse der Erreichbarkeits-*veränderungen* in Kapitel 6.1. Im Fall der Erreichbarkeiten im Individualverkehr, deren Veränderungen für zwei Perioden (1800 bis 1870 und 1870 bis 1910) fassbar sind, liess sich die folgende Feststellung machen: Nur in Ausnahmefällen erfuhren Gemeinden in beiden Perioden jeweils eine über- oder eine unterdurchschnittliche Steigerung ihrer Erreichbarkeit. Das heisst, die Pfadabhängigkeit in ihrer ersten Form kann nicht auf die Erreichbarkeits*veränderungen* im Individualverkehr bezogen werden. Für den öffentlichen Verkehr ist diesbezüglich keine Aussage möglich, da hierzu nur die Resultate der Periode 1870 bis 1910 verfügbar sind.

6.2.2 Die zweite Form der Pfadabhängigkeit

Eine Pfadabhängigkeit in ihrer zweiten Form, also die kausale Verbindung zwischen dem Vorhandensein von Verkehrsinfrastrukturen und der Steuerung sozio-ökonomischer Prozesse im Raum, liess sich nicht generell feststellen. Wie in Kapitel 5 dargelegt wurde, konnte im Falle einzelner Untersuchungsregionen zwar ein Zusammenhang zwischen der Erreichbarkeit und sozio-ökonomischen Merkmalen eruiert werden. Allerdings waren diese Korrelationen in der Regel sehr spezifisch, entweder für einen Zeitschnitt, für eine Region oder für ein erhobenes Merkmal. Daher können die theoretischen Überlegungen, wonach der Verkehr eine indirekte raumprägende Wirkung besitzt, mit den empirischen Ergebnissen dieser Studie weder generell gestützt noch widerlegt werden. Vielmehr veranschaulichen die Resultate deutlich die vier in Kapitel 2.1.2 formulierten Schwierigkeiten, die bei der Messung und Beurteilung dieser zweiten Form der Pfadabhängigkeit bestehen:

- Die Messung der Erreichbarkeit und der Raumentwicklung ist in hohem Masse abhängig von der Wahl der Indikatoren.
- Die Ergebnisse können je nach gewähltem Zeitraum (kurz-, mittel- oder langfristig) unterschiedlich ausfallen.
- Die räumliche Bezugsebene (lokal, regional, national oder international) ist entscheidend für die Ermittlung der Erreichbarkeit und daher für die Analyseergebnisse.
- Die individuellen Entscheide der Menschen, die als handelnde Subjekte die sozio-ökonomischen Prozesse bewirken, können letztendlich nicht in einem Modell erfasst werden, das die Raumentwicklung allein in Abhängigkeit von der Erreichbarkeit betrachtet.

6.2.3 Beurteilung der Hypothese

Indem die Theorie der doppelten Pfadabhängigkeit auf die Entwicklung regionaler Verkehrssysteme in der Schweiz angewendet wurde, kann die als

Ausgangspunkt dieser Studie formulierte Hypothese wieder aufgegriffen und beurteilt werden:

> Die demographische und die wirtschaftliche Entwicklung eines Ortes sind positiv mit dessen Erreichbarkeit korreliert. Um 1800 war die Grundstruktur der Verkehrsnetze auf schweizerischer und regionaler Ebene bereits so gefestigt, dass jene Teilräume, die damals eine verhältnismässig gute Erschliessung und Erreichbarkeit aufwiesen, bis 1910 eine stärkere demographische und wirtschaftliche Entwicklung zeigten als Orte, die erst nach 1800 den Anschluss an das Hauptverkehrsnetz fanden.

Die Grundstruktur der Verkehrsnetze war in der Tat sowohl auf schweizerischer als auch auf regionaler Ebene bereits um 1800 gefestigt. Auch die bis 1910 erfolgten Neu- oder Ausbauten im Bereich der Verkehrsinfrastruktur konnten die Hierarchie der Orte bezüglich Erschliessung und Erreichbarkeit innerhalb der jeweiligen Untersuchungsregion nicht wesentlich verändern. Dies bestätigen die entsprechenden, in Kapitel 4 gewonnenen Korrelationswerte, welche die Entwicklung von Erschliessung und Erreichbarkeit als historisches Kontinuum darstellten.

Nicht bestätigen liess sich jedoch der zweite Teil der Hypothese, wonach die demographische und wirtschaftliche Entwicklung von Gemeinden positiv mit deren Erreichbarkeit zusammenhängt. Obwohl diese Wechselwirkung durchaus für einzelne Orte und statistische Merkmale festzustellen war, kann eine solche Aussage nicht generell für sämtliche in die Untersuchung einbezogenen Gemeinden gemacht werden.

6.3 Rückblick und Ausblick

Die vorliegende Studie hatte zum Ziel, einerseits ein Geographisches Informationssystem für die historische Raum- und Verkehrsforschung in der Schweiz aufzubauen und andererseits dieses GIS im Hinblick auf eine konkrete Fragestellung anzuwenden. Beide Ziele konnten erreicht werden. In den folgenden Ausführungen soll abschliessend kurz auf die Eignung von Geographischen Informationssystemen im genannten Einsatzgebiet eingegangen werden.

6.3.1 GIS als Hilfsmittel in der historischen Verkehrsforschung: Methodenkritik und Fazit am Beispiel des «GIS-Dufour»

Der Aufbau und die Anwendung des «GIS-Dufour» haben gezeigt, dass Geographische Informationssysteme in der historischen Raum- und Verkehrsforschung von grossem Nutzen sind. Neben der einfachen räumlichen

Abfrage, also der eigentlichen Inventarfunktion, erlauben sie die kombinierte Verarbeitung von Daten aus mehreren Themenbereichen mitsamt deren Visualisierung. Sie helfen damit, die Fülle von Informationen zum Verkehrssystem und zur Raumstruktur der Schweiz in der Vergangenheit so zu strukturieren und zu analysieren, dass diese als Entscheidungsgrundlagen für die jeweilige Fragestellung dienen. Bei all diesen Vorzügen muss jedoch stets berücksichtigt werden, dass Geographische Informationssysteme nur Modelle der realen Welt darstellen. (DE LANGE 2002: 317) Denn die Realität kann letztendlich nur untersucht werden, wenn ihre Komplexität durch die Modellbildung reduziert wird. (EGLI et al. 2002: 8) Dies trifft auf die Vergangenheit in besonderem Masse zu, da die Erfassung der historischen Realität aufgrund der zeitlichen Distanz und der dadurch bedingten geringeren Anzahl der zur Verfügung stehenden Quellen eine stärkere Abstraktion erfordert als aktuelle Fragestellungen. Die Modellbildung erfolgte beim Aufbau und bei der Anwendung des «GIS-Dufour», indem die Komplexität der realen Welt in mehreren Bereichen reduziert wurde:

- *Zeitlich* wurde ausschliesslich die Periode des 19. und des beginnenden 20. Jahrhunderts betrachtet.
- *Räumlich* beschränkte sich die Untersuchung auf die Schweiz und insbesondere auf drei Teilregionen. Diese wurden jeweils durch eine Auswahl von Gemeinden repräsentiert.
- *Inhaltlich* musste die historische Realität stark vereinfacht werden: Das Modell beschränkte sich sowohl im Bereich der Verkehrswege – betroffen war insbesondere das auf die Hauptstrassen reduzierte Wegnetz – als auch hinsichtlich der für die Ermittlung von Erschliessung, Erreichbarkeit und sozio-ökonomischer Raumstruktur verwendeten Indikatoren auf eine definierte Auswahl.

Ein grosser Vorteil der Geographischen Informationssysteme besteht darin, dass sie bezüglich der drei genannten einschränkenden Punkte flexibel bearbeitet werden können. Konkret bedeutet dies, dass das «GIS-Dufour» unter Einbezug weiterer Daten räumlich, zeitlich oder inhaltlich erweitert werden kann. Somit ist es auch für weitergehende Fragestellungen als Analyseinstrument einsetzbar. Mögliche Ansätze werden im Folgenden aufgeführt.

6.3.2 Ausblick

Mit der vorliegenden Untersuchung wurde eine Zeitspanne abgedeckt, die geprägt war durch fundamentale Veränderungen im Verkehrssystem. Drei Prozesse sind dabei besonders hervorzuheben: Der schweizweite Kunststrassenbau in den 1830er und 1840er Jahren, die gleichzeitig einsetzende

Phase der Dampfschifffahrt sowie die Einführung der Eisenbahn als grundlegend neues Verkehrsmittel in den 1840er Jahren. Eine nachträgliche Erweiterung des «GIS-Dufour» – zeitlich, räumlich oder inhaltlich – könnte die Bearbeitung weiterer Fragestellungen ermöglichen, die für die Ausprägung der heutigen Verkehrs- und Raumstrukturen in der Schweiz von Bedeutung sind. Das «GIS-Dufour» als Analyseinstrument gilt es mit den jeweils benötigten Informationen zu füllen und vor allem mit einer angemessenen Methodenkritik zu verwenden.

Verzeichnisse

Abbildungsverzeichnis

Abb. 1.1	Prozentualer Anteil der vier naturräumlichen Einheiten der Schweiz an der gesamten Landesfläche sowie Verteilung des Hauptstrassen- und Eisenbahnnetzes auf diese vier Grossregionen	16
Abb. 1.2	Länge des Hauptstrassen- und Eisenbahnnetzes pro Einwohner in den vier naturräumlichen Einheiten der Schweiz	18
Abb. 1.3	Gemeinden mit über 5 000 Einwohnern um 1870 und Eisenbahnlinien um 1870	20
Abb. 1.4	Gemeinden mit über 10 000 Einwohnern um 1950 und geplantes Nationalstrassennetz der 1950er Jahre sowie Ergänzungen und Streichungen bis 2007	21
Abb. 1.5	Einteilung der Kantone aufgrund der wirtschaftlichen Entwicklung im 19. Jahrhundert	25
Abb. 2.1	Unterteilung des Verkehrs in Verkehrsmedien, Verkehrswege und Verkehrsmittel sowie deren Zugehörigkeit zur materiellen Verkehrsinfrastruktur	30
Abb. 2.2	Verkehrsinfrastruktur im regionalen Entwicklungsprozess	35
Abb. 2.3	Schematische Darstellung der Entwicklung von Angebot und Nachfrage hinsichtlich der Verkehrsinfrastruktur	38
Abb. 2.4	Der Übergang von Verkehrsspannungen zu gebauten Verkehrsnetzen	39
Abb. 2.5	Das «Königsberger Brückenproblem»: Darstellung geographisch beziehungsweise geometrisch und topologisch	40
Abb. 2.6	Drei Systeme aus dem Alltag	42
Abb. 2.7	Drei Beispiele von Graphen zur Illustration der Verknüpftheit von Knoten	43
Abb. 2.8	Komplexität des Netzmodells aufgrund der Art der Kantenfolge	44
Abb. 2.9	Schematische Darstellungen von Raummustern gemäss drei Theorien, die Erklärungsansätze für die Zentralität von Standorten liefern	49
Abb. 3.1	Methodisches Vorgehen beim Aufbau des «GIS-Dufour» und bei dessen Anwendung	53

Abb. 3.2	Ungenauigkeiten in der Erstausgabe der Dufourkarte, dargestellt am Beispiel des Laufentals	55
Abb. 3.3	Übersichtskarte der Schweiz mit den für die Untersuchung gewählten Orten	63
Abb. 3.4	Übersichtskarte des Kantons Zürich mit den für die Untersuchung gewählten Orten und Bezirken	63
Abb. 3.5	Übersichtskarte des Kantons Bern mit den für die Untersuchung gewählten Orten und Bezirken	64
Abb. 3.6	Übersichtskarte der Region Tessin mit den für die Untersuchung gewählten Orten und Bezirken	65
Abb. 3.7	Verkehrsnetze im Gebiet zwischen Locarno und Bellinzona um 1910	67
Abb. 3.8	Berechnung von graphentheoretischen Indizes am Beispiel eines einfachen Graphen	69
Abb. 3.9	Das Prinzip der Berechnung von Erreichbarkeitswiderständen pro Kante	74
Abb. 3.10	Masse und Kräfte auf einer schiefen Strassenoberfläche	76
Abb. 3.11	Das Problem der Unterschätzung von Höhendifferenzen bei langen Strassenabschnitten	80
Abb. 4.1	Topologie des Verkehrsnetzes in der Schweiz 1800, 1870 und 1910	92
Abb. 4.2	Verkehrserschliessung ausgewählter Orte in der Schweiz 1800, 1870 und 1910	94
Abb. 4.3	Erschliessung ausgewählter Orte in der Schweiz 1800, 1870 und 1910, dargestellt mit dem topologischen Erreichbarkeitswiderstand (R_{E_T})	95
Abb. 4.4	Qualität der Hauptstrassen in der Schweiz 1800	96
Abb. 4.5	Qualität der Hauptstrassen in der Schweiz 1870	97
Abb. 4.6	Qualität der Hauptstrassen in der Schweiz 1910	97
Abb. 4.7	Neigungen der Hauptstrassen in der Schweiz 1910	98
Abb. 4.8	Erreichbarkeit ausgewählter Orte in der Schweiz 1800, 1870 und 1910 (Individualverkehr)	98
Abb. 4.9	Erreichbarkeitswiderstand ausgewählter Orte in der Schweiz 1800, 1870 und 1910 im Individualverkehr (R_{E_IV})	99
Abb. 4.10	Erreichbarkeit ausgewählter Orte in der Schweiz 1870 und 1910 (öffentlicher Verkehr)	101
Abb. 4.11	Erreichbarkeitswiderstand ausgewählter Orte in der Schweiz 1870 und 1910 im öffentlichen Verkehr ($R_{E\_ÖV}$)	103
Abb. 4.12	Topologie des Verkehrsnetzes im Kanton Zürich 1800, 1870 und 1910	106

Abbildungsverzeichnis

Abb. 4.13	Verkehrserschliessung ausgewählter Orte im Kanton Zürich 1800, 1870 und 1910	108
Abb. 4.14	Erschliessung ausgewählter Orte im Kanton Zürich 1800, 1870 und 1910, dargestellt mit dem topologischen Erreichbarkeitswiderstand (R_{E_T})	108
Abb. 4.15	Qualität der Hauptstrassen im Kanton Zürich 1800	109
Abb. 4.16	Qualität der Hauptstrassen im Kanton Zürich 1870	110
Abb. 4.17	Qualität der Hauptstrassen im Kanton Zürich 1910	110
Abb. 4.18	Neigungen der Hauptstrassen im Kanton Zürich 1910	111
Abb. 4.19	Erreichbarkeit ausgewählter Orte im Kanton Zürich 1800, 1870 und 1910 (Individualverkehr)	111
Abb. 4.20	Erreichbarkeitswiderstand ausgewählter Orte im Kanton Zürich 1800, 1870 und 1910 im Individualverkehr (R_{E_IV})	113
Abb. 4.21	Erreichbarkeit ausgewählter Orte im Kanton Zürich 1870 und 1910 (öffentlicher Verkehr)	113
Abb. 4.22	Erreichbarkeitswiderstand ausgewählter Orte im Kanton Zürich 1870 und 1910 im öffentlichen Verkehr ($R_{E\_ÖV}$)	114
Abb. 4.23	Topologie des Verkehrsnetzes im Kanton Bern 1800, 1870 und 1910	118
Abb. 4.24	Verkehrserschliessung ausgewählter Orte im Kanton Bern 1800, 1870 und 1910	119
Abb. 4.25	Erschliessung ausgewählter Orte im Kanton Bern 1800, 1870 und 1910, dargestellt mit dem topologischen Erreichbarkeitswiderstand (R_{E_T})	120
Abb. 4.26	Qualität der Hauptstrassen im Kanton Bern 1800	121
Abb. 4.27	Qualität der Hauptstrassen im Kanton Bern 1870	122
Abb. 4.28	Qualität der Hauptstrassen im Kanton Bern 1910	123
Abb. 4.29	Neigungen der Hauptstrassen im Kanton Bern 1910	124
Abb. 4.30	Erreichbarkeit ausgewählter Orte im Kanton Bern 1800, 1870 und 1910 (Individualverkehr)	125
Abb. 4.31	Erreichbarkeitswiderstand ausgewählter Orte im Kanton Bern 1800, 1870 und 1910 im Individualverkehr (R_{E_IV})	126
Abb. 4.32	Erreichbarkeit ausgewählter Orte im Kanton Bern 1870 und 1910 (öffentlicher Verkehr)	127
Abb. 4.33	Erreichbarkeitswiderstand ausgewählter Orte im Kanton Bern 1870 und 1910 im öffentlichen Verkehr ($R_{E\_ÖV}$)	128
Abb. 4.34	Topologie des Verkehrsnetzes in der Region Tessin 1800, 1870 und 1910	132

Abb. 4.35 Verkehrserschliessung ausgewählter Orte in der Region Tessin 1800, 1870 und 1910   134

Abb. 4.36 Erschliessung ausgewählter Orte in der Region Tessin 1800, 1870 und 1910, dargestellt mit dem topologischen Erreichbarkeitswiderstand (R_{E_T})   135

Abb. 4.37 Qualität der Hauptstrassen in der Region Tessin 1800   136

Abb. 4.38 Qualität der Hauptstrassen in der Region Tessin 1870   137

Abb. 4.39 Qualität der Hauptstrassen in der Region Tessin 1910   138

Abb. 4.40 Neigungen der Hauptstrassen in der Region Tessin 1910   139

Abb. 4.41 Erreichbarkeit ausgewählter Orte in der Region Tessin 1800, 1870 und 1910 (Individualverkehr)   140

Abb. 4.42 Erreichbarkeitswiderstand ausgewählter Orte der Region Tessin 1800, 1870 und 1910 im Individualverkehr (R_{E_IV})   140

Abb. 4.43 Erreichbarkeit ausgewählter Orte in der Region Tessin 1870 und 1910 (öffentlicher Verkehr)   141

Abb. 4.44 Erreichbarkeitswiderstand ausgewählter Orte der Region Tessin 1870 und 1910 im öffentlichen Verkehr ($R_{E\_ÖV}$)   142

Abb. 4.45 Vergleich der ermittelten Variationskoeffizienten in den Kantonen Zürich und Bern sowie in der Region Tessin (Zeitschnitte 1800, 1870 und 1910)   145

Abb. 5.1 Wohnbevölkerung der untersuchten Gemeinden im Kanton Zürich 1800, 1870 und 1910   148

Abb. 5.2 Wanderungsbilanz in den Bezirken des Kantons Zürich 1870–1880 und 1900–1910   150

Abb. 5.3 Beschäftigte nach Wirtschaftssektoren in den Bezirken des Kantons Zürich 1870 und 1910   150

Abb. 5.4 Konfessionelle Durchmischung der Bevölkerung in den untersuchten Gemeinden des Kantons Zürich 1870 und 1910   151

Abb. 5.5 Anteil Ausländer an der Wohnbevölkerung der untersuchten Gemeinden im Kanton Zürich 1870 und 1910   151

Abb. 5.6 Wohnbevölkerung der untersuchten Gemeinden im Kanton Bern 1800, 1870 und 1910   153

Abb. 5.7 Wanderungsbilanz in den Bezirken des Kantons Bern 1870–1880 und 1900–1910   155

Abb. 5.8 Beschäftigte nach Wirtschaftssektoren in den Bezirken des Kantons Bern 1870 und 1910   156

Abb. 5.9	Konfessionelle Durchmischung der Bevölkerung in den untersuchten Gemeinden des Kantons Bern 1870 und 1910	157
Abb. 5.10	Anteil Ausländer an der Wohnbevölkerung der untersuchten Gemeinden im Kanton Bern 1870 und 1910	158
Abb. 5.11	Wohnbevölkerung der untersuchten Gemeinden in der Region Tessin 1800, 1870 und 1910	160
Abb. 5.12	Wanderungsbilanz in den Bezirken der Region Tessin 1870–1880 und 1900–1910	161
Abb. 5.13	Beschäftigte nach Wirtschaftssektoren in den Bezirken der Region Tessin 1870 und 1910	162
Abb. 5.14	Konfessionelle Durchmischung der Bevölkerung in den untersuchten Gemeinden der Region Tessin 1870 und 1910	163
Abb. 5.15	Anteil Ausländer an der Wohnbevölkerung der untersuchten Gemeinden in der Region Tessin 1870 und 1910	164
Abb. 6.1	Verbesserung der Erreichbarkeit im Individualverkehr 1800 bis 1870 in der Schweiz	176
Abb. 6.2	Verbesserung der Erreichbarkeit im Individualverkehr 1870 bis 1910 in der Schweiz	177
Abb. 6.3	Verbesserung der Erreichbarkeit im öffentlichen Verkehr 1870 bis 1910 in der Schweiz	178
Abb. 6.4	Verbesserung der Erreichbarkeit im Individualverkehr 1800 bis 1870 im Kanton Zürich	179
Abb. 6.5	Verbesserung der Erreichbarkeit im Individualverkehr 1870 bis 1910 im Kanton Zürich	180
Abb. 6.6	Verbesserung der Erreichbarkeit im öffentlichen Verkehr 1870 bis 1910 im Kanton Zürich	181
Abb. 6.7	Verbesserung der Erreichbarkeit im Individualverkehr 1800 bis 1870 im Kanton Bern	182
Abb. 6.8	Verbesserung der Erreichbarkeit im Individualverkehr 1870 bis 1910 im Kanton Bern	183
Abb. 6.9	Verbesserung der Erreichbarkeit im öffentlichen Verkehr 1870 bis 1910 im Kanton Bern	185
Abb. 6.10	Verbesserung der Erreichbarkeit im Individualverkehr 1800 bis 1870 in der Region Tessin	186
Abb. 6.11	Verbesserung der Erreichbarkeit im Individualverkehr 1870 bis 1910 in der Region Tessin	187
Abb. 6.12	Verbesserung der Erreichbarkeit im öffentlichen Verkehr 1870 bis 1910 in der Region Tessin	188

Tabellenverzeichnis

Tab. 2-1	Mögliche Kosten der Kanten in unterschiedlichen Arten von Netzen	45
Tab. 3-1	Thematische und methodische Kriterien bei der Auswahl der untersuchten Zeitschnitte	59
Tab. 3-2	Reibungskoeffizienten für unterschiedliche Strassentypen	76
Tab. 3-3	Verfügbare statistische Daten zu den Kategorien Bevölkerungsstand, Wirtschaftsstruktur und kulturelle Durchmischung	85
Tab. 4-1	Graphentheoretische Indizes für das Verkehrsnetz der Schweiz um 1800, 1870 und 1910	93
Tab. 4-2	Korrelationskoeffizienten als Mass für den Zusammenhang zwischen Topologie und Erreichbarkeit von ausgewählten Orten in der Schweiz, berechnet aus SPEARMAN-Rangkorrelationen	105
Tab. 4-3	Variationskoeffizienten für den topologischen Erreichbarkeitswiderstand und die Erreichbarkeitswiderstände im Individual- und im öffentlichen Verkehr der Schweiz	105
Tab. 4-4	Graphentheoretische Indizes für das Verkehrsnetz des Kantons Zürich um 1800, 1870 und 1910	107
Tab. 4-5	Korrelationskoeffizienten als Mass für den Zusammenhang zwischen Topologie und Erreichbarkeit von ausgewählten Orten im Kanton Zürich, berechnet aus SPEARMAN-Rangkorrelationen	116
Tab. 4-6	Variationskoeffizienten für den topologischen Erreichbarkeitswiderstand und die Erreichbarkeitswiderstände im Individual- und im öffentlichen Verkehr des Kantons Zürich	117
Tab. 4-7	Graphentheoretische Indizes für das Verkehrsnetz des Kantons Bern um 1800, 1870 und 1910	118
Tab. 4-8	Korrelationskoeffizienten als Mass für den Zusammenhang zwischen Topologie und Erreichbarkeit von ausgewählten Orten im Kanton Bern, berechnet aus SPEARMAN-Rangkorrelationen	130
Tab. 4-9	Variationskoeffizienten für den topologischen Erreichbarkeitswiderstand und die Erreichbarkeitswiderstände im Individual- und im öffentlichen Verkehr des Kantons Bern	131
Tab. 4-10	Graphentheoretische Indizes für das Verkehrsnetz der Region Tessin um 1800, 1870 und 1910	133
Tab. 4-11	Korrelationskoeffizienten als Mass für den Zusammenhang zwischen Topologie und Erreichbarkeit von ausgewählten Orten in der Region Tessin, berechnet aus SPEARMAN-Rangkorrelationen	144

Tab. 4-12 Variationskoeffizienten für den topologischen Erreichbarkeitswiderstand und die Erreichbarkeitswiderstände im Individual- und im öffentlichen Verkehr der Region Tessin — 145

Tab. 5-1 In die Korrelationsanalyse einbezogene unabhängige und abhängige Variablen — 166

Tab. 5-2 Korrelationskoeffizienten aus der SPEARMAN-Rangkorrelation für die Erreichbarkeitswerte und die sozio-ökonomischen Merkmale im Kanton Zürich — 167

Tab. 5-3 Korrelationskoeffizienten aus der SPEARMAN-Rangkorrelation für die Erreichbarkeitswerte und die sozio-ökonomischen Merkmale im Kanton Bern — 168

Tab. 5-4 Korrelationskoeffizienten aus der SPEARMAN-Rangkorrelation für die Erreichbarkeitswerte und die sozio-ökonomischen Merkmale in der Region Tessin — 169

Literaturverzeichnis

Gedruckte Literatur

ACKERMANN, Michael, 1992: Konzepte und Entscheidungen in der Planung der schweizerischen Nationalstrassen von 1927 bis 1961. (Europäische Hochschulstudien, Reihe 3, Bd. 515) Bern.

ATMANAGARA, Jenny, 2007: Evaluation der Infrastrukturförderung in Regional-, Tourismus- und Verkehrspolitik der Schweiz. Eine Fallstudie zur Region Visp-Saastal im Kanton Wallis. (Dissertation am Geographischen Institut der Universität Bern) Bern.

AXHAUSEN, Kay, et al., 2004: Erreichbarkeitsveränderungen in der Schweiz und ihre Wechselwirkungen mit der Bevölkerungsveränderung 1950–2000. In: GAMERITH, Werner, et al., 2004: Alpenwelt – Gebirgswelten. Inseln, Brücken, Grenzen. Bern. S. 309–317.

BAHRENBERG, Gerhard; GIESE, Ernst; NIPPER, Josef, 1990: Statistische Methoden in der Geographie 1. Stuttgart.

BAVIER, Simeon, 1878: Die Strassen der Schweiz. Zürich.

BECK, Bernhard, 1982: Lange Wellen wirtschaftlichen Wachstums in der Schweiz 1814–1913. Bern.

BERGIER, Jean-François, 1990: Wirtschaftsgeschichte der Schweiz. Von den Anfängen bis zur Gegenwart. Zürich.

BEYER, Jürgen, 2006: Pfadabhängigkeit. Über institutionelle Kontinuität, anfällige Stabilität und fundamentalen Wandel. Frankfurt/Main.

BICKEL, Hans, 1996: Traditionelle Schiffahrt auf den Gewässern der deutschen Schweiz. (Sprachlandschaft, Bd. 17) Aarau.

BIRK, Alfred, 1915: Der Wegebau. In seinen Grundzügen dargestellt für Studierende und Praktiker. (Teil 4: Linienführung der Strassen und Eisenbahnen) Leipzig.

BLEISCH, Andreas, 2005: Die Erreichbarkeit von Regionen. Ein Benchmarking-Modell. (Dissertation an der Wirtschaftswissenschaftlichen Fakultät der Universität Basel) Basel.

BOLLMANN, Jürgen; KOCH, Wolf Günther (Hg.), 2001: Lexikon der Kartographie und Geomatik. (Band 1) Heidelberg.

BRUNOTTE, Ernst, et al. (Hg.), 2002: Lexikon der Geographie. (Band 2) Darmstadt.

BUNDESAMT FÜR RAUMENTWICKLUNG (Hg.), 2002: Forschungskonzept 2004–2007 «Nachhaltige Raumentwicklung und Mobilität». Bern.

BUNDESAMT FÜR RAUMENTWICKLUNG (Hg.), 2005: Raumentwicklungsbericht 2005. Bern.

BUNDESAMT FÜR RAUMENTWICKLUNG (Hg.), 2007: Räumliche Auswirkungen der Verkehrsinfrastrukturen – Evaluation der Methodik anhand der Fallstudien. Bern.

BUNDESAMT FÜR RAUMPLANUNG (Hg.), 1998: Vademecum Raumplanung Schweiz. Bern.

BUNDESAMT FÜR STATISTIK (Hg.), 2007: Mobilität und Verkehr. Taschenstatistik 2007. Neuenburg.

BURGGRAAFF, Peter, 1996: Der Begriff «Kulturlandschaft» und die Aufgaben der «Kulturlandschaftspflege» aus der Sicht der Angewandten Historischen Geographie. In: Natur- und Landschaftskunde 32 (1996), S. 10-12.

CESCHI, Raffaello, 1998a: Strade, boschi e migrazioni. In: CESCHI, Raffaello (Hg.), 1998: Storia del Cantone Ticino. (Band 1: L'ottocento) Bellinzona. S. 183-214.

CESCHI, Raffaello, 1998b: L'età delle emigrazioni transoceaniche e delle ferrovie. In: CESCHI, Raffaello (Hg.), 1998: Storia del Cantone Ticino. (Band 1: L'ottocento) Bellinzona. S. 297-332.

CHRISTALLER, Walter, 1933: Die zentralen Orte in Süddeutschland. Jena.

CLARK, John; HOLTON, Derek Allan, 1994: Graphentheorie. Grundlagen und Anwendungen. Heidelberg.

DE CURTIS, Stefania; FERNÁNDEZ FERRER, Julián, 1992: Physik. Klagenfurt.

DE LANGE, Norbert, 2002: Geoinformatik in Theorie und Praxis. Berlin.

EGLI, Hans-Rudolf; BRATSCHI, Simon; FLURY, Philipp; WENGER, Anita, 2002: Analyse, Bewertung und Inwertsetzung der historischen Kulturlandschaft im Seeland. (Schlussbericht COST-Aktion G2, Geographisches Institut der Universität Bern) Bern. *Unveröffentlicht*

EGLI, Hans-Rudolf; FLURY, Philipp; FREY, Thomas; SCHIEDT, Hans-Ulrich, 2005: GIS-Dufour – Verkehrs- und Raumanalyse auf historischer Grundlage. In: Geomatik Schweiz 5/2005, S. 246-249.

EIDGENÖSSISCHES DEPARTEMENT DES INNERN (Hg.), 1981: Inventar der schützenswerten Ortsbilder der Schweiz (ISOS). Bern.

EIDGENÖSSISCHES TOPOGRAPHISCHES BUREAU (Hg.), 1896: Die Schweizerische Landesvermessung 1832–1864. Bern.

FLÜELER, Niklaus; FLÜELER-GRAUWILER, Marianne (Hg.), 1994: Geschichte des Kantons Zürich. (Band 3: 19. und 20. Jahrhundert) Zürich.

FLURY, Philipp, 2003: Die Entwicklung der Siedlungs- und Verkehrsstrukturen im Berner Seeland seit 1870. Eine GIS-gestützte Kartenanalyse. (Diplomarbeit am Geographischen Institut der Universität Bern) Bern. *Unveröffentlicht*

FREY, Thomas; VOGEL, Lukas, 1997: «Und wenn wir auch die Eisenbahn mit Kälte begrüssen...». Die Auswirkungen der Verkehrsintensivierung in der Schweiz auf Demographie, Wirtschaft und Raumstruktur (1870–1910). Zürich.

GATHER, Matthias, 2003: Erreichbarkeit und Einwohnerpotenziale Zentraler Orte. In: Raumforschung und Raumordnung 3/2003. S. 211-222.

GROSJEAN, Georges, 1982: Die Schweiz. Geopolitische Dynamik und Verkehr. (Geographica Bernensia U3) Bern.

GROSJEAN, Georges, 1996: Geschichte der Kartographie. (Geographica Bernensia U8) Bern.

HAGGETT, Peter, 2004: Geographie. Eine globale Synthese. Stuttgart.

HEINEBERG, Heinz, 2004: Einführung in die Anthropogeographie/Humangeographie. Paderborn.

HEINRITZ, Günter, 1979: Zentralität und zentrale Orte. Stuttgart.

JALSOVEC, Andreas, 2000: Transport und regionale ökonomische Entwicklung. Berlin.

LEIBBRAND, Kurt, 1980: Stadt und Verkehr. Theorie und Praxis der städtischen Verkehrsplanung. Basel.

LESER, Hartmut (Hg.), 1997: Wörterbuch Allgemeine Geographie. München.

LIENAU, Cay, 2000: Die Siedlungen des ländlichen Raumes. Braunschweig.

LÖFFLER, Hans; HAMBERGER, Joachim; WARKOTSCH, Walter, 2002: Wie in Bayern das Holz aus dem Wald kam. In: BLEYMÜLLER, Hans; GUNDERMANN, Egon; BECK, Roland (Hg.), 2002: 250 Jahre Bayerische Staatsforstverwaltung – Rückblicke, Einblicke, Ausblicke (Band 2). München. S. 335-368.

MAIER, Jörg; ATZKERN, Klaus-Dieter, 1992: Verkehrsgeographie. Verkehrsstrukturen, Verkehrspolitik, Verkehrsplanung. Stuttgart.

MATTMÜLLER, Markus, 1987: Zum Problem des rückschreibenden Schätzungsverfahrens. In: MATTMÜLLER, Markus (Hg.), 1987: Bevölkerungsgeschichte der Schweiz. Teil 1/Band 2 (Basler Beiträge zur Geschichte, Band 154a) Basel. S. 559-560.

MAYNTZ, Renate, 2002: Akteure – Mechanismen – Modelle. Zur Theoriefähigkeit makro-sozialer Analysen. Frankfurt/Main.

MYRDAL, Gunnar, 1959: Ökonomische Theorie und unterentwickelte Regionen. Stuttgart.

NUHN, Helmut; HESSE, Markus, 2006: Verkehrsgeographie. Paderborn.

NYSTUEN, John D., 1970: Die Bestimmung einiger fundamentaler Raumbegriffe. In: BARTELS, Dietrich (Hg.), 1970: Wirtschafts- und Sozialgeographie. Köln, S. 85-94.

PFISTER, Christian, 1995: Im Strom der Modernisierung. Bevölkerung, Wirtschaft und Umwelt 1700-1914. Bern.

PFISTER, Christian; EGLI, Hans-Rudolf (Hg.), 1998: Historisch-Statistischer Atlas des Kantons Bern. Bern.

PLÖGER, Rolf, 2003: Inventarisation der Kulturlandschaft mit Hilfe von Geographischen Informationssystemen (GIS). (Dissertation am Geographischen Institut der Universität Bonn) Bonn.

REY, Urs, 2003: Demografische Strukturveränderungen und Binnenwanderung in der Schweiz 1850–1950. (Dissertation an der Philosophischen Fakultät I der Universität Zürich) Zürich. *Unveröffentlicht*

RUTZ, Werner, 1971: Erreichdauer und Erreichbarkeit als Hilfswerte verkehrsbezogener Raumanalyse. In: Raumforschung und Raumordnung 4/1971. S. 146-156.

SCHÄTZL, Ludwig, 2001: Wirtschaftsgeographie 1. Theorie. Paderborn.

SCHIEDT, Hans-Ulrich, 2006: Chausseen und Kunststrassen: Der Bau der Hauptstrassen zwischen 1740 und 1910. In: Schweizerische Zeitschrift für Geschichte 1/2006, S. 13-21.

SCHLIEPHAKE, Konrad, 1982: Verkehrsgeographie. In: HAGEL, Jürgen; MAIER, Jörg; SCHLIEPHAKE, Konrad, 1982: Sozial- und Wirtschaftsgeographie 2. (Harms Handbuch der Geographie) München, S. 39-159.

SCHLIEPHAKE, Konrad, 2005: Verkehr und Mobilität. In: SCHENK, Winfried; SCHLIEPHAKE, Konrad (Hg.), 2005: Allgemeine Anthropogeographie. Gotha, S. 531-580.

SCHLUCHTER, André, 1988: Die Bevölkerung der Schweiz um 1800. Bern.

SCHWEIZERISCHES POST- UND EISENBAHNDEPARTEMENT (Hg.), 1915: Graphisch-statistischer Verkehrs-Atlas der Schweiz. Bern.

SUMMERMATTER, Pascal, 2007: Brüche in der Stadtentwicklung am Beispiel von Brig. (Diplomarbeit am Geographischen Institut der Universität Bern) Bern. *Unveröffentlicht*

TANNER, Rolf Peter, 2007: Geopolitische Dynamik und Verkehr im Fürstbistum Basel von der Antike bis zum Eisenbahnbau. (Geographica Bernensia G76) Bern.

THIERSTEIN, Alain, 2002: Von der Raumordnung zur Raumentwicklung. Modeerscheinung oder Ausdruck neuer Akteure und Trends? In: DISP 148, 1/2002. S. 10-18.

TRISCHLER, Helmuth; DIENEL, Hans-Liudger, 1997: Geschichte der Zukunft des Verkehrs. Eine Einführung. In: DIENEL, Hans-Liudger; TRISCHLER, Helmuth (Hg.), 1997: Geschichte der Zukunft des Verkehrs. Verkehrskonzepte von der Frühen Neuzeit bis zum 21. Jahrhundert. (Beiträge zur Historischen Verkehrsforschung 1) Frankfurt/Main.

TSCHOPP, Martin, et al., 2003: Accessibility, Spatial Organisation and Demography in Switzerland through 1850 to 2000: First Results. (Arbeitsberichte Verkehrs- und Raumplanung 186, Institut für Verkehrsplanung und Transportsysteme ETH Zürich) Zürich.

VALANCE, Marc; GANZ, Michael T.; STEINER, Herbert, 2006: Gelb fahren. 100 Jahre Postauto. Zürich.

VETTER, Friedrich, 1970: Netztheoretische Studien zum niedersächsischen Eisenbahnnetz. Berlin.

VOIGT, Fritz, 1953: Verkehr und Industrialisierung. In: Zeitschrift für die gesamte Staatswissenschaft 109/1953. S. 193-239.

VON THÜNEN, Johann Heinrich, 1826: Der isolierte Staat in Beziehung auf Landwirtschaft und Nationalökonomie. Berlin.

WÄGLI, Hans G., 1998: Schienennetz Schweiz: Strecken, Brücken, Tunnels. Ein technisch-historischer Atlas. Zürich.

WAHLEN, Peter, 1999: Städtesystem und zentrale Orte im Kanton Bern seit 1850. (Diplomarbeit am Geographischen Institut der Universität Bern) Bern. *Unveröffentlicht*

WEBER, Alfred, 1909: Über den Standort der Industrien. Tübingen.

WÜTHRICH, Christoph, 2006: Erreichbarkeit und touristische Entwicklung am Beispiel der Schweizer Alpen von 1850 bis zur Gegenwart. (Diplomarbeit am Geographischen Institut der Universität Bern) Bern. *Unveröffentlicht*

Manuskripte und schriftliche Mitteilungen

BUNDESAMT FÜR STATISTIK (Hg.), 2005a: Verschwundene Gemeinden 1850-2002. *Schriftliche Mitteilung vom 3.10.2005*

BUNDESAMT FÜR STATISTIK (Hg.), 2005b: Neue Gemeinden 1850-2002. *Schriftliche Mitteilung vom 3.10.2005*

BURGGRAAFF, Peter, o.J.: Kulturlandschaftsforschung und Kulturlandschaftspflege. (Manuskript) Koblenz.

FREY, Thomas, 2007a: GIS-Dufour. Kommentar zu den Strukturdaten (Manuskript). In: DVD GIS-DUFOUR, 2007.

FREY, Thomas, 2007b: GIS-Dufour. Kommentar zur Verkehrsstatistik 1870 und 1910 (Manuskript). In: DVD GIS-DUFOUR, 2007.

SCHIEDT, Hans-Ulrich, 2007a: GIS-Dufour. Dokumentation «Linien – Quellen, Definitionen, Bemerkungen zu GeoWorkspace und Datenbank» (Manuskript). In: DVD GIS-DUFOUR, 2007.

SCHIEDT, Hans-Ulrich, 2007b: GIS-Dufour. Kapazitäten bei Fuhrwerken, 1750-1910. Ein Beitrag zur Abbildung des historischen Individualverkehrs (Manuskript). In: DVD GIS-DUFOUR, 2007.

Ungedruckte Literatur

Bei Internet-Adressen ist das Datum der letzten Überprüfung in Klammern gesetzt.

ARCGIS DESKTOP HELP (Version 9.1): Stichwort «Transportation Network».

BÄRTSCHI, Hans-Peter; DUBLER, Anne-Marie, 2006: Eisenbahnen. In: Historisches Lexikon der Schweiz (HLS). www.hls-dhs-dss.ch/textes/d/D7961-1-2.php (27.2.2009)

BUNDESAMT FÜR STATISTIK (Hg.), 2003: Gemeindeliste der Schweiz, Stand 2003. www.statistik.admin.ch (27.2.2009)

CERUTTI, Mauro, 2007: Italia. In: Historisches Lexikon der Schweiz (HLS). www.hls-dhs-dss.ch/textes/i/I3359-3-3.php (27.2.2009)

CHIESI, Giuseppe, 2005: Biasca. In: Historisches Lexikon der Schweiz (HLS). www.hls-dhs-dss.ch/textes/i/I2248.php (27.2.2009)

CRIVELLI, Pablo; ORELLI, Chiara, 2007: Bellinzona (comune). In: Historisches Lexikon der Schweiz (HLS). www.hls-dhs-dss.ch/textes/i/I2031.php (27.2.2009)

DOSWALD, Cornel, 2003: Bestandesaufnahme historischer Verkehrswege am Beispiel der Schweiz. www.viastoria.ch (27.2.2009)

DUBLER, Anne-Marie, 2005: Bielersee. In: Historisches Lexikon der Schweiz (HLS). www.hls-dhs-dss.ch/textes/d/D8646.php (27.2.2009)

DVD GIS-DUFOUR, 2007: GIS-Dufour. Aufbau und Implementierung eines Vektor-25-kompatiblen geografischen Informationssystems für die Verkehrs- und Raumforschung auf historischer Grundlage. (DVD als Synthese des gleichnamigen Nationalfonds-Projektes am Geographischen Institut der Universität Bern) Bern. *Unveröffentlicht*

JANKE, Rosanna, 2007: Locarno (comune). In: Historisches Lexikon der Schweiz (HLS). www.hls-dhs-dss.ch/textes/i/I2108.php (27.2.2009)

MOOS, Carlo, 2007: Italien. In: Historisches Lexikon der Schweiz (HLS). www.hls-dhs-dss.ch/textes/d/D3359-1-3.php (27.2.2009)

NEGRO, Giuseppe, 2007: Lugano (comune). In: Historisches Lexikon der Schweiz (HLS). www.hls-dhs-dss.ch/textes/i/I2177.php (27.2.2009)

RÖTHLISBERGER, Urs; WITTMANN, Armin, 1994: Routing-Algorithmen. (Unterrichtsmaterialien am Institut für Verhaltenswissenschaften der ETH Zürich) www.educ.ethz.ch (27.2.2009)

SCHWEIZER ORTHOGRAPHISCHE KONFERENZ (SOK), 2007: Geographische Namen: Mehrsprachige Namen Schweiz. www.sok.ch (27.2.2009)

Quellenverzeichnis

Gedruckte Quellen

Karten

Atlas Suisse, aufgenommen und gezeichnet von Johann Heinrich WEISS [und Joachim Eugen Müller] auf Kosten von J. R. MEYER aus Aarau in den Jahren von 1786 bis 1802; gestochen von [Christophe] GUÉRIN, [Matthias Gottfried] EICHLER et [Johann Jakob] SCHEURMANN.

Etappenkarte der Schweiz, 1:500 000, bearbeitet vom Eidgenössischen Generalstabsbureau, Bern 1900.

WOERL, Joseph Edmund: Karte der Schweiz, 19 Blätter und Titelblatt. 1:200 000. Freiburg im Breisgau 1835/1836. [Daraus hervorgegangen: Joseph Edmund Woerl. Atlas von SüdwestDeutschland und dem Alpenlande. 1831–1843].

KELLER, Heinrich: Kellers erste Reisekarte der Schweiz, 1. Auflage 1813ff.

KELLER, Heinrich: Kellers zweite Reisekarte der Schweiz, 1. Auflage 1833ff.

Topographischer Atlas der Schweiz («Siegfriedkarte»), 1:25 000. Kartenblätter der Ausgabe um 1910.

Topographische Karte der Schweiz («Dufourkarte»), 1:100 000. Kartenblätter gemäss folgender Übersicht:

Blatt Nr.	Erscheinungsjahr Ausgabe um 1860	Erscheinungsjahr Ausgabe um 1900
II	1846	1902
III	1849	1904
IV	1850	1899
V	1850	1903
VI	1846	1902
VII	1845	1902
VIII	1861	1902
IX	1854	1900
X	1853	1901
XI	1849	1902
XII	1860	1900
XIII	1864	1900
XIV	1862	1899
XV	1853	1899
XVI	1845	1898
XVII	1844	1903
XVIII	1854	1904
XIX	1858	1901
XX	1854	1903
XXI	1848	1899
XXII	1861	1904
XXIII	1863	1899
XXIV	1855	1902

Weitere gedruckte Quellen

Fahrtenplan der Schweizer Eisenbahnen, Posten und Dampfboote 1870. (Infothek SBB)

Übersichtsplan «Sommerfahrt-Ordnung 1870». (Archiv PTT)

GENERALDIREKTION DER SCHWEIZERISCHEN BUNDESBAHNEN UND DER SCHWEIZERISCHEN OBERPOSTDIREKTION (Hg.), 1910: Offizielles Schweizerisches Kursbuch (Ausgabe Oktober-November). Bern. (Infothek SBB)

LUTZ, Markus, 1828: Vollständige Beschreibung des Schweizerlandes. Oder geographisch-statistisches Hand-Lexikon über alle in gesammter Eidgenossenschaft befindlichen Kantone (Anhang «Neuer und vollständiger Wegweiser durch die ganze Schweizerische Eidgenossenschaft und die benachbarten Länder»). Aarau.

Kantonale Zählung Zürich 1799. In: Raths, Werner, 1949: Die Bevölkerung des Kantons Zürich seit Ende des 18. Jahrhunderts. Zürich.

Volkszählung 1850

Volkszählung 1870

Volkszählung 1880

Volkszählung 1900

Volkszählung 1910

Volkszählung 1950

Internet-Quellen

BROCKHAUS 1895: Stadtplan von Königsberg. www.koenigsberg-stadtplan.de.vu (27.2.2009)

BUNDESAMT FÜR STRASSEN (Hg.), 2007: Übersichtskarte Nationalstrassennetz. www.astra.admin.ch (27.2.2009)

Helvetische Zählung 1798. In: Historisches Lexikon der Schweiz (HLS). www.hls-dhs-dss.ch (27.2.2009); PFISTER, Christian (Hg.), 2006: BERNHIST. Historisch-statistische Datenbank des Kantons Bern. www.bernhist.ch (27.2.2009)

Digitale Datensätze

DHM25/100 (Digitales Höhenmodell, swisstopo 2006)

Shuttle Radar Topographic Mission SRTM (Relief Schweiz, 2007)

Reliefkarte (swisstopo 2007)

Generalisierte Gemeinde-, Bezirks- und Kantonsgrenzen und Seen, Gebietsstand 1990 (GEOSTAT, *bearbeitet*)

Quellen für die Erfassung der Verkehrswege im «GIS-Dufour»

Literatur und schriftliche Quellen

BÄHLER, Ch., 1911: Strassenbauwesen. In: REICHESBERG, Naum (Hg.), 1911: Handwörterbuch der Schweizerischen Volkswirtschaft, Sozialpolitik und Verwaltung (Bd. 3). Bern, S. 780-804.

BAUMANN, Gotthilf, 1924: Das bernische Strassenwesen bis 1798 (Dissertation Universität Bern) Sumiswald.

BAVIER, Simeon, 1878: Die Strassen der Schweiz. Zürich.

BELLINI, Giorgio, 1999: La strada cantonale del San Gottardo. Storia e storie della Tremola dall'Ottocento ai giorni nostri. Prosito.

Bericht an den Grossen Rath der Stadt und Republik Bern über die Staats-Verwaltung in den letzten siebzehn Jahren von 1814–1830, [1832], 2. Auflage, Bern.

BISSEGGER, Paul, 1995: Du «Grand Voyeur» à l'ingénieur. L'administration des ponts et chaussées en Pays de Vaud sous l'Ancien Régime. In: BISSEGGER, Paul; FONTANNAZ, Monique (Hg.). Des pierres et des hommes. (Bibliothèque Vaudoise 109) Lausanne, S. 523-549.

BLONDEL, Louis, 1938 : Les principales voies de communication de Genève de l'antiquité à nos jours. In: S+V (Jg. 24), S. 141-143.

BRONNER, Franz Xaver, 1844: Der Kanton Aargau, historisch, geographisch, statistisch geschildert. (Historisch-geographisch-statistisches Gemälde der Schweiz, Bd. 16, Teil 2) St.Gallen.

BÜRGI, David, 1839: Übersicht der Strassen Iter und IIter Klasse des Kantons Zürich, sowie aller hierauf bezüglichen Ausgaben von 1832 bis Ende 1838. Zürich.

Comte-rendue par le Conseil-d'État du Canton de Vaud, Lausanne 1865: Tableau des constructions de routes exécutées dès 1826 à 1865.

Conto-reso del Dipartimento delle Pubbliche Costruzioni, Gestione 1900, Bellinzona 1901, 58-59. Tab. Strade Cantonali.

DÄNDLIKER, Paul; SCHWEGLER, Hans, 1973: Strassenbau und Verkehrsplanung im Kanton Zug. In: Zuger Neujahrsblatt 1973, S. 91-119.

DE PREUX, Henri, 1908: Résumé historique des routes et passages du canton du Valais. In: Zeitschrift für Schweizerische Statistik (44. Jg.), S. 482-491.

DORAND, Jean-Pierre, 1996 : La politique des transports de l'Etat de Fribourg (1803–1971). Fribourg.

DURHEIM, Carl Jacov, 1844: Distanzen-Tabellen des Cantons Bern; und: Strassen I., II. und III. Classe des Cantons Bern. Bern.

FREI, Jean Marc, 1982: Die Entwicklung des luzernischen Hauptverkehrsnetzes im Zeitalter des Chausseenbaus. Manuskript. (Lizentiatsarbeit Universität Bern) Bern.

FRISCHKNECHT, Karl, 1985: Strassen und Wege, Brücken und Stege in Herisau und Umgebung. Herisau.

GALLI, Antonio, 1937: Notizie sul Cantone Ticino (3 vol.). Bellinzona.

GROB, Richard, 1941: Geschichte der schweizerischen Kartographie. Bern.

GUBLER, Theo, 1933: Die schweizerischen Alpenstrassen. Zürich.

HALLAUER, Johannes, 1879: Über den Bau und Unterhalt der Strassen im Kanton Schaffhausen. Schaffhausen.

HEER, Gottfried, 1894: Zur Geschichte des glarnerischen Strassenwesens. In: Jahrbuch des Historischen Vereins des Kantons Glarus (Heft 29). Glarus, S. 1-55.

HEER, Gottfried, 1923: Neuere Glarner-Geschichte. Kapitel XI: Das Verkehrswesen 1830-1900. In: Jahrbuch des Historischen Vereins des Kantons Glarus (Heft 43). Glarus, S. 7-191.

HEER, Oswald, 1846: Der Kanton Glarus. (Historisch-geographisch-statistisches Gemälde der Schweiz, Bd. 7) St. Gallen.

HOFMANN, Alfred, 1944: Die Flawiler Fuhrwerke des 17. bis 19. Jahrhunderts. Flawil.

HUNGERBÜHLER, Johann Matthias, 1852: Industriegeschichtliches über die Landschaft Toggenburg. Ein Beitrag zur Industriegeschichte der östlichen Schweiz. St. Gallen.

HUWYLER, Edwin, 1993: Die Bauernhäuser der Kantone Obwalden und Nidwalden. Basel.

KANTONALES PLANUNGSAMT BERN (Hg.), 1973: Kanton Bern. Historische Planungsgrundlagen. (Planungsatlas Kanton Bern, Bd. 3). Bern.

KELLER, Hermann, 1952: Die Beteiligung des Bundes an der Finanzierung des schweizerischen Strassenbaues. (Schweizerische Beiträge zur Verkehrswissenschaft, Heft 41) Bern.

KRAPF, Bruno, 1983: Der Strassenbau im Kanton St. Gallen der ersten Hälfte des 19. Jahrhunderts (Lizentiatsarbeit Universität Zürich). Zürich.

KUTTER, Wilhelm Rudolf, 1875: Statistik eines Theiles der kantonalen Bauverwaltung. Bern.

LUTZ, Markus, 1822: Geographisch-Statistisches Handlexikon der Schweiz für Reisende und Geschäftsmänner (Anhang «Wegweiser durch die Schweizerische Eidgenossenschaft»). Aarau.

LUTZ, Markus, 1828: Vollständige Beschreibung des Schweizerlandes. Oder geographisch-statistisches Hand-Lexikon über alle in gesammter Eidgenossenschaft befindlichen Kantone (Anhang «Neuer und vollständiger Wegweiser durch die ganze Schweizerische Eidgenossenschaft und die benachbarten Länder»). Aarau.

MEYER VON KNONAU, Gerold, 1844: Der Canton Zürich. (Historisch-geographisch-statistisches Gemälde der Schweiz, 2 Bde) St.Gallen.

MUHEIM, Hans, 1945: Die Strassenbau-Politik des Kantons Uri. (Dissertation Universität Bern) Bern.

PACK, Johann Daniel, 1800: Die Strassen und Wege von Basel aus durch ganz Helvetien oder die sogenannte Schweiz. Strassburg.

PUPIKOFER, Johann Adam, 1837: Der Kanton Thurgau, historisch, geographisch, statistisch geschildert. Beschreibung aller in demselben befindlichen Berge usw. (Historisch-geographisch-statistisches Gemälde der Schweiz) St. Gallen.

REBER, Werner, 1970: Zur Verkehrsgeographie und Geschichte der Pässe im östlichen Jura. (Quellen und Forschungen zur Geschichte und Landeskunde des Kantons Baselland, Bd. XI) Liestal.

SALAMIN, Claudine, 1983: Naissance du réseau routier et amorce d'une politique routière en Valais pendant la première moitié du XIXe siècle. (Lizentiatsarbeit Universität Freiburg) Freiburg.

SARUGA, Mirko, 2001: «In diesem Moment, wo der Strassenbau-Geist überall aufwacht»: Strassenbau im Thurgau 1803–1848. (Lizentiatsarbeit Universität Zürich) Zürich.

SAX, Rolf, 1971: Verkehr. In: SCHOOP, Albert (Hg.), 1970: Wirtschaftsgeschichte des Kantons Thurgau. Festgabe zum hundertjährigen Bestehen der Thurgauischen Kantonalbank 1871–1971. Weinfelden, S. 213-228.

SCHIEDT, Hans-Ulrich, 2000: Die Karte der Schweiz von Joseph Edmund Woerl, 1835/36. In: Cartographica Helvetica 32,/2000, S. 33-40.

SCHIEDT, Hans-Ulrich, 2006: Chausseen und Kunststrassen: Der Bau der Hauptstrassen zwischen 1740 und 1910. In: Schweizerische Zeitschrift für Geschichte 1/2006, S. 13-21.

SCHIEDT, Hans-Ulrich, 2006: Schweizerisches Hauptstrassennetz 1830/50–1900. Dufourkarte und Strassengesetze. (Manuskript) Bern.

SCHLÄPFER, Walter, 1939: Wirtschaftsgeschichte des Kantons Appenzell Ausserrhoden bis 1939. Gais.

SCHOOP, Albert, 1992: Geschichte des Kantons Thurgau. Frauenfeld.

Schweizerische Dampfschiffahrt. In: Die industrielle und kommerzielle Schweiz. (Heft 11/12, 1907) Zürich.

SCHWEIZERISCHES POST- UND EISENBAHNDEPARTEMENT (Hg.), 1915: Graphisch-statistischer Verkehrs-Atlas der Schweiz. Bern.

SOLCA, J; GREGORI, L., 1932: Zusammenstellung der vom Kanton gebauten Strassen 1780–1931. Chur.

STEINMANN, Eugen, 1973/1980: Die Kunstdenkmäler des Kantons Appenzell Ausserrhoden (2 Bände). Basel.

Strassenverzeichnis des Kantons Aargau 1839, StaAG.

STYGER, M., 1912: Das Strassenwesen im Kanton Schwyz. In: Zeitschrift für schweizerische Statistik (48. Jg.), S. 567-584.

Tableau des constructions de Routes exécutées dès 1826 à 1865. In: Compte-rendue par le Conseil d'État du Canton de Vaud, Lausanne 1865. [mit Nachführungen in den Folgejahren]

VEREIN BÜNDNER KULTURFORSCHUNG (Hg.), 2000: Handbuch der Bündner Geschichte (Bd. 4, Quellen und Materialien).Chur.

VIASTORIA (Hg.), –2003: IVS Dokumentationen. Bern.

VIASTORIA (Hg.), 2005: Strasseninfrastruktur im 19. Jahrhundert, laufendes Projekt.

WÄGLI, Hans G., 1998: Schienennetz Schweiz: Strecken, Brücken, Tunnels. Ein technisch-historischer Atlas. Zürich.

WAGNER, Dorothea, 1987: Die Entwicklung des Baues an Strassen 1. und 2. Klasse im Kanton Zürich von 1831-1877 unter hauptsächlicher Berücksichtigung der «Rechenschaftsberichte des Regierungsrathes an den Grossen Rath des Standes Zürich». Arbeitsbericht, Manuskript, IVS. Zürich.

WIESLI, Urs, 1952/1953: Entwicklung und Bedeutung der Solothurnischen Juraübergänge. In: Historische Mitteilungen, Monatsbeilage zum «Oltner Tagblatt».

WILD, Dölf, 1987: Der Strassenbau der Liberalen im Kanton Zürich nach 1830 vor dem Hintergrund der allgemeinen Veränderungen im Strassenwesen des 18. und 19. Jahrhunderts. (Manuskript Universität Zürich) Zürich.

ZOPPI, A., 1929: Strade del Canton Ticino. In: Schweizerische Zeitschrift für das Strassenwesen (15. Jg.), S. 138-142; deutsche und französische Übersetzung.

Karten

Johann Baptist ALTERMATT. Plan des Canton Solothurn aufgenommen und gezeichnet durch H. Oberst J. B. ALTERMATT Ao 1795, welcher ihm im Jahre 1798 beim Einzug der Franzosen in Solothurn ... unvollendet vom Tisch ... weggenommen und nach Paris befördert worden ..., 1795-1798, STASO A 104. (SO, BE, JU)

Atlas Suisse, aufgenommen und gezeichnet von Johann Heinrich WEISS [und Joachim Eugen MÜLLER] auf Kosten von J. R. MEYER aus Aarau in den Jahren von 1786 bis 1802; gestochen von [Christophe] GUÉRIN, [Matthias Gottfried] EICHLER et [Johann Jakob] SCHEURMANN.

Johann Conrad AUER, Johann Jakob MÜLLER. Topographische Aufnahme des Kantons Schaffhausen (1:25 000), 1843-1848 [1847], Vorarbeiten zur Dufourkarte, Faksimile, Langnau am Albis.

Pierre BEL. Carte Topographique de la Grande Route de Berne à Genève, [...] 1783, Zentralbibliothek Zürich.

Pierre BEL. Carte Topographique de la Grande Route de Berne à Zurich & Zurzach, avec l'emplacement des pierres milliaires distances de 1800 Toises de 10. pieds de Berne, 1787, Zentralbibliothek Zürich.

Daniel BRUCKNER, Emanuel BÜCHEL 1766: Canton Basel. O.O.

Daniel BRUCKNER, Emanuel BÜCHEL. Ämterkarten Karten aus den Jahren 1749-1757:

Emanuel BÜCHEL. Der Stadt Basel Bann, mit den undern Vogteÿen, Münchenstein, Riehen, Kleinhünningen, 1749, in: BRUCKNER IV/1749.

Emanuel BÜCHEL (um 1750): Ormelingen und Schloss Farnsburg von Mittag anzusehen. Basel.

Emanuel BÜCHEL. Ambt Liestal, 1753, in: Bruckner 1748-1763, IX/1753.

Emanuel BÜCHEL. Ammt Homburg, 1754, in: BRUCKNER 1748-1763, XII/1754.

Emanuel BÜCHEL. Ammt Waldenburg, 1755, in: BRUCKNER 1748-1763, XIII/1755.

Emanuel BÜCHEL. Ammt Farnsburg, 1757, in: BRUCKNER 1748-1763, XVII/1757.

Emanuel BÜCHEL. Karte des Waldenburgeramtes, 1764. StaBL: B 81.

Daniel BRUCKNER. Versuch einer Beschreibung historischer und natürlicher Merkwürdigkeiten der Landschaft Basel. 23 Stücke in 27 Lieferungen. Basel 1748-1763, Faksimile: Dietikon 1968-1970.

Antoine Josef BUCHWALDER. Carte de l'ancien Evêché de Bâle réuni aux Cantons Berne, Bâle et Neuchâtel, Paris 1815-1819. STASO, o.Sig. Faksimile Delémont 1979.

Johann Jacob BÜLER, Die Grafschaft Toggenburg, 1759, Manuskriptkarte, ZBZH, Kartensammlung: MK 2153.

Johann Jacob BÜLER, Die Grafschaft Toggenburg, Verlag Iohan Michael Probst, Augsburg, 1784, ZBZH, Kartensammlung: 4 Jl 04:5.

C[arl] J[ohann] DURHEIM. Carte des Cantons Bern mit den Strassen der 4 Classen und Angabe der Distanzen nach den Vermessungen der Bezirks-Jngénieurs berechnet zu 16 000 Schweizer-Fuss per Stund [...]von C.J. Durheim. Ca. 1:190 000. Bern 1844.

Carte des pricipales Routes de la Suisse, 1801, BAR.

Charte von Schwaben. [Trigonometrisch aufgenommen und gezeichnet von Johann Gottlieb VON BOHNENBERGER, Ignaz Ambrosius VON AMMAN und Ernst Heinrich MICHAELIS. Gesamtwerk in 56 Blättern erschienen in den Jahren 1798-1828], Blatt 39 Schaffhausen 1810, Blatt 40 Radolfzell 1803, Blatt 41 Friedrichshafen 1805, Blatt 49 Frauenfeld 1812 und Blatt 50 St.Gallen 1811.

Etappenkarte der Schweiz, 1:500 000, bearb. vom Eidgenössischen Generalstabsbureau, Bern 1900.

Johannes FEER. Specialcharte des Rheintals, 1795/96. Zentralbibliothek, Kartensammlung, 4K 2S 25.

Generalkarte: → Karte der Schweiz.

L. A. HALLER. Carte des Berner-Oberlandes. Nach den trigonometrischen Messungen in den Jahren 1811–1818. Gez. von Franz Anton MESSMER, gest. von J.J. SCHEURMANN, hg. von L.A. Haller. Bern 1824.

F. FREY-HÉROSÉ. Hauptstrassennetz des Kantons Aargau, 1838–1848, Arbeitskarte des Regierungsrates auf: Jakob Scheurmann. Carte von dem Canton Aargau, 1836, StaAG.

Karte der Schweiz in IV Blättern, sog. Generalkarte, 1:250 000, 1. Aufl. 1869–1873 und Auflage 1899.

Heinrich KELLER. Kellers erste Reisekarte der Schweiz, 1. Auflage 1813ff.

Heinrich KELLER. Kellers zweite Reisekarte der Schweiz, 1. Auflage 1833ff.

Heinrich KELLER. Die sechs Bezirke des Cantons Basel zum Gebrauche für Schulen und Reisende, 1829. UB Basel Handschriften und Sondersammlungen: Schw.C.l. 31

Heinrich KELLER. Der Kanton Zürich, 1845; Arbeitskarte: Der Zustand der Strassen am Anfang des Jahres 1851. StaZH Plan A 17.

Andreas KÜNDIG. Karte vom Kanton Basel [1:50000]. Basel 1849, 1851.

Henri MALLET-PREVOST. Carte des Environs de Genève, 1776, ZBZH, Kartensammlung: 4 Jf 04: 14.

Henri MALLET-PREVOST. Carte de la Suisse Romande qui comprend le Pays de Vaud et le Gouvernement d'Aigle, dépendant du canton de Berne, vier Karten, 1781, ZBZH, Kartensammlung: 5 Jt 04: 1: 1-4.

Messtischblätter der Dufourkarte, Manuskripte. Archiv swisstopo.

Georg Friedrich MEYER. Diverse Karten des Gebiets von Baselland und Baselstadt, 1670er- und 1680er-Jahre, Bestand Staatsarchiv Baselland

Franz Ludwig PFYFFER. Karte des Kantons Zug, Manuskript [1778–1790].

Postkarte der Schweizerischen Eidgenossenschaft, unter Aufsicht des Herrn General DUFOUR von J. R. STENGEL und E. MOHR, 1:300 000, 1850.

Fr. VON JENNER VON AUBONNE. Carte des Cantons Bern, 1830.

Urs Josef WALKER. Carte des Cantons Solothurn. Aufgenommen vom Jahr 1828 bis 1832. Gewidmet der hohen Regierung des Standes Solothurn, 1832. STASO, Sig. B 10,11. Faksimile Ausgabe 1995 im Verlag Cartographica Helvetica. Murten.

Joseph Edmund WOERL. Karte der Schweiz, 19 Blätter und Titelblatt. 1:200 000. Freiburg im Breisgau 1835, 1836. [Daraus hervorgegangen: Joseph Edmund Woerl. Atlas von SüdwestDeutschland und dem Alpenlande. 1831–1843]; zeigt Situation um 1830.

Anhang

Auswahl der untersuchten Orte (Kriterien aus Kapitel 3.2.2)

Untersuchungsebene Schweiz
- Kantonshauptort, Stadt (1910), besondere verkehrstechnische Lage oder bedeutender Tourismusort

Untersuchungsebene Regionen
- Als erste Gemeinde wurde diejenige mit der grössten Bevölkerungszahl um 1910, also am Ende der Untersuchungsperiode, gewählt. (1)
- Als zweite Gemeinde wurde diejenige mit der grössten Bevölkerungszahl um 1870 gewählt. Sollte diese identisch sein mit der bevölkerungsreichsten Gemeinde um 1910, so wurde der Ort mit der zweitgrössten Bevölkerungszahl um 1870 berücksichtigt. (2)
- Nur Gemeinden, die durch ins «GIS-Dufour» aufgenommene Verkehrslinien (Eisenbahn, Hauptstrasse oder Schiffslinie) erschlossen waren, wurden berücksichtigt. (3)
- Bei jeder Gemeinde musste auf der Dufourkarte oder im Topographischen Atlas eine Hauptsiedlung deutlich ausgemacht werden können; Streusiedlungen wurden nicht berücksichtigt. (4)
- Gemeinden, deren Siedlungsgebiet bereits 1870 oder 1910 mit einer Kerngemeinde zusammengewachsen war und die somit formal eine Agglomeration bildeten, wurden nicht berücksichtigt, da ihre Einbindung ins Verkehrsnetz in der Regel über die Kerngemeinde erfolgte. (5)
- Falls in einem Bezirk als zweite Gemeinde mehr als ein Ort aufgrund der obigen Kriterien in Frage kam, wurde jener gewählt, der entweder die grössere Anzahl Verkehrslinien im «GIS-Dufour» aufwies oder dessen Siedlungsgebiet kompakter war. (6)
- Die *ergänzenden Gemeinden* müssen an im «GIS-Dufour» erfassten, aus den Kantonen Zürich und Bern bzw. der Region Tessin hinausführenden Verkehrslinien liegen. Zudem sollen sie entweder bezüglich ihrer Bevölkerungszahl um 1910 zu den grössten 10 % der Schweiz gehören oder einen Verkehrsknotenpunkt darstellen, also mindestens drei zusammenführende Verkehrslinien aufweisen. (7)
- Befindet sich unmittelbar nach einer Gemeinde, die Kriterium (7) erfüllt, ein weiterer Ort mit einer bedeutend grösseren Bevölkerungszahl, so wurde letzterer aufgenommen. (8)

- Wie die ergänzenden Gemeinden innerhalb der Untersuchungsregionen, so mussten auch die ergänzenden Orte eine im Kartenbild deutlich auszumachende Hauptsiedlung aufweisen. (9)
- Ergänzende Orte im Ausland wurden berücksichtigt, wenn sie am Endpunkt einer Verkehrslinie lagen oder wenn es sich um eine Siedlungseinheit handelte, die sich durch ihre Grösse deutlich von den übrigen an der Linie gelegenen Orten abhob. (10)

Schweiz

Gemeinde	Kriterium	Gemeinde	Kriterium
Aarau	Kantonshauptort	Locarno	Tourismusort
Altdorf (UR)	Kantonshauptort	Lugano	Stadt (1910)
Appenzell	Kantonshauptort	Luzern	Kantonshauptort
Arbon	Stadt (1910)	Montreux	Stadt (1910)
Basel	Kantonshauptort	Neuchâtel	Kantonshauptort
Bellinzona	Kantonshauptort	Olten	besondere Verkehrslage
Bern	Kantonshauptort	Porrentruy	besondere Verkehrslage
Biel (BE)	Stadt (1910)	Rorschach	Stadt (1910)
Chur	Kantonshauptort	Sarnen	Kantonshauptort
Davos	Tourismusort	Schaffhausen	Kantonshauptort
Delémont	Kantonshauptort	Schwyz	Kantonshauptort
Frauenfeld	Kantonshauptort	Sion	Kantonshauptort
Fribourg	Kantonshauptort	Solothurn	Kantonshauptort
Genève	Kantonshauptort	St. Gallen	Kantonshauptort
Glarus	Kantonshauptort	St. Moritz	Tourismusort
Herisau	Kantonshauptort	Stans	Kantonshauptort
Interlaken	Tourismusort	Thun	Stadt (1910)
La Chaux-de-Fonds	Stadt (1910)	Vevey	Stadt (1910)
Lausanne	Kantonshauptort	Winterthur	Stadt (1910)
Le Locle	Stadt (1910)	Zug	Kantonshauptort
Liestal	Kantonshauptort	Zürich	Kantonshauptort

Kanton Zürich

Bezirk	Gemeinde 1	Nr. Kriterium (falls abweichend von 1, 2 oder 7)	Gemeinde 2	Nr. Kriterium (falls abweichend von 1 oder 2)
Affoltern	Affoltern am Albis		Mettmenstetten	
Andelfingen	Feuerthalen		Andelfingen	4
Bülach	Bülach		Eglisau	6
Dielsdorf	Regensdorf		Stadel	
Hinwil	Wald (ZH)		Wetzikon (ZH)	
Horgen	Wädenswil		Horgen	
Meilen	Stäfa		Meilen	
Pfäffikon	Pfäffikon		Bauma	
Uster	Uster		Dübendorf	
Winterthur	Winterthur		Turbenthal	
Zürich	Zürich		Dietikon, Birmensdorf (ZH)	
Umgebung ZH	*Aadorf*			
Umgebung ZH	*Baden*			
Umgebung ZH	*Bremgarten (AG)*			
Umgebung ZH	*Bütschwil*			
Umgebung ZH	*Cham*			
Umgebung ZH	*Diessenhofen*			
Umgebung ZH	*Frauenfeld*			
Umgebung ZH	*Freienbach*			
Umgebung ZH	*Rapperswil (SG)*			
Umgebung ZH	*Schaffhausen*			
Umgebung ZH	*Stein am Rhein*			
Umgebung ZH	*Zug*			
Umgebung ZH	*Zurzach*			

Kanton Bern

Bezirk	Gemeinde 1	Nr. Kriterium (falls abweichend von 1, 2 oder 7)	Gemeinde 2	Nr. Kriterium (falls abweichend von 1 oder 2)
Aarberg	Lyss		Aarberg	6
Aarwangen	Langenthal		Madiswil	
Bern	Bern		Köniz	
Biel	Biel			
Büren	Büren an der Aare		Lengnau (BE)	
Burgdorf	Burgdorf		Wynigen	
Courtelary	St-Imier		Tramelan	
Erlach	Ins		Erlach	
Fraubrunnen	Münchenbuchsee		Utzenstorf	
Frutigen	Frutigen		Kandersteg	6
Interlaken	Interlaken		Brienz	6
Konolfingen	Worb		Walkringen	
Laufen	Laufen		Grellingen	
Laupen	Neuenegg		Laupen	6
Moutier	Moutier		Tavannes	
La Neuveville	La Neuveville			
Nidau	Nidau		Twann	
Niedersimmental	Spiez		Erlenbach im Simmental	6
Oberhasli	Meiringen		Innertkirchen	
Obersimmental	Zweisimmen		Boltigen	3
Saanen	Saanen			
Schwarzenburg	Wahlern	3		
Seftigen	Belp	3		
Signau	Langnau im Emmental		Signau	6
Thun	Thun		Uetendorf	5
Trachselwald	Sumiswald		Huttwil	
Wangen	Herzogenbuchsee		Niederbipp	
Delémont	Delémont		Courrendlin	3
Franches-Mont.	Le Noirmont		Saignelégier	6
Porrentruy	Porrentruy		Boncourt	6

Bezirk	Gemeinde 1	Nr. Kriterium (falls abweichend von 1, 2 oder 7)	Gemeinde 2	Nr. Kriterium (falls abweichend von 1 oder 2)
Umgebung BE	Balsthal			
Umgebung BE	Basel	8		
Umgebung BE	Breitenbach			
Umgebung BE	Bulle			
Umgebung BE	Château-d'Oex			
Umgebung BE	Delle	10		
Umgebung BE	Escholzmatt			
Umgebung BE	Fribourg	8		
Umgebung BE	La Chaux-de-Fonds			
Umgebung BE	Leuk			
Umgebung BE	Murten			
Umgebung BE	Neuchâtel			
Umgebung BE	Oberwald			
Umgebung BE	Pfetterhouse	10		
Umgebung BE	Pont-de-Roide	10		
Umgebung BE	Rothrist			
Umgebung BE	Sarnen			
Umgebung BE	Solothurn			
Umgebung BE	Wassen			
Umgebung BE	Willisau			
Umgebung BE	Zofingen			

Region Tessin

Bezirk	Gemeinde 1	Nr. Kriterium (falls abweichend von 1, 2 oder 7)	Gemeinde 2	Nr. Kriterium (falls abweichend von 1 oder 2)
Bellinzona	Bellinzona		Giubiasco	
Blenio	Aquila	6	Dongio	6
Leventina	Airolo		Faido	6
Locarno	Locarno		Brissago	3
Lugano	Lugano		Agno	6
Mendrisio	Chiasso		Mendrisio	
Riviera	Biasca		Claro	
Vallemaggia	Cevio		Maggia	6
Moesa	Soazza	6	Roveredo	
Umgebung TI	*Andermatt*			
Umgebung TI	*Como*	10		
Umgebung TI	*Disentis/Mustér*			
Umgebung TI	*Intra*	10		
Umgebung TI	*Luino*	10		
Umgebung TI	*Porlezza*	10		
Umgebung TI	*Splügen*			